Hannelore Bublitz
Im Beichtstuhl der Medien

Hannelore Bublitz ist Professorin für Soziologie und Sprecherin des interdisziplinären Graduiertenkollegs »Automatismen« an der Universität Paderborn. Ihre Forschungsschwerpunkte liegen im Bereich poststrukturalistischer Analysen moderner Gesellschaften mit dem Fokus auf Subjektivierungs- und Normalisierungsprozessen sowie Geschlechter- und Körpertechnologien.

Hannelore Bublitz

Im Beichtstuhl der Medien

Die Produktion des Selbst im öffentlichen Bekenntnis

[transcript]

Diese Publikation wurde gefördert durch die Universitätsgesellschaft Paderborn e.V.

Bibliografische Information der Deutschen Nationalbibliothek
Die Deutsche Nationalbibliothek verzeichnet diese Publikation in der Deutschen Nationalbibliografie; detaillierte bibliografische Daten sind im Internet über http://dnb.d-nb.de abrufbar.

Umschlaggestaltung: Kordula Röckenhaus, Bielefeld
Lektorat & Satz: Alke Spöring
Korrektorat: Julia Hauck, Jena
Druck: Majuskel Medienproduktion GmbH, Wetzlar
ISBN 978-3-8376-1371-1

Gedruckt auf alterungsbeständigem Papier mit chlorfrei gebleichtem Zellstoff.

Besuchen Sie uns im Internet: *http://www.transcript-verlag.de*

Bitte fordern Sie unser Gesamtverzeichnis und andere Broschüren an unter: *info@transcript-verlag.de*

INHALT

Einleitung

> »Alles ist sichtbar, alles Oberfläche. Auf dieser Oberfläche, die von den Medien tausendfach gespiegelt wird, sehen wir die krampfhaften Zuckungen einer Gesellschaft, die sich planvoll entblößt.« (Greiner 2000)

> »Das Internet trägt ganz große Schuld an der Verrohung, die in unserer Gesellschaft vor sich geht.« (Domian, Sendung vom 11.3.09, anlässlich des Amoklaufs von Tim K. in Winnenden)

»Die Kinder haben alle ein Handy – und die wollen geladen sein«, sagt eine Frau nachts am Telefon, als sie beim Talkradio *Domian* anruft und darüber spricht, dass sie Telefonsex macht, um ihren vier Kindern den Zugang zum sozialen (Kommunikations-)Netz zu ermöglichen.[1] Dies gelingt ihr nur, indem sie Männerphantasien Zugriff auf sich und ihren Körper gewährt. Dabei schließt sich ihr Körper über das Medium nicht nur mit den Phantasien der sie anrufenden Männer zusammen, sondern er ist, für die Dauer der medialen Kommunikation, zu einem öffentlich zugänglichen und verfügbaren Körper geworden. Wie in gesellschaftlich realisierten Phantasien des technisch aufgerüsteten und optimierten Kör-

1 Die Telefon-Talksendung *Domian*, die von Montag bis Freitag von ein bis zwei Uhr nachts im Radio auf WDR Eins Live sowie im WDR Fernsehen ausgestrahlt wird, wird von Jürgen Domian moderiert; vgl. dazu das gesamte Kap. V; dort auch nähere Angaben zum Sendeformat.

pers, der angeschlossen ist an Medientechnologien[2] und gesellschaftliche Institutionen, ist der Körper auch hier kein privater Körper mehr.[3]

Das gilt erst recht für dessen exzessiven Anschluss an öffentliche Kommunikationsmedien und -kanäle: Dauerkommunikation und Dauerpräsenz im Netz produzieren ›Online-Cyborgs‹, deren alltägliches Privatleben, »weil sie permanent im Netz sind, öffentlich wird« (vgl. Spreen 2007a: 74), oder besser: in der medialen Öffentlichkeit verschwindet.[4]

Aus dieser Perspektive spricht einiges dafür, dass die Unterscheidung von privat und öffentlich im Zuge medialer Formen der Kommunikation, bei denen der Privatbereich des Individuums sowie sein Körper direkt an Kommunikationsnetzwerke angeschlossen sind, hinfällig wird und beides nicht länger mit den Bereichen des Privatlebens und der – bürgerlichen – Öffentlichkeit zusammenfällt (vgl. dazu auch Weiß/ Groebel 2002; Weiß 2002a, 2002b).[5] Was sich abzeichnet, ist zweifellos

2 Der Begriff ›Medientechnologien‹ bezieht sich sowohl auf die technischen Apparate selbst wie auch auf die entsprechenden symbolischen Verfahren und Praktiken der Form(ier)ung, mit denen technische Medien operieren. Mediale Technologien verlängern sich in das Selbstverhältnis des Subjekts und seine sozialen Beziehungen sowie in das Verhältnis zu seinem Körper.

3 Die Annahme eines privaten Körpers ist in gewisser Weise paradox, denn der Körper hat unweigerlich eine öffentliche Dimension. Er ist, selbst wenn er ›der eigene‹ ist, auf andere bezogen und in soziale Prozesse einbezogen. Kulturellen Einschreibungen, die ihn erst konstituieren, unterworfen, befindet sich der Körper unweigerlich im Blick der anderen, bevor und wenn das eigene Auge auf ihn fällt: »Als Körper, der von Anfang an der Welt der anderen anvertraut ist, trägt er ihren Abdruck, wird im Schmelztiegel des sozialen Lebens geformt und ist erst viel später das, worauf ich mit einiger Unsicherheit Anspruch erhebe als mein eigener Körper.« (Butler 2009a: 41)

4 Ob das Privatleben allerdings je so durchgängig der Sichtbarkeit enthoben und damit den Blicken der Öffentlichkeit entzogen war, darf angesichts der sozialstrukturellen Verhältnisse Ende des 19. Jahrhunderts, des Zeitraums, als die Grenze zwischen Privatsphäre und Öffentlichkeit vom Bürgertum gezogen wurde, bezweifelt werden.

5 Vielversprechender, als davon auszugehen, dass das Privatleben durch komplexe Medientechnologien, technische Erweiterungen des menschlichen Körpers, Verdatung und permanente Mediennutzung veröffentlicht wird, erscheint mir eine differenziertere Auseinandersetzung mit dem Phänomen des Privaten und Öffentlichen sowie deren Veränderung im Zuge der Verlängerung medialer Technologien ins Subjekt. Hier zeigt sich möglicherweise, dass Privates und Öffentliches, medial vermittelt, nicht mehr strikt getrennten Bereichen zuzuordnen ist und dass sich mediale Formen der Selbstinszenierung und Selbstpräsentation ihrer Aufteilung in öffentliche (Re-)Präsentation und Privatsache und damit auch einer strikten Grenzziehung zwischen Öffentlichem und Privatem entziehen.

eine Veränderung traditioneller Vorstellungen des Privaten und Öffentlichen. Neue Kommunikationsformen mit dem – medial angeschlossenen – Gegenüber schließen neue Formen der ›distanzierten Vertrautheit‹ ein.[6] Dies verweist wiederum auf gesellschaftlich veränderte und medial vermittelte Rahmenbedingungen des öffentlichen Raums und der privaten Sphäre.

Die Attraktivität von Medientechnologien ist, über die technisch-mediale und soziale Anschlussfähigkeit hinaus, ein vielschichtiges Phänomen, das unter anderem mit der Verschiebung von Raum- und Zeit- und damit auch Körpergrenzen zusammenhängt.[7] Sich im öffentlichen Raum über weite Entfernungen hinweg mit jemandem sprechend fortzubewegen, der nicht anwesend ist und für die Zuhörer unsichtbar bleibt, ist eine Sache, die den Besitzern mobiler Telefone, über das Mitgeteilte hinaus, das angenehme Gefühl gibt, sich losgelöst von Raum und Zeit mitteilen zu können und sich daher nie und nirgends alleine oder gar verloren fühlen zu müssen, ganz abgesehen von dem behaglichen Gefühl der ›Telefon-Trance‹ (vgl. Winkler/Tischleder 2001). Zweifellos ist ein Grund für das Verlangen nach medialen Anschlüssen, jederzeit und überall mit Informationen ›aufgeladen‹, ›auf dem Laufenden zu sein‹, mitzubekommen, was sich ereignet, was ansteht, was andere so machen. Wichtig scheint es aber auch zu sein, Mobilität dadurch zu konterkarieren, dass Distanzen kommunikativ verringert werden. Beide Aspekte verweisen auf Austausch-, Bindungs- und Sicherheitsbedürfnisse, die der prinzipiellen Offenheit von (Denk- und Lebens-)Horizonten gegenüberstehen. Vielleicht entspringt das Begehren, sich in der Öffentlichkeit über Persönliches sprechend zu exponieren, aber auch einem tiefer liegenden, ›exhibitionistischen‹ Wunsch, der medial freigesetzt wird und dem ein voyeuristisches Verlangen entspricht.[8] Wie auch immer: Wenn

6 Deutlich wird dies insbesondere an exzessiven Formen der Medienkommunikation und -präsenz, die bewirken, dass sich Mediennutzer/-innen aus der realen, leiblichen Welt in eine vernetzte digitale Sphäre ›absetzen‹ und sich in die Schutzhülle einer »distanzierten Dreimeilenzone« einspinnen; vgl. dazu Manfé (2005: 18), der am Beispiel der japanischen medialen Subkultur des Otakismus auf die Veränderung von Lebensformen Jugendlicher hinweist.

7 Zur zentralen kulturellen Bedeutung von Medien und ihrer sozialisatorischen Funktion die Beiträge der Cultural Studies, hier vor allem Fiske 1994; Grossberg 1992; Kellner 1996; Du Gay/Hall et al. 1997; Theweleit 2004.

8 Der Begriff des ›exhibitionistischen‹ wie auch der des ›voyeuristischen‹ Begehrens scheint kaum neutral zu gebrauchen zu sein; er impliziert aus kulturkonservativer Sicht immer schon eine Abwertung und ist aus psychoanalytischer Sicht vor allem durch seine Konnotation als ›sexuelle Perversion‹ in Verruf geraten. Dabei geht es an dieser Stelle medialer An-

die Attraktivität der neuen Medien vor allem darin bestünde, sich anderen zu *zeigen* und zu demonstrieren, dass man sich als privates Individuum durchaus frei im öffentlichen Raum bewegt und als solches jederzeit Anschluss hat an die sozialen Bänder, die die Gesellschaft bei aller Beweglichkeit zusammenhalten, dann *zeigt sich* im Anschluss an – zunehmend mobile – Medien mehr als nur der Spaß andauernder Kommunikation. Was in der Mediengesellschaft des 21. Jahrhunderts zählt, ist der unbegrenzte Zugang zur Zirkulation von Waren, Information und Kommunikation. Es ist der permanente Zugriff auf Datenströme, Aufmerksamkeits- und Kommunikationsnetzwerke, Geld und Bildung, alles Kapitalsorten, und die fast simultane Präsenz auf allen sozialen Kanälen, die soziale Zugehörigkeit, vor allem aber auch sozialen Status sichern. ›Access‹ (Rifkin 2000) wird zur Münze, die das Begehren nach Aufmerksamkeit, nach unbegrenzter Fortbewegung, technischem und sozialen Fortschritt, Fortkommen und Aufstieg, gekoppelt an soziale Anerkennung, zu realisieren verspricht. Zugang wird zur Lebensform, zur Messlatte für soziale Beziehungen (vgl. Rifkin 2000: 154ff.). Aufgeladen mit verwertbaren Daten und eingeschlossen in Formen der Dauerkommunikation, bewegt sich das Individuum im Taumel medialer Oberflächen und deren Optimierungsversprechen.

Der vorliegende Band spürt dem Drang des fortwährenden *medialen Wortergreifens und Sich-Zeigens* eines Subjekts nach, das sich in seiner medialen Präsenz immer wieder anders entwirft, konfiguriert und positioniert. Es soll herausgearbeitet werden, *wie sich das Subjekt* in medial inszenierten Bekenntnisritualen und Geständnispraktiken im doppelten Wortsinn *produziert.* Grundannahme ist, dass das Subjekt, indem es sich ›aufführt‹, sich zugleich konstituiert. Der Akt der medialen Wortergreifung und ästhetischen Präsentation bildet den seiner Produktion. Das führt, neben der Einsicht, dass sich im ›Beichtstuhl der Medien‹ nicht nur das Beichtgeheimnis ins Gegenteil verkehrt, also Privates öffentlich und, wie in der repräsentativen Öffentlichkeit der höfischen Gesellschaft, zu öffentlicher Bedeutsamkeit erhoben wird, zu weiteren Annahmen. Denn der Blick fällt von hier auf diejenigen Vorgänge, in denen die Zirkulation von Zeichen in medialen Netzwerken zugleich Dynamiken freisetzt, in denen sich die Masse der Vielen öffentlich als Subjekt produziert. Anders als in der höfischen Gesellschaft bekommt die Masse nun ein Gesicht. Masse und Subjekt sind nicht Gegenpole,

---

schlussformen um die Strategie, sich mit dem Begehren nach Präsenz und dem auf andere geworfenen Blick seiner sozialen Existenz zu vergewissern und sich als Gesellschaftsmitglied sozial zugehörig zu zeigen.

sondern ineinander verschränkt. Und auch die Zirkulation der Zeichen und die performative Produktion sich öffentlich artikulierender Subjekte greifen ineinander.

Zudem wird es darum gehen, welche Subjektmodelle sich in der medialen *Präsenz* des Subjekts spiegeln und wie sich Subjekte medial konstituieren. Die Frage ist auch, wie sich Medientechnologien mit Selbst- und Sozialtechnologien zusammenschließen.[9]

Dabei erweckt das moderne Individuum den Eindruck, als ob es sich nur noch im Medium der ›Massenrhetorik‹ und der Vervielfältigung seines Selbst in der Öffentlichkeit Ausdruck und Aufmerksamkeit verschaffen kann. Auch scheint es, als unterliege das Individuum einem ›Wiederholungszwang‹, der es, einem unkontrollierten Automatismus gleich, unbewusst antreibt, sich in immer neuen Facetten medial reflektierter Oberflächen zu spiegeln.

Dieser Band zeigt demgegenüber eine andere Logik auf: Es wird davon ausgegangen, dass sich das Subjekt, angetrieben durch medientechnologische Umbrüche und sozioökonomische Zwänge, sich öffentlich zu präsentieren und transparent zu machen, im Spiegel gesellschaftlicher Normalität und Exzentrik konstituiert und sich, angeschlossen an mediale Öffentlichkeiten, beständig seiner Existenz vergewissert.

Mit dem Eintritt in die *Ordnung des Sprechens und des Zeigens* verbindet sich zudem der Drang des wortreich (von sich) sprechenden Subjekts, Privates und ehemals Intimes öffentlich zu verhandeln. Diese Grenzverschiebung verweist auf ein kulturelles Grundmuster moderner westlicher Kulturen, die Trennung von Privatsphäre und Öffentlichkeit. Die Verschiebung und Neubestimmung des Privaten und Öffentlichen muss als Hinweis auf ihre spezifische historische Anordnung entziffert werden, denn weder die Trennung noch der Verlauf der Grenze zwischen der Sphäre des Privaten und Öffentlichen sind anthropologisches Faktum, sondern kulturelle Form.[10] Es ist zudem die Frage, ob und in-

9 Zum Begriff der Medientechnologien vgl. Anm. 2. Unter Selbsttechnologien sind Praktiken zu verstehen, mit denen die Individuen nicht nur die Regeln ihres Verhaltens festlegen, sondern, im Zusammenhang mit Medientechnologien, auch ein Selbstverhältnis ausbilden, sich selbst transformieren und modifizieren. Dabei wendet das Individuum auf sich selbst Praktiken an, die im Zusammenhang mit seiner spezifischen gesellschaftlichen Verortung und entsprechenden Sozialtechnologien – der sozialen Einordnung, der sozialen Kontrolle und der sozialen Form(ier)ung, Lenkung und Leitung – stehen. Formen der Fremd- und Selbstführung greifen, medial vermittelt, ineinander (vgl. Foucault 1993a; Bröckling/Krasmann/Lemke 2000).

10 Wort und Begriff des Privaten und Öffentlichen sowie eine begrifflich klare Trennung privater und öffentlicher Angelegenheiten im Sinne zweier

wieweit diese Abgrenzung historisch je so funktioniert hat. Wenn dies überhaupt galt, dann hatte ein als ›Intimsphäre‹ gegen die öffentliche Sphäre abgegrenzter Schonraum allenfalls in den oberen Gesellschaftsschichten bürgerlichen Lebens seinen Ort. Die Scheu vor der öffentlichen Präsentation körperlicher Bedürfnisse, sexuellen Begehrens und leidenschaftlicher Liebe sowie deren exklusive Kommunikation im privaten Bereich von Ehe und Familie blieb bürgerlichen Schichten vorbehalten, während in den beengten Wohnquartieren der unteren Gesellschaftsschichten die Privatsphäre bis ins 20. Jahrhundert (halb-)öffentlich zugänglich war.[11]

Diese historischen Verhältnisse werden in der kulturkritischen Debatte ignoriert: Hier erscheint die Verschiebung kulturell etablierter Grenzen zwischen Privatheit und Öffentlichkeit als »eine der Tragödien unserer Massengesellschaft, der Presse, des Fernsehens und des Internets« (Eco 2007: 77f.). Besonders das Internet erscheint mit der Verschiebung konventioneller (Scham-)Grenzen und der medialen Ausleuchtung der Privatsphäre als »ein vulgärer Schauplatz« (Soboczynski 2007). Das klingt, als würde das Vulgäre (nicht gerade) für sich sprechen, dabei ist das damit bezeichnete Phänomen ebenso wie die bereits in der Begriffswahl enthaltene Wertung erklärungsbedürftig.

(Zuständigkeits-)Bereiche sind ein Produkt der Aufklärung und der bürgerlichen Gesellschaft, in der der Bereich der Öffentlichkeit sich als das »staatskontrollierende ›gemeinsame Bewußtsein‹ [...] der Bürger [...] mittels Meinungs- und Pressefreiheit im staatsfreien gesellschaftlichen Bereich artikuliert« (vgl. Hölscher 1989: 1134). Zunächst bezieht sich der Begriff des Privaten auf das, was den Einzelnen als Einzelnen angeht, während der Begriff des Öffentlichen auf das Allgemeine, das, was alle (Bürger) angeht, bezogen ist. Entsprechend dem französischen und englischen Begriff ›public‹ bezeichnet es das ›Gemeine‹ im Sinne des ›Gemeinwesens‹, des ›die Gesellschaft Betreffenden‹. Die Privatsphäre im Sinne eines von der Sphäre der Öffentlichkeit getrennten, ja, abgeschirmten Bereichs entsteht im Zuge der Entwicklung einer kapitalistischen Marktökonomie (des 19. Jahrhunderts), als deren Gegenüber sich eine intime Gefühlswelt konstituiert, deren Kern die bürgerliche Familie und mit ihr die ›romantische Liebe‹ bildet; zur Codierung der Intimität in der Moderne vgl. auch Luhmann 1994: 123ff. Zum Verhältnis von Privatsphäre und Öffentlichkeit in der bürgerlichen Gesellschaft vgl. Habermas 1968[3]: 102ff. sowie Kap. I des vorliegenden Bandes.

11 Hier spielte sich ein Teil des ›Privatlebens‹ vor dem Haus oder auf dem Flur, der Straße, an (halb-)öffentlichen Schauplätzen ab; auch der im Bürgertum der ›Intimsphäre‹ vorbehaltene Bereich – der Sexualität und Körperlichkeit – war notgedrungen halböffentlich. Intimität im Sinne des Konzepts der ›romantischen‹ Liebe blieb lange Zeit bürgerlichen Schichten vorbehalten (vgl. dazu auch Bublitz 1982[2]; Negt/Kluge 1972; Reck 1977; Theweleit 1977; Luhmann 1994).

Mit der öffentlichen Selbstausstellung verbunden ist, so Eco in seiner Medienkritik, der Verzicht auf den Schutz der Privatsphäre und des reservierten Umgangs. Eco vergleicht die Intimität des Privatlebens mit dem Beichtgeheimnis, das sich durch eine Kultur öffentlich-medialer Bekenntnisse »in sein Gegenteil verkehrt« (Eco 2007: 81). Während Bekenntnisse und Geständnispraktiken traditionell an das kirchliche Arrangement der Beichtstuhlszene gebunden waren und Sündenbekenntnisse der kathartischen Reinigung sowie der Befreiung von sündhaften Vergehen dienten, steht nun das mediale Ereignis der exzentrischen Positionierung derjenigen, die, so Eco, früher ›Dorftrottel‹ waren, heute universales Vorbild für Millionen geworden sind, im Zentrum des medialen Geschehens. Sie können, indem sie öffentlich ›gestehen‹ und sich damit ›entblößen‹, sicher gehen, erst im Lichtkegel der Medien, dann in der ›Hall of Fame‹ medialer Helden und schließlich, wenn auch nur für kurze Zeit, im visuellen Gedächtnis der Mediennutzer/-innen zu landen, die beständig mitweben an seinem Erfolg. Nicht genug also, dass nun alle Zugang haben zu Sprache und bildhafter Kunst, werden ›Krethi und Plethi‹ auch noch zum Vorbild für Millionen von (Fernseh-)Zuschauern oder *Usern* im Netz. In diese Überlegungen Ecos eingeschlossen sind ernsthafte Erwägungen eines möglichen Rückzugs des massenmedialen Angebots.

Demgegenüber ist aber auch eine grundlegend andere Lesart der aufgeführten Phänomene möglich: *Im Beichtstuhl der Medien*, so lautet die plakative These dieses Bandes, konstituiert sich ein – sich bekennendes, sich sprachlich und visuell präsentierendes – Subjekt, das sich in seiner öffentlichen Artikulation und Manifestation selbst auf die Spur kommt und sich im Spektrum von Konventionen, sozialen Codes und Normen erst bildet und formt. Seine öffentlich-mediale Selbstoffenbarung wird zum Akt, der ›mediale Beichtstuhl‹ zum Ort der Selbsterzeugung. Öffentlich-medial inszenierter Beichtdrang und Bekenntniszwang ermöglichen dem Subjekt, sich selbst in Bezug auf soziale Normen und Normalitätsspektren wie auch in Bezug auf extreme Abweichungen zu formen. Bekenntnispraktiken bilden Mittel zur Selbsterzeugung. Das Begehren, öffentlich gehört und gesehen zu werden, erfüllt den Zweck, sich der anderen und seiner selbst sprachlich und visuell immer wieder zu vergewissern. Die ›Prämie‹ des sich zu seinem Begehren bekennenden Subjekts ist die Gelegenheit, soziale Zugehörigkeit immer wieder zu erproben, und die Aussicht auf soziale Integration, die allerdings immer ungewiss bleibt. Geständnis und Selbstoffenbarung sind der Einsatz für Subjektivierungsweisen, die im Selbstbezug der ständigen Rückkoppelung mit anderen unterliegen und an die Selbstpräsentation in der Öffentlichkeit gebunden sind. Sie bedarf der – öffentlich vorgeführten –

Verkörperung der Abweichung wie der Norm(alität). Sichtbar wird dabei eine Verteilung von Merkmalen, aus denen die Rezipient/-innen sich das für die Sicherung sozialer Zugehörigkeit und des sozialen Status Relevante heraussuchen können. Ausprobiert und vorgeführt werden Selbst-Testsituationen. Dabei verschränken sich Überwachungs- und Kontrollprozeduren mit Selbsttechnologien im ›Profil‹, mit dem man sich in Foren der medialen Öffentlichkeit *zeigt,* das sich im Übrigen aber jederzeit mit einem Mausklick wieder löschen lässt.[12] Der mediale Rahmen *öffnet* aber nicht nur *die Augen* für Dinge, die sonst im ›Privaten‹ verborgen bleiben, sondern er produziert auch etwas, das es sonst nicht gäbe: das sich – in Abhängigkeit von sozialen Normen, aber auch in der Verhaftung an eine eigene Identität – sprechende und führende Subjekt, wie hybrid und facettenartig auch immer.

Und was heißt hier auch schon ›privat‹? Im exklusiven *Profil*, in das ›Privates‹ eingeht, verschmelzen Aufmerksamkeitsökonomie und Technologien der Attraktion zu einem künstlerisch-künstlichen ›Kunstwerk‹, das nichts Feststehendes, Bleibendes ist, sondern jederzeit umgestylt werden kann.[13] Darüber hinaus aber wird im Rahmen einer anonymen medialen Öffentlichkeit etwas produziert, was es sonst nicht gäbe: Die Medien bilden den Ort, an dem sich das Subjekt nicht nur immer wieder sprachlich und visuell seiner selbst vergewissert, sondern sich virtuell und real immer wieder neu hervorbringt, präsentiert und optimiert. Hier finden Selbstdarstellung und damit die immer wieder erneut hervorgebrachte und verschobene Produktion des Subjekts statt. Dabei setzt sich das ›bekennende Subjekt‹ nicht nur medial in Szene, sondern es »spricht sich selbst, wird aber dadurch erst, was es ist« (Butler 2003: 118). Selbstdemonstration und -formung erfolgen nicht diskret abgeschirmt von anderen in introspektiver Selbsterkenntnis, sondern sie manifestieren sich öffentlich im Blick der anderen und sind – im Rahmen einer medialen Öffentlichkeit – auf Sichtbarkeit und Präsenz, visuelle und sprachliche Selbstdarstellung und Selbstvergewisserung angelegt.

Die Medien bilden den Schauplatz eines Begehrens, das, im Sinne eines »demokratisierten Panopticons« (vgl. Bröckling 2003: 77), Sub-

12 In Internetplattformen wie dem studiVZ, facebook und anderen ist die/der Einzelne Teil eines sozialen Netzwerks, mit dem nicht nur kommuniziert, sondern das vielmehr auch zu einem Bestandteil der eigenen Persönlichkeit, ja, sozialen Existenz wird: »You are, who you know.« (Boyd) Das bedeutet: Wer nicht Teil des Netzwerks ist, existiert nicht; vgl. dazu auch Reichert 2008: 70ff.

13 Medial ist dies nicht beschränkt auf Internetplattformen, sondern wird unter anderem auch in den zahlreichen TV-Castingshows, etwa ›Deutschland sucht den Superstar‹ oder ›Germany's Next Topmodel‹ vorgeführt; auffällig ist hier, dass das Profil immer das eines (Top-)Stars ist.

jektstatus an den Blick und die Beobachtung durch andere und deren Feedback sowie an ›Normalismen‹ (vgl. Link 1997) bindet.[14] Indem aber das scheinbar private Leben öffentlich ausgestellt und zugänglich gemacht wird, liegt paradoxerweise ein Bedeutungszuwachs, eine Steigerungsform von Individualität vor. Sie artikuliert sich im Medium der medialen Selbstpräsentation. Medienformate funktionieren als Foren der Subjektivierung; sie dienen als Messlatte der Einordnung und der Optimierung des Selbst. Dabei folgen sie zwar gesellschaftlich vorgegebenen Anforderungen an Formen der Selbststeuerung und des Selbstmanagements, zugleich können sie aber auch als Widerlager zu diesen gelesen werden, insofern mediale Präsentationsformen das Subjekt im Gegenzug zum – realen – Verschwinden des Subjekts in automatisierten technischen Abläufen sichtbar machen.

In der journalistischen Berichterstattung der Feuilletons überwiegt dagegen der Eindruck, dass »ein neuer Exhibitionismus grassiert« (Greiner 2000), dessen komplementäre Entsprechung, medial angereizt und intensiviert, ein medial zirkulierender und verbreiteter ›Voyeurismus‹ sei, Begriffe, die schon deshalb nicht unproblematisch sind, weil sie einen (ab)wertenden Unterton in sich tragen, der sowohl den Voyeurismus, die Lust am Sehen (aus der Distanz), als auch die der Selbstentblößung zugrunde liegende Lust am Gesehenwerden als pathologische, krankhafte Abweichungen markiert. Der indiskrete Blick aufs Private, Ausübung einer neugierigen Schaulust, die ihre Erfüllung in der beobachtenden Teilhabe auf Distanz findet, wird so als verbotener, pervertierter Schautrieb aufgefasst und damit pathologisiert.[15] Nichts scheint

14 Der Begriff des ›Normalismus‹ versteht sich bei Link als ›statistisches Dispositiv‹, dessen Kern die Verdatung und der Anschluss empirischer Subjekte an Kalküle von Massenverteilungen, Durchschnitte, Grenzwerte und Normalverteilungen und -spektren sowie gegebenenfalls an Umverteilungen bildet. Im Unterschied zur Anpassung an eine vorgegebene, standardisierte Norm, wie sie der Disziplin zugrunde liegt, richtet sich die Normalisierung auf die Angleichung an eine flexible, sich dynamisch immer wieder verändernde Norm(alität), die nicht ein für allemal vorgegeben ist, sondern sich immer wieder verschiebt und mithilfe empirischer Daten ermittelt wird; vgl. dazu auch Foucault 1976, 1993b; Link 2009b.

15 Einer der Gründe für diese abqualifizierende Vorstellung eines Menschen, der neugierig – und aus der Distanz – (zu-)schaut (Voyeur bedeutet im Französischen lediglich ›Zuschauer‹), ist die Verbindung der Begriffe Voyeurismus und Exhibitionismus mit sexuellen Fixierungen (auf Partialtriebe und -objekte) im psychoanalytischen Diskurs Freuds, wonach derjenige, der ein (Sexual-)Objekt aus der Distanz mit zudringlichem Blick betrachtet ebenso wie der, der sich selbst entblößt, sich sexuell ›pervers‹ abreagiert. Hier verengt sich die Vorstellung des (Zu-)Sehens, der ›Augenweide‹ ebenso wie die des Ausstellens zur sexuellen Perversion. Ein weiterer Grund liegt sicher auch in der kulturhistorischen Abwertung der Sin-

den modernen Menschen gegenwärtig mehr zu beherrschen, so der Tenor in Feuilleton und Kulturkritik, als der Drang, sich intimer Details aus seinem Privatleben zu entledigen: Von der Talkshow über Realityshows, Phone-in-Sendungen, vom Handygespräch bis zu im Wohn- oder Schlafzimmer installierten Webcams, deren Bilder in diversen Internet-Foren kursieren, geht es um mediale Formen visueller und narrativer Selbst-›Enthüllung‹ und die öffentliche Zurschaustellung der Privatperson, in welchen Posen und Umgebungen auch immer (vgl. Greiner 2000).

Die Paradoxie ist: Medien wie die Fotografie, Film und Fernsehen und nun auch das Internet haben die Moderne seit dem 19. und 20. Jahrhundert visuell geprägt:

> »In paradoxer Verschränkung schält sich aus dem christlichen Sinnlichkeitsverbot die Schaulust aus der Summe der Sinne heraus und entwickelt sich zum dominanten Sinn im 19. und 20. Jahrhundert. Bei gleichzeitiger Verdammung des neugierigen Sehens entwickeln wir Fernrohre, Mikroskope, Film, Fernsehen, Internet zu omnipotenten Geräten und Medien des Entdeckens, Festhaltens und Vermittelns, Instrumente, die alle unseren Sehsinn, unsere Lust zu schauen und das visuelle Angebot stärken.« (Stahel 2008: 314f)

Medien sind aus dieser Perspektive immer schon ›voyeuristische Apparate‹, die die Lust am Sehen und an der – visuell-ästhetischen – Kommunikation organisieren und dabei das Imaginäre einbeziehen. Sie orientieren sich, ebenso wie die Lust am Gesehenwerden, sowohl an einer imaginären als auch an einer kulturell kodierten Welt der Bilder. Damit wird nicht nur die Differenz von Imagination und Realität fragwürdig. Auch die Figur des Subjekts verändert sich: Es konfiguriert sich auf der Folie kultureller Codes als auch eigener Selbst- und Wunschbilder immer wieder neu. Diese Produktion ist, wie die der Imaginationen, nicht wirklich kontrollierbar. Zwar konstituiert sich das Subjekt im Rahmen einer spezifischen Medialität des Darstellens, die ihm mit dem Eintritt in die Ordnung des Zeigens bestimmte Formen der visuellen oder narrativen (Selbst-)Präsentation vorgibt, aber sie stellt keineswegs nur auf die Kontrolle und Einengung des Individuums ab, sondern ermöglicht durchaus kreativen Selbstausdruck. Der mediale Rahmen bildet einen Rahmen für Selbsttechnologien, der diesen zwar eine spezifische, mediale Begrenzung auferlegt, zugleich aber unter anderem durch eine Ausweitung der Privatsphäre in den öffentlich-medialen Raum auch eine

---

ne und der Sinnlichkeit, die als ›Werkzeuge der Sünde‹, Instrumente der (Vor-)Täuschung und Verführung verdächtigt werden, die Selbstkontrolle durch Vernunft und Verstand zu unterlaufen.

Überschreitung, wenn nicht Verschiebung konventionell gesetzter Grenzen erlaubt.[16]

Kulturkritische Zeitdiagnosen konstatieren seit geraumer Zeit den Verfall und das Ende des öffentlichen Lebens (Sennett 1986), den »Verlust der Privatsphäre« (Sofsky 2007) oder die »Sucht nach Öffentlichkeit« (Eco 2007), wenn sie ein ganzes Bündel enttabuisierter Formen der Selbstenthüllung umreißen, die Persönliches, ehemals Intimes und Geheimnisvolles an öffentlichen, überwiegend medialen Schauplätzen zeigen. Dabei greifen sie auf traditionelle Grenzziehungen zwischen Öffentlichem und Privatem zurück und konstruieren von hier aus eine moralische Fallhöhe medialer Formen der Selbstinszenierung. Der Tenor kulturkritischer Beiträge ist: Lange Zeit gebunden an private Räume, hat das ehemals Tabuisierte nun den öffentlichen Raum betreten, was, folgt man kulturkritischen Diskursen, zu kulturellen Verfallserscheinungen führt. Beklagt wird, dass die Privatsphäre, die einst als ›heilig‹ galt – wobei dieses ›einst‹ historisch in der bürgerlichen Gesellschaft anzusiedeln wäre – nun einer anonymen Öffentlichkeit zugänglich gemacht wird, indem die intimsten Dinge ›ins Netz‹ gestellt werden. Damit würden Tabus außer Kraft gesetzt, und das öffentlich Ausgestellte zugleich auch kommerzialisiert. Was als anstößig oder gar krankhaft erschien, bildet nun ein modisches Accessoire exzentrischer Auftritte, nach der Devise: ›Anders sein‹ ist chic. Voyeuristische Schaulust gestaltet sich so als Markt eines exhibitionistischen Begehrens, der medial modisch in Szene gesetzt wird.

Sicher markierte der vom Bereich der Öffentlichkeit abgeschirmte Privatbereich in der bürgerlichen Gesellschaft die Grenze zu Neugierde und ›voyeuristischer‹ Schaulust. Vor allem aber machte er den Kern bürgerlicher Identität und Freiheit aus. Nach dem Willen bürgerlicher Privatleute zog er eine Barriere vor die neu entstandene Sphäre der Öffentlichkeit. Die Privatsphäre stellte auf diese Weise nicht zuletzt auch einen Schutzraum vor dem Zugriff des Staates dar. Zudem schützte sie den Einzelnen und die Gemeinschaft vor (Ein-)Blicken, vor unerbetener Berührung und Belästigung. Dabei reichte die Grenze des Privaten zum Bereich der Öffentlichkeit vom Schutz intimer Geheimnisse vor Gefühls- und Glaubenskontrollen bis zur Verteidigung persönlicher Handlungsspielräume.

---

16 Dennoch verweisen mediale Formen der Bildlichkeit und der visuellen (Re-)Präsentation auf eine spezifische Medialität des Darstellens ebenso wie auf eine je spezifische mediale Rahmung, damit aber immer auch auf eine Grenze, der das Dargestellte, die ›Bildobjekte‹ und ihre Bedeutung unterliegen; vgl. zur Logik (medialer Formen) des Bildlichen Heßler/Mersch 2009: 18ff.

Diese Grenze, die nicht nur Privates von Öffentlichem trennt, sondern, wie Eco annimmt, die Gemeinschaft ebenso vor einem Angriff von Fremden wie vor deren Blick (vgl. Eco 2007: 74) schützt, ist gegenwärtig, folgt man kultur- und medienkritischen Diskursen, durch die Globalisierung von Ökonomie und Kommunikation in die Krise gestürzt. Von staatlichen auf eine Reihe gesellschaftlicher Machtzentren und auf die »Gesamtheit der globalen Ökonomie« übergegangen, erscheint der alles durchdringende, panoptische Blick[17] nun in Gestalt eines dezentralen Netzwerks, dessen Schaltstellen sich in der Beobachtung und Überwachung der Bürger gegenseitig stützen, »dergestalt, dass einer, der für ein Machtzentrum die Leute ausspäht, die in einem Supermarkt einkaufen, seinerseits ausgespäht wird, wenn er die Hotelrechnung mit einer Kreditkarte bezahlt« (Eco 2007: 76). Und als wäre demokratische Kontrolle angewiesen auf die Sichtbarkeit und Anschauung der Macht, fügt Eco hinzu: »Wenn die Macht kein Gesicht mehr hat, wird sie unbesiegbar. Oder zumindest schwer kontrollierbar.« (Ebd.)

Das Recht auf eine private Existenz, davon geht auch Wolfgang Sofsky in seiner »Verteidigung des Privaten« (2007) aus, sei unhintergehbar an persönliche Freiheiten gebunden, die keiner Rechtfertigung bedürfen, sondern Selbstzweck sind und gegenwärtig, leichtfertig aufs Spiel gesetzt, dem Bedürfnis nach expressiver Selbstdarstellung des Einzelnen und staatlichen Sicherheitskontrollen geopfert werden. Der moderne Staat suche, so Sofsky, das Denken zu formieren, Unterschiede einzuebnen und die »gläsernen Untertanen« an eine öffentliche »Anstaltsordnung« anzupassen, was dazu führe, dass die Bürger für vermeintlich höhere Zwecke und Pflichten auf ihre Privatsphäre freiwillig verzichten. Gleichzeitig gesteht Sofsky zu, dass sicherheitspolitische Übergriffe des Staates aus Gründen der Freiheitssicherung seiner Bürger durchaus legitim sein können (vgl. ebd.).[18]

---

17 Kennzeichen der panoptischen Blickmacht ist die Zentralperspektive der Beobachtung, die, als effektives Instrument der Disziplinarmacht eingesetzt und von den beobachteten Individuen verinnerlicht und antizipiert, regelkonformes Verhalten bewirkt; vgl. dazu bes. Foucault 1976: 251ff.

18 Darin liegt sicherlich ein Problem: Obwohl Sofsky einerseits die persönliche Freiheit des Einzelnen gegen Optimierungskalküle und -zwänge verteidigt, rechtfertigt er andererseits mit derselben Begründung sicherheitspolitische Zugriffe des Staates auf den Privatbereich und zwar, wenn es darum geht, die Freiheit des Individuums zu schützen. Es ist jedoch fraglich, wo die persönliche Freiheit anfängt und aufhört – beim lautstarken Telefonieren im öffentlichen Raum, der Missachtung von Anstand und Höflichkeit, dem Rauchverbot in (halb-)öffentlichen Räumen, den Kontrollen von Hartz-IV-Empfängern? Und kann man dem Staat grundsätzlich zutrauen, dass er die Privatsphäre und die persönliche Freiheit achtet und

Die Debatte über die Veröffentlichung des Privaten und den Verlust der Privatsphäre zeigt, dass die zunehmende Verbreitung von Kommunikationstechnologien und mit ihnen verbundene mediale Formen der Überwachung, auch im Rahmen medial inszenierter Bekenntniskulturen, Sozialität zweifellos verändert. Aber die Fragen, welche sozialen Strukturveränderungen sich durch ein mediales Ambiente von Kommunikations- und Überwachungstechnologien ergeben, wie Öffentlichkeit und Privates neu strukturiert werden und schließlich, wie die konstitutiven Bedingungen des Subjekts und Selbsttechnologien sich verändern, verweisen auf eine Lücke sozial- und kulturwissenschaftlicher Forschung.

Eine Neubestimmung des Privaten und Öffentlichen in der Medien- und Sicherheitsgesellschaft steht letztlich aus, auch wenn zweifellos Studien zur Entgrenzung von Berufs- und Privatleben, von Arbeits- und Freizeit vorliegen, die darauf hinweisen, dass gegenwärtig auch von einem veränderten Verhältnis von Privatsphäre und Öffentlichkeit und entsprechenden Subjektivierungsweisen auszugehen ist.[19]

Die subjektkonstitutiven Auswirkungen dieser Verschiebungen und Transformationen sind bisher nicht hinreichend ausgeleuchtet. Stattdessen findet der Strukturwandel der Öffentlichkeit, den Habermas (1968) angesichts von Waren- und Massenkonsum und des mit ihm verbundenen Wandels der kritischen Kultur einer bürgerlichen Öffentlichkeit bereits für das 19. und 20. Jahrhundert konstatierte, und die er in der Einleitung zur 1990 erschienenen Neuauflage seiner Untersuchung nun selbst um die mediale, öffentliche Präsenz der Masse(n) erweitert, seinen Widerhall bisher überwiegend in kulturkritischen (Verfalls- und Verlust-)Rhetoriken, weniger aber in sozial- und subjekttheoretisch be-

respektiert, wenn er im Verborgenen Telefonanschlüsse und PC-Festplatten überwacht? (Vgl. dazu Spreen 2007b.)

19 Kultur- und sozialwissenschaftliche Untersuchungen zu Fragen der Neukonfiguration des Subjekts und seiner Neuformierung beziehen sich überwiegend auf die allgemeine Analyse von Selbsttechnologien und Selbstregulierungsformen im Kontext neoliberaler Gesellschaften. Auch Studien zur gouvernementalen Formen der Menschenführung, die zeigen, dass diese im Rahmen der Sicherheitsgesellschaft auf Formen der Selbstkontrolle, des Selbstmanagements und der Selbstregulierung ausgerichtet sind, gehen kaum auf die mit neuen Medientechnologien einhergehenden Grenzverschiebungen und Formen der Neucodierung des Subjekts ein. Dennoch gibt es Untersuchungen, deren Fokus auf einzelnen Medien und entsprechenden Selbstpraktiken liegt; vgl. dazu unter anderen Tholen 2000; Reichert 2008; zur Ökonomisierung des – unternehmerischen – Subjekts vgl. Bröckling 2003, 2007 sowie Bröckling/Krasmann/Lemke 2000; zum postmodernen hybriden Subjekt vgl. Reckwitz 2004, 2006 sowie zu veränderten Selbstpraktiken im Kontext neuer Medientechnologien; vgl. auch Kap. III und VI des vorliegenden Bands.

gründeten Strukturanalysen und -konzepten wie auch Analysen der Neukonfiguration des Subjekts im (Macht-)Netz von Informations- und Kontrolltechnologien.

Der Annahme, dass sich neue Handlungsspielräume für das Subjekt dadurch eröffnen, dass sich in diversen Domänen digitalisierter Medien Interaktivität realisiert, wird sowohl aus der Perspektive zunehmender Praktiken der Datenüberwachung (*dataveillance*) als auch aus der weitgehend apologetisch und apokalyptisch gedachten Perspektive einer technisch-medialen Entmächtigung des Subjekts nur eingeschränkt zugestimmt werden können (vgl. Krämer 2000; Bolz 1990; Kittler 1993; Baudrillard 1978; Virilio 1989). Aber es ist eine Sache, den Verfall oder gar das Ende der bürgerlichen Privatsphäre und mit ihr persönlicher Freiheiten zu beklagen und damit verbunden, eine Rückkehr zum scheinbaren Paradies der verlorenen Privatheit, der gegenüber sich der öffentliche Raum durch das Gebot der Distanz und der (Höflichkeits-)Form auszeichnet, einzufordern, eine andere, eine historische Analyse struktureller Veränderungen vorzunehmen. Die Verabsolutierung des ehemals Privaten erscheint angesichts struktureller Veränderungen der Gesellschaft nicht sinnvoll.[20] Zudem ist das Private im Kontext der medialen Verschiebung des öffentlichen und privaten Bereichs keineswegs verschwunden; es zeigt sich, ebenso wie der öffentliche Auftritt, nur (wo)anders. Es bleibt aber zu fragen, ob im Spektrum einer zunehmend öffentlichen, medial inszenierten Selbstprüfung und -offenbarung zugleich Formen der verfeinerten Selbstkontrolle und -führung generiert werden, die, so legt die einschlägige Literatur nahe, das Pendant zur Komplexität sozialer Kontrolle in postmodernen Gesellschaften bilden (vgl. Jung/Müller-Dohm 1998; Imhoff/Schulz 1998; Burkart 2006; Schroer 2006).[21]

---

20 Sofskys Ausführungen über ›private Räume‹ zeigen bei näherer Betrachtung deutlich, wie unsäglich, leer und unhaltbar seine Feststellungen, selbst gemessen an den historischen, klassenspezifischen Umständen der bürgerlichen Gesellschaft, sind, wenn er schreibt: »Das Gehäuse des Privaten schützt vor den Schrecken des Nichts [Was damit wohl gemeint ist?] Hier sind die Leidenschaften gezähmt […] Das Heim ist auch ein Herd von Streit und Rivalität. […] War das Essen beendet, nahm die Frau eine Stickerei zur Hand, der Mann eine Zeitung.« (Sofsky 2007: S. 76f). Dass dieses idyllische Wunschbild bildungsbürgerlicher Provenienz auch der Realität bürgerlicher Familien nicht gerecht wird, braucht hier, glaube ich, nicht eigens betont und belegt zu werden.

21 Zugleich darf nicht übersehen werden, dass der gesellschaftliche Raum sich nicht bloß in die Medien hinein verlängert und die Medien nicht etwa Appendix gesellschaftlicher und ökonomischer Verhältnisse sind. Medien bilden, so könnte man sagen, gleichsam ›autonome‹ »Organe […] der gesellschaftlichen Gesamtstruktur«, in der Diskurse, Technik und Medien

Das vorliegende Buch betrachtet die Entgrenzung von Privatsphäre und Öffentlichkeit daher nicht oder wenigstens nicht primär unter dem Aspekt der Gefährdung persönlicher Freiheiten und der Offenbarung intimer Gefühlsregungen. Die überwiegend medial artikulierte Entgrenzung von Privatheit und Öffentlichkeit bildet lediglich die ›Hinterbühne‹ der nachfolgenden Betrachtungen.

Im Vordergrund steht stattdessen die Produktivität der öffentlichen Manifestation des Subjekts in medialen Verzeichnissen.[22] Sie steht im Gegensatz zur Diffamierung medialer Selbstinszenierung in Feuilleton und Kulturkritik. Die Analyse von Subjekteffekten und Dynamiken einer performativen Konstitution und Neucodierung des Subjekts bedarf anderer Konzepte als solcher, die die strikte Trennung von Privatsphäre und Öffentlichkeit als Grundmuster und normative Bezugsgröße moderner Kulturen zugrunde legen. Denn aus dieser Perspektive gelangt man unweigerlich zu kulturkritischen Aussagen, die angesichts des soziokulturellen und technisch-medialen Strukturwandels öffentlicher und privater Verkehrsformen Krisen- und Verfallserscheinungen diagnostizieren, damit aber den Dynamiken veränderter Selbst- und Sozialpraktiken nicht gerecht werden. Formen öffentlicher Selbstenthüllung und Selbstdarstellung, die in globale mediale Austauschformen eingebettet sind, verweisen auf eine medial verschobene Blickmacht, die keineswegs immer mit dem panoptischen Wächter-Gefangenen-Modell gleichgesetzt werden kann. Denn während das Modell des panoptischen Blicks bei Foucault im Grunde als Prinzip der modernen Disziplinargesellschaft und ihrer Beobachtungs-, Überwachungs- und Kontrolldispositive[23] sowie der

zwar immer »über den gesellschaftlichen Raum vermittelt« sind, allerdings zurückzubinden sind an die »Mechanismen des Symbolischen« (Winkler 2004: 145).

22 Der Begriff des medialen Verzeichnisses bezieht sich auf mediale Anordnungen, die sich bestimmten darstellbaren Strukturen und Rahmungen der medialen Präsentation verdanken und auf Selbsttechnologien verweisen, in denen die Verzeichnisstruktur dominiert und implizit Daten, Listen, Rankings, Kurvenlandschaften etc. eine wesentliche Rolle spielen; zum Begriff der Rahmung vgl. Heßler/Mersch 2009: 18ff., wo es um mediale Formen visueller Darstellungen geht.

23 Der Begriff des Dispositivs bezeichnet »ein entschieden heterogenes Ensemble, das Diskurse, Institutionen, architektonische Einrichtungen, reglementierende Entscheidungen, Gesetze, administrative Maßnahmen, wissenschaftliche Aussagen, philosophische, moralische oder philanthropische Lehrsätze, kurz: Gesagtes [...] wie Ungesagtes umfasst. Soweit die Elemente des Dispositivs. Das Dispositiv ist das Netz, das zwischen diesen Elementen geknüpft ist« (Foucault 1978: 119f.; vgl. auch Foucault 2003b: 391). Dispositive sind vielfältig miteinander verzahnte und ineinander verschlungene diskursive und nichtdiskursive Praktiken, die die Funktion der Machtsteigerung haben; vgl. dazu auch Link 2009a.

durch sie generierten spezifischen »Typen von Subjektivität« (Parr/Thiele 2009: 351) fungiert, verschiebt sich diese panoptische Anordnung in ihrer medialen Realisierung: Die Koppelung von Medien und panoptischem Blick muss nicht nur jeweils für einzelne Medien anders ausfallen, die panoptische Blickmacht verkehrt sich vielmehr in ihrer spielerischen Übernahme und zerstreut sich in der Vielfalt medialer Blickverhältnisse (vgl. dazu Parr/Thiele 2009: 351f.).[24] Und ein weiterer Aspekt spielt eine wichtige Rolle: Subjektkonstitution und Subjektivierungsmodi, die sich öffentlich manifestieren und insofern immer dem Blick der anderen und der Medien ausgesetzt sind, bilden Teil eines Selbstmanagements, das im Profil und in Konkurrenz zur ›Selbstoptimierung‹ der anderen erfolgt. Aber es geht nicht bloß darum, noch besser, noch flexibler und kompatibler für (zeit-)ökonomische Prozesse zu sein und sein Leben noch reibungsloser an neoliberale Optimierungsstandards anzupassen.

Auch die Annahme einer »Ökonomie der Aufmerksamkeit« (Franck [1998] 2004², 2005), wonach die von einem unternehmerischen Subjekt am Markt eingesetzte (Selbst-)Aufmerksamkeit zu einem »anonymen Zahlungsmittel« (Franck 2005: 139) wird, das auf den Kulturmärkten zirkuliert und, wie andere Zahlungsmittel auch, einem Markt- und Kurswert unterliegt, greift zu kurz. Sicher besteht einer der massenmedial erzeugten und transportierten Anreize, sich unablässig als öffentlich dargestelltes Kommunikationsobjekt zu entwerfen, darin, die Beachtung anderer und die Wahrnehmung durch andere auf sich zu ziehen. Franck spricht vom »Bekanntheitsgrad« als »Form akkumulierter Beachtung« und seiner »Schatzfunktion«, insofern er gehortet werden kann und sich »*rentiert*«, also verzinst und »zum Faktor der Wertschöpfung wird« (Franck 1998: 114). Aber darin geht die medienspezifische Inszenierung subjektiver Selbstoffenbarung nicht auf.[25]

24 Wichtig ist daher bei der Übertragung des panoptischen Blicks auf mediale Dispositive eine problematisierende Betrachtungsweise, bei der medienspezifische Modifikationen und gesellschaftliche Transformationen im Vordergrund stehen, wie es unter anderem von Parr/Thiele (2009) vorgeschlagen wird; vgl. dazu auch Wunderlich 1999; Fiske 1994, Friedrich 1991, 2000. Hier schließt sich der panoptische Blick mit der Effizienz neuer Überwachungstechnologien, der normalistischen Funktion der Massenmedien (permanente Aussendung statistischer Normalitätswerte) und der normalistischen Selbstadjustierung der Subjekte zusammen; zum Begriff des Normalismus vgl. Link 1997.

25 Unbestritten ist jedoch zum einen, dass, vor allem unter dem Aspekt des Umschlags von Qualität in Quantität, also des Umschlags von Profilen der Selbstaufmerksamkeit in Profile der quantitativen Messung, des Rankings und des – social – Bookmarking eine Grundbedingung der effizienten Steuerung von Aufmerksamkeit darin besteht, darauf zu achten, worauf

Vielversprechender erscheint mir eine *konstitutionstheoretische Perspektive* auf das Phänomen der medienwirksamen Ausstellung persönlicher Details. Damit verbunden ist die Umdeutung einer ausschließlich auf die »Währungsfunktion der Aufmerksamkeit« (Franck 1998: 114) bezogenen Analyse medial ausgestellter Selbstentwürfe. Ebenso die Umdeutung der panoptischen Blickanordnung in eine *(An-)Ordnung des Zeigens*. Sie geht nicht auf in einer Kontrollmacht, die das einzelne Individuum durch eine einseitig und hierarchisch angeordnete Blickanordnung diszipliniert. Vielmehr öffnet die Ordnung des Zeigens die Augen für etwas, was vorher nicht sichtbar war: *das Individuum, das sich unter dem Blick der Öffentlichkeit als Subjekt produziert.* Dies sind die *produktiven Effekte* der panoptischen Macht: *Sie erzeugt ein Subjekt, das sich in der Differenz zu anderen hervorbringt und dabei zeigt.* Dieses Subjekt unterliegt einer ständigen Transformation und Umcodierung. Es konfiguriert sich im Rahmen medialer Formate immer wieder neu und anders. Dabei kann es sich des Blicks der anderen sicher sein.

Damit sind aber – vor allem bewegliche und digitale – Medien nicht nur zuständig für die Übertragung von Information und Kommunikation, deren Bestätigung oder Unterbrechung, sondern auch und vor allem für die Übertragung und Bestätigung sozialer Beziehungen; sie sind zu beweglichen sozialen Bändern geworden.[26] An ihnen wird nicht nur die Grenzüberschreitung von Öffentlichkeit und Privatsphäre sichtbar, sondern auch die von Innen- und Außenwelt – und mit ihr eine Horizonterweiterung oder besser, Horizontüberschreitung menschlicher Erfahrung.[27]

andere achten – und dies schon in die jeweils wechselnden (Selbst-) Entwürfe einzubeziehen. Privates wäre dann unter diesem Aspekt einbezogen in die Selbstvermarktung des Subjekts. Daran anknüpfend lässt sich im Rahmen einer »Kultur[ökonomie] der Attraktivität« (Franck 1998: 168ff.) zweifellos die Tendenz festzustellen »die Mehrung des Selbstwerts im Sinne freien Unternehmertums in die Hand zu nehmen« (Frank 2005: 154).

26 Zu Medien als sozialen Bändern vgl. unter anderem auch Marßolek/von Saldern (Hg.) 1998; Schrage 2007, 1998, 2001. Bei Schrage kommen mit Psychotechnik und Radiophonie Verfahren in den Blick, welche die tradierte Grenze zwischen Innen- und Außenwelt unterlaufen und neuartige, instrumentell-regulative Subjektivierungsweisen etablieren.

27 Was, wie Winkler/Tischleder deutlich machen, für alle Medien, insbesondere aber für die im Raum verteilten ›portable media‹ gilt, die sich an den Körper des Menschen gleichsam mimetisch anschmiegen und seine Grenzposition einnehmen. Wenn sich Technik derart dem Körper annähert oder schließlich in ihn einwandert, verschiebt sich auch die Grenze zwischen privat und öffentlich (vgl. Winkler/Tischleder 2001: 7f.).

Öffentlich-mediale Präsentationen des Subjekts, die eine performative Kraft entfalten, ermöglichen dann nicht nur, sich so zu präsentieren, dass das Selbst Aufmerksamkeit auf sich zieht und dadurch ein höheres soziales Gewicht bekommt. Es geht auch nicht nur darum, sich permanent mit der individuell gedeuteten Sozialität und den Optimierungsidealen seiner Umgebung abzugleichen. Die öffentliche Inszenierung persönlicher Details produziert vielmehr unvorhergesehene Effekte, die sich nicht als Einschränkung von Individualität, sondern als deren konstitutive Bedingung und Steigerung lesen lassen. Dann erscheint auch die Veröffentlichung privater Details nicht länger als Tabubruch oder als Überantwortung des Individuums an die – Individualität scheinbar zerstörende – Masse, sondern im Gegenteil, geradezu als *Steigerungsform von Individualität.*[28] Das bedeutet: Hier werden Praktiken der Selbstbeobachtung und Selbstoffenbarung eingebunden in das Projekt einer permanenten Selbststeigerung und Selbstoptimierung, die sich der eigenen sozialen Existenz sowie der Existenz der anderen im sozialen Netz immer wieder aufs Neue versichern muss. Selbstpräsentation unterläge damit dem Programm einer permanenten Selbstprüfung und Selbstüberbietung. So betrachtet, konstituiert sich ein Selbst, das permanent an sich und an seinem Eindruck auf andere arbeitet, um seine soziale Existenz, seinen Subjektstatus zu sichern. Beschrieben ist damit ein Prozess, der – mit Hilfe medialer Anordnungen und Apparaturen – nie an ein Ende kommt, also auch hier Grenz- und Horizontüberschreitung.

Dabei verändert sich Individualität allerdings unter der Hand von einer historisch seit dem 18. Jahrhundert einzuordnenden Semantik der

28 Wenn öffentliche Selbstpräsentation und Selbstoptimierung im Blick der Massen(medien) Individualität steigert und nicht unterdrückt oder gar auflöst, bedeutet das nicht nur, dass die Einzigartigkeit des Individuums, seine ›Autonomie‹ und sein Selbstbewusstsein sich nicht in der Polarität zur Masse bewegen, sondern, im Gegenteil, geradezu auf ›die Masse‹ als konstitutives und regulatives Medium angewiesen sind; vgl. zur Polarität von Individuum und Masse und ihrer Überwindung in der massenkulturellen Form der Subjektkonstitution Bublitz 2005. Darüber hinaus spricht einiges dafür, dass das Potential der »kollektiven Intelligenz« (der vernetzten Nutzermasse) das individuelle Potential »eines genialischen Kopfes« übersteigt; vgl. zur »Intelligenz des vernetzten Kollektivs« Surowiecki 2005; Anderson 2007, wobei bei Anderson darauf abgehoben wird, dass die Masse der Online-Konsumenten einer unvorhersehbaren Verteilungsstruktur folgt, die sich der Netzlogik von Märkten verdankt und den an Hit- und Rankinglisten orientierten ›Massengeschmack‹ außer Kraft setzt, indem sie das individuelle Wissen (der Masse der Nutzer) in ihr Suchverhalten einbezieht; zur spezifisch medienökonomischen, kritischen Sichtweise dieser Phänomene vgl. auch Adelmann 2008: 34f.

Einzigartigkeit und Unverwechselbarkeit zu einer der unverwechselbaren Authentizität medial inszenierter Formen der Selbstdarstellung.[29]

Unter Einbeziehung des Privaten, das nun Teil des Profils wird, das sich in Internetforen mit einem entsprechenden ›Freundeskreis‹ präsentiert, wird Individualität zur exklusiven *Marke*. Sie wird kenntlich am experimentellen Subjekt, das sich immer wieder neu ›erfindet‹, modelliert und modifiziert und bei seiner Selbstpräsentation immer ›auf dem Schirm‹ hat, was ästhetisch und technisch-medial möglich und vor allem ›angesagt‹ oder anschlussfähig ist und sich daher auszahlt.

Spätestens an dieser Stelle besteht Klärungsbedarf zum Verhältnis von *Individuum*, *Individualität* und *Individualisierung* ebenso wie dem von *Subjekt* und *Selbst*. Das ist nicht so einfach, denn die Rhetorik von Subjekt und Selbst rekurriert auf unterschiedliche Diskursfelder, in denen wenig begriffliche Übereinstimmung herrscht.

Der Begriff und die kulturelle Semantik der *Individualität* ist in einer Entwicklung moderner Gesellschaften begründet, in denen das *Individuum* zentraler Bezugspunkt sowohl für die Gesellschaft als auch für sich selbst wird. Individualität bezieht sich dann auf die biografische und soziale Einzigartigkeit und Unverwechselbarkeit eines Individuums, die unter anderem die Identifizierbarkeit eines Individuums ermöglicht und Aspekte von Selbstbestimmung impliziert.

Der Begriff der *Individualisierung* verschiebt die zunehmende Bedeutung des Individuums auf die sozialstrukturelle Veränderung der modernen Gesellschaft und einen historisch widersprüchlichen Prozess der Vergesellschaftung des Individuums: Während das Individuum einerseits Produkt gesellschaftlicher Entwicklungen ist, erscheint es, zurückgeführt auf die Eigendynamik moderner Gesellschaften, in den Kultur- und Sozialwissenschaften gleichzeitig als treibende Kraft der Gesellschaft. Freigesetzt aus traditionellen Sozial- und Sicherheitsformen wie Stand, Klasse, Geschlecht und Familie, die als soziale Platzanweiser funktionieren, wird das einzelne Individuum nun den Dynamiken des Arbeits- und Bildungsmarktes und der Massenkultur ausgesetzt. Damit

29 Individualität im Sinne einer Semantik der Einzigartigkeit und Unverwechselbarkeit wird vom bürgerlichen Subjekt durch Entwicklung eines Selbst entlang eines kulturell codierten und modellierten Maßstabs der Reflexivität, textueller Selbstproduktion und Selbstbeobachtung produziert. Bürgerliche Technologien des Selbst implizieren die Produktion der Souveränität und Innenwelt des Subjekts, dem sowohl Formen der Abgrenzung gegen das Aristokratische, Exzessive wie auch das ›Primitive‹ sowie die Differenzierung von Privatsphäre und Öffentlichkeit, die Etablierung einer bürgerlichen Intimsphäre, einer – romantischen – Innerlichkeit und die Intimität des Gefühlslebens in Freundschaft und Familie entsprechen; vgl. dazu Reckwitz 2006: 97ff.

wird es aber auch neuen Kontrollformen (der Mobilität und Flexibilisierung der Arbeitswelt, der Bildungsversprechen und -ansprüche, des Massenkonsums, der Massenmedien) unterworfen und gezwungen, aus einer Vielzahl von Optionen (der Berufswahl und Lebensformen) eigene Entscheidungen zu treffen – damit aber auch das Sicherheitsrisiko für sein Leben individuell zu tragen; vgl. dazu Beck 1986; Beck/Beck-Gernsheim 1994 sowie Junge 2002.

Demgegenüber steht der Begriff der Individualisierung in der poststrukturalistischen Theorie Foucaults für einen Kontrollmechanismus, der Fremdbeobachtung in Selbstbeobachtung transformiert und das Individuum auf diese Weise ständig einem inneren Abgleich mit dem Lebensstil wie auch dem Kontrollblick der anderen aussetzt. Hier geht es um die Effekte von Disziplinierungstechnologien, die individuelle Besonderheiten und Unterschiede so aufeinander beziehen, dass sie, nutzbringend zu einem ›Kräftekörper‹ zusammengesetzt, in selbstkontrollierte Eigendynamiken der Leistungssteigerung münden.

Das Individuum wird zum Subjekt durch die Möglichkeit, »sich auf sich selbst zu beziehen, es kann sich selbst als ein Anderes wahrnehmen« (Burkart 2006: 18).[30] Es zeichnet sich gegenüber dem Individuum dadurch aus, dass es sich erkennt, sich selbst zum Objekt der Erkenntnis macht, sich fragt, wer es ist. Indem es sich reflexiv auf sich bezieht, sich formt und als eigenständiges Ich agiert, ist es immer auch auf andere bezogen; es bezieht sich in seiner Selbstthematisierung auf sich durch an-

---

30 Idealistische Subjektkonzeptionen gehen davon aus, dass das Subjekt trotz äußeren Wandels durch einen inneren, substanziellen Kern, eine Identität, gekennzeichnet ist, die dem Subjekt durch die Veränderung von Raum und Zeit Einheit, Kontinuität und damit Stabilität verleiht. Auch wird angenommen, dass das Subjekt als souveränes und autonomes Subjekt ›weltenschaffend‹, also der souveräne Urheber der Dinge und Umstände um es herum und ihrer Ordnung ist. Dabei wird nicht nur unterstellt, dass es einen sich außen zeigenden, inneren Kern des Subjekts gibt, sondern auch, dass die Autonomie des Subjekts in einer irreduziblen Instanz der Reflexion begründet ist, die ihre Grundlage nicht in kontingenten äußeren Bedingungen, sondern in sich selber findet. Es wird außerdem angenommen, dass das Subjekt, sich selbst transparent, durch rationales, selbstbestimmtes, willentliches Handeln bestimmt wird. Demgegenüber betonen eher subjektkritische, poststrukturalistische Ansätze, dass das Subjekt nicht vorgegeben, sondern in seiner Entstehung auf Gesellschaft, Kultur, Strukturen oder Diskurse, kurz, kulturelle Produktionsformen, zurückgeht. Es findet seine Wahrheit nicht in einer inneren Identität, sondern es bildet, wenn überhaupt, sich permanent verändernde hybride Muster von Subjektivität aus; zum Subjektbegriff vgl. Historisches Wörterbuch der Philosophie, Bd. 10, 1998: 373-400; Foucault 1987, 1996; Reckwitz 2008a; Bublitz 2008b; zu historischen Subjektmodellen und Subjektkulturen sowie zum hybriden Subjekt vgl. Reckwitz 2006; Bröckling 2007.

dere und stellt sich wiederum für andere dar. Selbstreflexion und Selbstdarstellung sind aufeinander bezogen. Dabei gewinnt das Subjekt seinen Selbstbezug und seine Handlungsfähigkeit eben von den Instanzen, gegen die es seine Autonomie behauptet (vgl. Bröckling 2007: 19). Subjektivierung ist ein paradoxer Vorgang; in ihm verschränken sich Fremd- und Eigensteuerung. In dieser Perspektivverschränkung entsteht das *Selbst*, das sich der Integration des Blicks der anderen auf sich und der Fremdwahrnehmung ins eigene Ich verdankt und erst auf diesem Wege befähigt wird, ›eigenständig‹ zu denken und zu handeln.

»Das Subjekt nimmt die Kräfte auf, denen es ausgesetzt ist, und modifiziert ihre Ansatzpunkte, Richtungen und Intensitäten. Dabei biegt es diese Kräfte nicht zuletzt um und richtet sie auf die eigene Person – ›Subjektivierung vollzieht sich durch Faltung‹« (Bröckling 2007: 20; vgl. auch Butler 2001; Bublitz 2002).

Subjektivierungsformen schließen also diesen Aspekt eines Selbst, das sich auf sich bezieht und sich zu sich selbst verhält, ein: »In Selbstexploration, Selbstmodellierung und Selbstexpression konstituiert es sich als Objekt seiner selbst, entwirft ein Bild von sich und gibt sich eine eigene Gestalt.« (Ebd.) In der Präsentation und Sichtbarmachung des eigenen Selbst (für andere), in der Selbstoffenbarung und Selbstdarstellung wird es erst, was es ist: ein Subjekt, das um sich selbst weiß, also ein Selbstbewusstsein hat. Dabei bewegt es sich immer in doppelter Bindung, zum einen in der Abhängigkeit und Kontrolle von anderen, zum anderen durch Bewusstsein und Selbsterkenntnis in seiner eigenen Identität verhaftet (vgl. Foucault 1987: 246). In dieser Doppelstruktur des Subjekts zeigt sich ein gemeinsamer Bezugspunkt von Individuum und Subjekt: Das einzelne Individuum wird erst dadurch zum Subjekt, dass es sich sozialen Regeln unterwirft, diese verinnerlicht und verkörpert und sich in das soziale Gefüge der Gesellschaft integriert.

Sehen und Gesehenwerden erscheinen als ineinander verschränkte Perspektiven einer Praxis der Selbstprüfung und -entäußerung, die in der extensiven Aus- und Beleuchtung des Subjekts zugleich den Anderen, den Nächsten im Blick hat, ihn imaginiert und damit die Bereitschaft impliziert, sich von denen kontrollieren zu lassen, die man selbst kontrollieren will (vgl. Bublitz 2006a und 2006b). In der sprachlichen wie visuellen Selbstinszenierung erzeugt Selbstoffenbarung paradoxerweise erst, was sich innerhalb medialer Öffentlichkeiten exponiert, ja, aus der Sicht kulturkritischer Diskurse sogar ›prostituiert‹, in Wirklichkeit aber erst konstituiert: Das Subjekt, das sich seiner eigenen Subjektivität, seiner sozialen Existenz in der theatralen, performativen Selbstdarstellung, in der öffentlich-medialen Repräsentation und Verkörperung von Status(symbolen) immer wieder aufs Neue versichert und sich dabei beständig selbst einordnet, adjustiert und normalisiert (vgl. Link 1997). Zugleich transformiert sich das Subjekt in der medialen Zirkulation symbolischer Zeichen immer wieder aufs Neue. Und es bedient sich dabei zyklischer Reproduktionsmechanismen, in denen sich ›das Normale‹, der Mainstream, medial transportiert und stabilisiert, aber – unter anderem durch De- und Re-Kontextualisierung – immer auch verschiebt und über diese Verschiebung individuell wie strukturell Umbrüche vorantreibt (vgl. Winkler 2004: 196f.).[31]

Denn auch wenn es scheint, als gäbe es nichts mehr, was nicht repräsentiert oder dargestellt wird und sich vorführen lässt: Das Singuläre und Besondere verschwindet nicht in der wiederholten Aufführung und seiner Optimierung. Vielmehr entsteht es immer wieder neu im Spiel von Differenz und Wiederholung, die zwar standardisierte Muster reproduzieren, aber in der Verschiebung des Wiederholten, auch im standardisierten Format, gleichwohl Differenzen produzieren. Und nicht alles wird repräsentiert: Es gibt eine nicht repräsentierte Singularität, die gewissermaßen aus dem Rahmen (der Sprache, des Bildlichen, Symbolischen) fällt und diesen überschreitet (vgl. dazu Mersch 2002a und b; Bublitz 2005: 112ff.): das Ereignis in seiner Faktizität, Subjekte und Körper in ihrer Materialität, Individualität als das Besondere.

Der Titel des Buches »Im Beichtstuhl der Medien« bringt die Relationalität und Spannung zum Ausdruck, in der sich Subjektivierung als Unterwerfung und Bildung des Subjekts (als ›unterworfener Souverän‹) vollzieht. In der medialen Wortergreifung und Spiegelung unterwirft sich das Subjekt zwar medial vorgegebenen Subjektmodellen, die als Applikationsfolien fungieren, aber zugleich rufen die öffentlich-medial inszenierten Bekenntnisrituale und Geständnispraktiken das extensiv ausgeleuchtete Subjekt als solches ins Leben und geben ihm öffentliche Bedeutung. Dabei stellt sich in der medialen Reflexion immer auch die Möglichkeit einer subjektiven Distanz des Subjekts zu sich selbst und anderen wie auch zu den medialen Vorgaben ein.

Die Metapher des Beichtstuhls verweist auf das Spiel von Verhüllung und Enthüllung, aber auch auf eine Form der Selbstgestaltung, die sich im Blick der Öffentlichkeit vollzieht, der öffentlichen Kontrolle aussetzt, und damit zugleich als mediale Manifestation des Subjekts inszeniert.

31 Zum »geräuschlosen Funktionieren« des Normalen und dessen ›Entautomatisierung‹ durch Prozesse des strukturellen Umbruchs via Kumulation und Verschiebung vgl. Winkler 2004: 196f.

In der medialen Anordnung des Beichtstuhl-Dispositivs *zeigt sich* die Masse der Vielen als ›unterworfener Souverän‹, als Subjekt, dessen symbolischer Körper sich im öffentlichen Raum gleichsam auf einer medialen Schaubühne präsentiert, das sich in der Unterwerfung unter ein mediales Blick-Regime als aus der Masse herausgehoben entziffern lässt. Dabei rückt das Verhältnis zu sich und anderen in den Fokus eines medialen Blick-Arrangements, in dem es sich, kaum ausgeleuchtet, seiner Festschreibung auf eine bestimmte Identität immer wieder entzieht.

Im Folgenden wird die Genealogie dieser (Re-)Präsentation des Subjekts als mediales Selbst rekonstruiert:

Kapitel I stellt zunächst den Begriff der *Repräsentation* in historischer Perspektive vor, wo er in die Geschichte des politischen Körpers einzuordnen ist. Er verweist auf den »Körper des Königs« (Foucault 1976: 40; vgl. Kantorowicz 1992), der Herrschaft, gebunden an die Person, in der symbolischen Erweiterung des Körpers im öffentlichen Raum zeichenhaft sichtbar und sinnfällig macht. Im Zentrum des *theatralen Modells einer repräsentativen Öffentlichkeit* steht die *Person*, verpflichtet, ›natürlich‹ und ›authentisch‹ und doch immer maskiert zu sein. Ihr öffentlicher Auftritt operiert in der prekären Spannung von wirklich darstellender und bloß verstellender Repräsentation. Dieses Modell der personalen Repräsentation und Theatralität, in dem sich der soziale Status *physisch verkörpert* und *zeigt*, bestimmt zunächst auch die Figuration des politischen Körpers, in dem die Individuen sich selbst repräsentieren, dann auch die Öffentlichkeit der bürgerlichen Gesellschaft, in der die zum Publikum versammelten bürgerlichen Privat- und Geschäftsleute sich ihrer selbst gegenseitig vergewissern (vgl. Kap. I.1). Ökonomie, Öffentlichkeit und Privatsphäre bilden im 19. Jahrhundert, auch und gerade in der Trennung der Sphären, einen konstitutiven Zusammenhang. In das System einer Ökonomie integriert, das auf einer vertraglichen Grundlage beruht und in dem unsichtbare Kräfte scheinbar das (Markt-) Geschehen steuern, verändert sich das theatrale Arrangement: Nun begegnen sich die unterschiedlichen Individuen zwar als Gleiche, aber das Modell der erst repräsentativen, dann auch kritischen Öffentlichkeit wird unterminiert durch ein Netz ökonomischer Abhängigkeiten, das sich gleichsam als ›Geschäftskörper‹ hinter dem Rücken der Individuen durchsetzt und sie in ein ökonomisch ausgewiesenes Beziehungsgeflecht sozialer Tausch- und Verkehrsformen einbindet (vgl. Kap. I.2). In diesem Zusammenhang erfolgt nicht nur die Ausrichtung des Einzelnen an statistischen Daten der Selbstführung, sondern es verändert sich auch die Codierung des Privaten und Öffentlichen: Im Eindringen der Marktgesetze ins Privatleben und im – überhandnehmenden – Warenkonsum findet sich, wie Habermas im »Strukturwandel der Öffentlichkeit«

(1968²) deutlich gemacht hat, sowohl die Grundlegung der Grenzziehung des Privaten zum öffentlichen Bereich als auch derjenigen Verdinglichungs- und Verfallserscheinungen, die zur ›Pseudoöffentlichkeit‹ und ›Scheinprivatheit‹ führ(t)en (vgl. Kap. I.3). Seitdem scheint die öffentliche Kultur im Verfall begriffen, was sich, folgt man kulturkritischen Diskursen, nicht nur in der Entgrenzung von Privatleben und Öffentlichkeit, sondern auch im geradezu obsessiven Interesse an der eigenen Person, der fortwährenden Suche nach dem eigenen Selbst und dessen narzisstischer Verortung im anderen zeigt (vgl. Kap. I.4). Ähnlich, wenn auch in umgekehrter Perspektive, wird – bei David Riesman et al. – die Allgemeinheit (der anderen) zum Steuerungs- und Normierungsinstrument des modernen Individuums, das sich, orientierungslos in der »einsame(n) Masse« (Riesmann/Deney/Glazer 1958) verloren, an deren Signalen ausrichtet und sie in sein Handeln integriert. 50 Jahre später erscheint die »Sucht nach Öffentlichkeit« (Eco 2007) als Kehrseite dieses Phänomens, das auf die Globalisierung der Ökonomie und Vorherrschaft der Kommunikationsapparate zurückgeführt wird und rhetorisch als Deformation einer ganzen Kultur erscheint. Diese Analysen, die in Krisendiskurse münden, greifen zweifellos zu kurz. Vielmehr fällt der Blick von hier auf veränderte Formen der Subjektivierung und Selbstführung.

Kapitel II geht darauf ein, dass die Selbstrepräsentation des Subjekts durch Sichtbarmachung und Wortergreifung im Blick der anderen erfolgt. Sie wird zugleich als performative Konstitution des Subjekts verstanden. Insbesondere in der Beichte kommen intime Regungen zur Sprache. Sie ist der Ort der Geständnispraktiken, die zu permanenter Gewissens- und Selbstprüfung und zur Befreiung vom Sündenregister führen sollen. In einem selbstanalytischen Diskurs andauernder Selbstbeobachtung und Selbstbefragung formt sich das Subjekt als eines, das sich systematischer Selbstkontrolle und fortwährender Selbstkorrektur verschreibt (vgl. Kap. II.1). In der modernen Gesellschaft geht es vor allem darum, sich als sich selbst führendes Individuum zu präsentieren, das in Eigeninitiative für sein Leben sorgt und sich in der Gesellschaft immer wieder in Relation zu anderen sozial positioniert. Individualität erscheint so immer gebunden an Dimensionen sozialer Zurechnung und Zuschreibung sowie an institutionalisierte Praktiken der Selbstsorge. Dabei besteht die Paradoxie der Selbsttechnologien in der Verschränkung von Fremd- und Selbstführung. Normalisierung erscheint dann im antizipierten Blick der anderen auf sich selbst, als Effekt einer vorweggenommenen Verallgemeinerbarkeit (vgl. Kap. II.2). Der Beichtstuhl ist, als materielle Vorkehrung, die das Subjekt, wie im Verhör, zum Sprechen bringt, zugleich Element eines – medialen – Dispositivs: Er fungiert als Anordnung und Kontrollsystem, das Verborgenes bis ins kleinste Detail zutage fördert und das Subjekt zur Rechenschaft zieht. Als solches bildet der Beichtstuhl zugleich ein Archiv von Aussagen, das die Grenzen des Sagbaren bestimmt, zu dem, was öffentlich nicht sagbar ist und daher verschwiegen und tabuisiert werden muss.[32] In diesen Sprechakten und ihrer endlosen Anhäufung von Details und Regungen entsteht ein Subjekt, das sich medial artikuliert und präsentiert, um – performativ – zu werden was es ist: In der Beichte manifestiert sich ein Subjekt, das ›sich spricht‹ (Butler) und sich immer wieder anders hervorbringt. Hier verschränken sich Beobachtung und Selbstbeobachtung als Instrumente einer panoptisch, heteronom arrangierten Disziplin und einer am individuellen Seelenheil ausgerichteten Pastoralmacht. Aber vor allem *zeigt* sich hier das Subjekt als eines, das im Werden begriffen ist und *als Subjekt erscheint* (vgl. Kap. II.3).

Kapitel III: Vielfältige Formen der ›Selbstentfaltungskultur‹ bringen das Subjekt ›zum Sprechen‹, dessen marktförmig ausgerichtete Form der Selbstentfaltung zum Kriterium einer gelungenen Lebensführung geworden ist. Selbstpräsentation erfolgt nun zunehmend durch ein ›unternehmerisches Selbst‹, das dynamisch wechselnde Selbstoptimierungsstandards erfüllt und immer im Abgleich mit der Anschlussfähigkeit an den Markt erfolgt (vgl. Kap. III.1). Dabei bildet das Selbst nicht nur eine semiotische Projektionsfläche fluider Zeichensprachen und ästhetischer Formen der Fremd- und Selbstwahrnehmung. Subjektivität ist vielmehr vor allem an die Fiktionalisierung eines offenen Erwartungshorizonts und die Realisierung fiktional erschlossener Möglichkeiten angeschlossen (vgl. Kap. III.2). Während die Disziplin das Individuum in institutionalisierte Milieus einschließt, tritt in der Kontrollgesellschaft an ihre Stelle seine kontinuierliche Variation und Modifikation (vgl. Kap. III.3). Das sich selbst führende Subjekt entspricht einer durch *Sicherheitsdispositive* kontrollierten Gesellschaft, in der sich die Normalisierung, gegründet in der flexiblen Adjustierung an verteilte Datenstrukturen und

32 Der Begriff des Archivs bezeichnet hier, im Unterschied zum alltagssprachlichen Verständnis des Archivs als »Summe aller Texte, die eine Kultur als Dokumente ihrer eigenen Vergangenheit oder als Zeugnis ihrer beibehaltenen Identität bewahrt hat« oder als Einrichtung, die einer Gesellschaft gestattet, »die Diskurse zu registrieren und zu konservieren, die man im Gedächtnis oder zur freien Verfügung behalten will« im Anschluss an Foucault »das Gesetz dessen, was gesagt werden kann« (Foucault 1973: 187). Dieses ›Gesetz des Sagbaren‹ ist definierbar als Regeln, die einer Kultur zugrunde liegen und sie von anderen Kulturen abgrenzen. In unserem Fall handelt es sich um Regeln, die den Bekenntnissen gestehender Subjekte zugrunde liegen, aus denen sich historische Archive des Begehrens und der Sünde, der Abweichung und Normalität rekonstruieren lassen.

Kurvenlandschaften, mit hochgradiger Individualisierung verschränkt (vgl. Kap. III.4). In deren Fokus steht die ›freiwillige‹ Selbstkontrolle und -korrektur, die auf der gesellschaftlich erzwungenen Freisetzung selbstregulativer Mechanismen und andauernden, selbstgesteuerten Rückkoppelungsprozessen beruht (vgl. Kap. III.5).

Kapitel IV: In der Selbstentfaltungskultur kehrt der ›Körper des Königs‹ zurück, aber nun betritt er, der seine Macht im öffentlichen Raum symbolisch sichtbar und sinnfällig macht, in Gestalt der Vielen die mediale Bühne und die des Marktes, auf denen sich das Subjekt als kreativ-unternehmerisches und ästhetisch-expressives Selbst präsentiert. Bedeutsam ist nicht nur permanente marktförmige Anschlussfähigkeit, ebenso wichtig sind *mediale Praktiken* als *Technologien des Selbst.* Selbstführungs- und Selbstentfaltungskulturen stehen im Zusammenhang mit der Transformation von Medientechnologien, die das Subjekt in ästhetischen, experimentellen und zugleich quasi-marktförmigen Haltungen der Entscheidung zwischen Optionen einüben (vgl. Kap. IV.1). In der ästhetischen Aufladung von Bildern und medial angeschlossen an Formen der visuellen Realisierung von Sichtbarkeit, bieten sich die Medien als Folie für den experimentell-spielerischen Umgang mit Formen der Selbst-Repräsentation. Anschaulich wird dies in der unablässigen Bewegtheit des Subjekts, das sich, ähnlich wie der Flaneur in den Großstädten des 19. Jahrhunderts, selbst immer wieder der Bewegung der Masse überlässt, ohne in ihr zu verschwinden, aber auch ohne in der exzentrischen Differenz zu anderen den Boden marktförmiger Anschlussfähigkeit zu verlieren. Zugleich verweist die unablässige Bewegung und Dynamik des Subjekts auf die Zersetzung sämtlicher Sicherheiten und den Verlust seiner sicheren Selbstbegründung (vgl. Kap. IV.2). Experimentelle Selbstbezüglichkeit und Stilisierungsfähigkeit im Umgang mit sich selbst bilden das zentrale Merkmal einer *subjektiven Selbstreferentialität,* in der sich verstreute Komplexe von Selbsttechnologien bündeln (vgl. Kap. IV.3). Im theatralen, szenischen Arrangement, das sich auf eine ›Semantik der Selbstentfaltung‹ beruft, zeigt sich eine Ästhetik der Selbstinszenierung, in der sich ästhetische und ökonomische Codes verschränken (vgl. Kap. IV.4). Es konstituiert sich ein öffentlich und medial verfügbares Subjekt, das sich in medialen Verzeichnissen spiegelt und dessen Bekenntnisrituale seine Individualität nicht mindern, sondern unterstreichen und steigern.

Kapitel V: Dem entsprechen Formen der Selbstinszenierung, in denen sich ›prekäre‹ Subjekte darstellen, die die Exzentrik ihres Begehrens lustvoll bekennen oder im Tabubruch unterzugehen drohen, zugleich aber aus der schier grenzenlos scheinenden Zurschaustellung privater Details in einer anonymen medialen Öffentlichkeit Gewinn ziehen, auch wenn sie bekenntnisreich den Abriss ihrer sozialen Bezüge dokumentieren. Beispielhaft zeigt sich in der Talksendung *Domian*, wie Selbstbekenntnisse, in denen sich Abweichungen vom Normalen manifestieren, zum Material einer Aufmerksamkeitsökonomie werden, die Normalisierung und Selbststeuerung an vorgegebene Standards des Moderators der Sendung binden. Hier wird die Nacht zum Tag gemacht – und dies im doppelten Sinne: Während der ›Normalbürger‹ schläft, wird hier das Unbewusste, Tabuisierte zum Vorschein gebracht und ins Bewusstsein gerufen, gleichzeitig wird die ›Nacht‹ derjenigen, die sich gehen lassen, ins Taglichte gewendet und quasi-therapeutisch, verbal in die Normalität umgelenkt. In der Serialität des nächtlichen Bekenntniszwangs wiederholt sich hier kalkulierte Authentizität im standardisierten Format. Es ist zuständig für die Teilhabe des Subjekts am Narrationsdrang, an den Offenbarungen und Rhetoriken der Selbst(er)findung, die eingebunden sind in die psychische Hygiene eines Subjekts, das der Bestätigung und Vergewisserung seines Selbst im anonymen medialen Kanal bedarf. Sprechen und Zuhören, beides Elemente der Anordnung des kirchlichen wie medialen Beichtstuhldispositivs, bilden den Rahmen derjenigen Psychotechniken, die die tradierte Grenze zwischen Privatheit und Öffentlichkeit, Innen- und Außenwelt unterlaufen, aber auch aufrufen. Indem die mediale ›Beichte‹ das Intimste sagbar macht und es, im standardisierten medialen Format verortet, verhandelbar, aber auch austauschbar macht, kommen Verfahren der Inszenierung des Selbst in den Blick, mit deren heilsamen Effekten sich zugleich Techniken der Psychohygiene als mentale Subjektivierungsweisen etablieren.

Kapitel VI: Hier kommt das Subjekt zum Vorschein, das, eingebunden in eine Vielzahl von (Aus-)Tauschverhältnissen und eine Vielfalt kommunikativer Netzwerke, vordergründig betrachtet, zu verschwinden droht, zugleich aber sich und seine schöpferische Kraft in der ›beweglichen Mannigfaltigkeit‹ seiner möglichen Präsenz im Netz erst *zeigt*. Damit tritt öffentlich in Erscheinung, was sonst unsichtbar bliebe: das einzelne Individuum in seiner Gleichheit und Differenz (zu anderen). Inszenierungen eines unverwechselbaren Selbst werden als *artifizielles* Geschehen, Individualität als künstliches Arrangement arbiträrer Zeichen markiert, im Übermaß produziert, zugleich aber in den Rahmen einer gemeinsamen, globalen Kommunikation gestellt. Es ist ein bewegliches, aber dennoch medial *begrenztes Selbst*, das sich hier *präsentiert* und darauf verweist, *dass nicht alles im Rahmen einer medialen Inszenierung des Selbst vollständig erfasst wird*, beschreibbar als Realisierung eines immer fiktiv und imaginär bleibenden Selbst (vgl. Kap. VI.1). ›Gebeichtet‹ wird auch im ›voyeuristischen‹ Szenarium standardisierter Fernsehshows und Internetportale, ein Begehren, in dem sich ein kollektives Imaginäres spiegelt (vgl. Kap. VI.2). Das Subjekt, das sich hier artikuliert und präsentiert, positioniert sich immer im Abgleich und in Relation zu anderen (vgl. Kap. VI.3). Zugleich erscheint das faktische Leben auf der Folie eines medial gespiegelten möglichen Lebens als bloß hypothetische Existenz, das sich fortwährend im möglichen Leben bricht. Nun bewegt sich das Subjekt auf Dauer an der Schwelle eines unbestimmten, ›maßlosen Raums‹, der medial vorgeführt, zum Normalzustand wird (vgl. Kap. VI.4).

Die Schlussbetrachtungen machen noch einmal deutlich: Das theatrale Arrangement personaler Präsentation und Subjektkonstitution hat sich erneut verändert: Die Zirkulation des Subjekts in Datenströmen, immer verlinkt mit Ranking- und Skalierungsverfahren, ist der Vorgang seiner Produktion: *Es ist, was es als Person darstellt und zirkulieren lässt, zum Austausch bringt.* Zweifellos unterliegt es in seiner sichtbaren und beweglichen Präsenz im universellen Netz einer symbolischen, dynamischen Zeichenpraxis, die es jedoch nie vollständig abbildet. Damit produziert es immer auch einem Bedeutungsüberschuss, den es möglicherweise so nicht gewollt hat und der sich seiner Kontrolle entzieht, aber gerade dadurch Neues produziert. Was öffentlich in Erscheinung tritt, ist ein Selbst, das medial gegenwärtig ist, sich aber zugleich *jeder eindeutigen Verfügbarkeit und Zuordnung* entzieht.

I. In den Kulissen der Macht (I): Der Körper des Königs

1. Personale Repräsentation und Theatralität

Der Begriff der *Repräsentation* steht in verschiedenen ästhetischen, sozialen und politischen Kontexten für *Abbild(ung), Darstellung oder (Stell-)Vertretung*. Etwas, das – sonst – unsichtbar ist, wird durch Repräsentation sichtbar gemacht, Bedeutung entsteht dann gewissermaßen ›abbildlogisch‹. Dieses Repräsentationsmodell unterstellt, Dinge, Vorstellungen oder Wirklichkeiten würden durch Zeichen und Symbole abgebildet. Aber Repräsentation geht darüber hinaus: Repräsentation heißt nicht, dass – mediale – Darstellungsformen – Bilder, Symbole, theatrale Inszenierungen – Wirklichkeit abbilden. Repräsentationen sind auch nicht einfache Reflexionen der Wirklichkeit, die dem Realen durch symbolische Zeichensysteme Ausdruck verleihen. Entgegen der Auffassung, dass die darstellende Abbildung oder Verkörperung – durch symbolische, zeichenhafte Darstellung oder theatrale Inszenierung – etwas schon Vorhandenes lediglich zum Ausdruck bringt, wird hier die Auffassung vertreten, dass die Repräsentation reale Ereignisse nicht einfach ausdrückt oder darstellt, sondern sie im Akt der Darstellung und über Inszenierungspraktiken herstellt. Repräsentation bewirkt in der Performanz das, was sie darstellt oder aufführt; sie ist performativ.[1]

1 Die These der Performativität der Darstellung bedeutet letztlich, dass Bilder, Darstellungen oder theatrale Inszenierungen die Wirklichkeit nicht repräsentieren, sondern diese im Akt der ›Abbildung‹ oder Aufführung herstellen, ihr also erst zur Existenz verhelfen. Während der Begriff der Performanz sich kulturwissenschaftlich auf das Aufführen von theatralen oder rituellen Handlungen bezieht und damit den Begriff der Inszenierung

Und ein weiterer Aspekt ist von Bedeutung: Repräsentation kann nur in der Sphäre der Öffentlichkeit vor sich gehen, es gibt keine Repräsentation, die Privatsache wäre. Im Grunde entzieht sich Repräsentation der Aufteilung in öffentliche Angelegenheiten und Privatsache, zumindest ist die ›repräsentative Öffentlichkeit‹ in der höfischen Gesellschaft kein spezifischer sozialer Bereich, sondern ein Statusmerkmal. Status ist weder öffentlich noch privat; repräsentiert wird er aber öffentlich. Repräsentation ist immer auf eine Umgebung angewiesen, in und vor der sie sich entfaltet. Die Entfaltung repräsentativer Öffentlichkeit ist an Attribute der Person, wie Insignien (Abzeichen, Waffen), Habitus (Körperhaltung, Kleidung), Gestus und Gebärden, Umgangsformen und Rhetorik sowie an einen Verhaltenskodex gebunden. Dieser stellt sich dar, *verkörpert* sich. Das *Physische* spielt in der öffentlichen Darstellung eine große Bedeutung (vgl. Habermas 1968[3]: 17f.). Ebenso wesentlich ist die Bühne, das Theatrale. Es umschließt das Modell einer Gesellschaft, das sich im Spiel, im Fest, in und hinter den Kulissen zeigt, also gleichermaßen auf ein nicht öffentliches, unauffälliges, verborgenes und ein öffentlich sichtbares Handeln verweist.

Repräsentation erweist sich als ein vielseitiges Prinzip, das nicht nur im politischen Kontext »einem Einzigen unendlich verschiedene Funktionen oder den Vielen eine einheitliche Repräsentanz verschaffen kann«, sondern sowohl auf der Bühne als auch im gewöhnlichen sozialen Umgang darauf verweist, dass als Person auftreten soviel bedeutet wie »sich selbst oder einen anderen *darstellen* oder *vertreten*« (Vogl 2008[3]: 21). Zugleich verweist der Begriff der Person, über die Momente von Stellvertretung und Rollenspiel hinaus, immer auch auf die äußere Erscheinung, aber auch die Verkleidung und Maskierung des Menschen. Darin eingeschlossen ist gewissermaßen eine artistische Dimension der Selbstdarstellung oder Darstellung eines anderen im öffentlichen Raum; erforderlich ist eine beträchtliche Inszenierungskraft, die immer auch auf eine private Hinterbühne des Geschehens verweist, wo die Masken fallengelassen werden.

Die moderne Form der (Selbst-)Repräsentation schließt an dieses Repräsentationsprinzip an, das in die Geschichte des politischen Körpers einzuordnen ist.

In historischer Perspektive geht es zunächst darum, den – sozialen und politischen – Status einer Person und ihren repräsentativen Charakter darzustellen, ihn im Raum der Öffentlichkeit zeichenhaft sinnfällig

---

wie auch der Theatralität ins Spiel bringt, kommen mit dem Begriff der Performativität zugleich die Aspekte der Verkörperung (und damit auch der Materialisierung) ins Spiel; vgl. dazu auch Bublitz 2002: 21ff.; Krämer/Stahlhut 2001; Willems/Jurga 1998; Willems 1998.

und das heißt, öffentlich sichtbar zu machen. Repräsentation schließt die Darstellung und Präsenz, das »Sich-Zeigen« – des sozialen Status – einer Person im Raum der Öffentlichkeit ein. Dabei sind durchaus auch Aspekte der ›Verstellung‹ im Spiel.

Solange Herrschaft durch die Person eines Souveräns öffentlich repräsentiert wird, bleibt diese an (Herrschafts-)Zeichen, an die symbolische Erweiterung des Körpers im öffentlichen Raum gebunden (vgl. Schulte 2002: 38; Kantorowicz 1992): Hier zeigt sich der »Körper des Königs« zum einen als vergänglicher, sterblicher Körper, zum anderen als der »unberührbare Träger« (Foucault 1976: 40) von Macht, welcher die Zeit überdauert, der in den Ritualen und (Unterwerfungs-)Zeremonien seinen stärksten Ausdruck findet und im Spektakel der Bestrafung, der Marter, seine Machtfülle, dieses »Mehr an Macht, das die Person des Souveräns auszeichnet«, spiegelt (vgl. Foucault 1976: 41).[2]

Repräsentative Öffentlichkeit gestaltet sich historisch in den Kulissen höfischer Macht, in und vor der sie sich entfaltet: bei Hof, am Schloss, später nur noch abgeschirmt von der Außenwelt, im Schloss. Während in der bürgerlichen Gesellschaft Repräsentation in den Wohnräumen – vor allem in den festlich geschmückten halböffentlichen Salons – stattfindet, gestaltet sich das Fest repräsentativer Öffentlichkeit in der höfischen Gesellschaft an einem der Brennpunkte höfischer Etikette, dem täglichen Schauplatz der Rituale und Zeremonien, »die das Intimste zu öffentlicher Bedeutsamkeit erheben« (Habermas 1968[3]: 20), dem Schlafzimmer, in dem das Bett aufgeschlagen ist wie eine Schaubühne, »auf erhöhter Estrade, ein Thron zum Liegen, durch eine Schranke von dem Raum der Zuschauer getrennt« (ebd.).[3]

2 An diese Verdoppelung des Souveräns in einen organischen und einen symbolischen Körper schließt Foucault sowohl die »politischen Technologien des Körpers« (Foucault 1976: 41) – Strafpraktiken, Bindung des Körpers an Produktionsapparate, Prozeduren der Kontrolle und Korrektur der Körpertätigkeiten – als auch die Doppelstruktur des Subjekts als »unterworfenen Souverän« an. Im Anschluss an Kantorowicz' Untersuchung über die zwei Körper des Königs in der mittelalterlichen Gesellschaft, den vergänglichen, sterblichen und den unvergänglichen, die Zeit überdauernden Körper, der Gegenstand einer Ikonografie ist, verweist Foucault auf die Doppelstruktur einer Unterwerfung, vermittels derer das Subjekt zum einen der Kontrolle und Abhängigkeit unterworfen und zugleich in seiner Beziehung auf sich selbst einer eigenen Identität verhaftet ist (vgl. Foucault 1987: 245f.).

3 Sie zeigt sich auch im öffentlich inszenierten Spektakel der Marter, der körperlichen Züchtigung, die in der Zerstückelung des unterworfenen Körpers den symbolischen Körper performativ, in der Wiederholung immer wieder herstellt.

Ihr entspricht die aristokratische Gesellschaft, jene adelig-höfische (Herren-)Schicht, die monarchische Souveränität repräsentiert und, nachdem frühkapitalistischer Verkehr und Warenzirkulation die souveräne Macht erschüttert haben, das Parkett der »guten« Gesellschaft bildet. Starke Wirksamkeit üben Formen der repräsentativen Öffentlichkeit bis ins 19. Jahrhundert aus; die »gute Gesellschaft« des Besitz- und Bildungsbürgertums *zeigt sich* auf den »Brettern der Welt«, einer Bühne, die Etikette, Formen des sozialen Austauschs mit Geschäftssinn verbindet.

Grundlegende Figur dieses theatralen Modells repräsentativer Öffentlichkeit ist die *Person*. Die Person bezieht sich auf die äußere Erscheinung, auch auf die Verkleidung eines Menschen, der auf der Bühne, im Theater dargestellt wird. Sie realisiert sich in einem Raum, in dem die einzelnen nicht nur sind, sondern auch ›scheinen‹, sich als Stellvertreter ihrer selbst darstellen. Als persona publica beherrscht sie das Maskenspiel, verpflichtet, »natürlich zu spielen und doch immer verstellt zu sein« (Vogl 2008^3: 19; vgl. auch Krämer 2000: 110 und 114).

Öffentlichkeit in dieser Form ist szenisch arrangiert, öffentliche Repräsentation und Theatralität sind zur Deckung gebracht. Die zum Publikum versammelten Privatleute rufen ein Programm auf, in dessen Kern nicht von ungefähr das Theater und das Theatralische steht, denn das Repräsentationsprinzip ist »ein Prinzip, das einem Einzigen unendlich verschiedene Funktionen oder den Vielen eine einheitliche Repräsentanz verschaffen kann und gerade darum als ein effizientes Konzept im Übergang von hierarchisch organisierten zu funktional differenzierten Gesellschaften gelten mag« (Vogl 2008^3: 21).

In der öffentlichen Person und ihrem Auftreten zeigt sich, dass jeder aus »multiplen Personen« besteht und Anteil an jenen hat, »die er nicht ist und nicht sein kann, die ihn zu einem anderen macht, mit allen verbindet und als Element eines Ganzen – einer Staatsperson etwa – erscheinen lässt« (ebd.). Die öffentliche Person vereinigt in sich Momente der Stellvertretung und des Rollenspiels. Immer verweisen Darstellung und Repräsentation auf den politischen, repräsentativen Charakter, der in einem prekären Bereich zwischen wirklich darstellender und bloß verstellender Repräsentation operiert. Das Personale, die Person im theatralischen Sinne, ist diejenige Instanz, die nicht nur Viele verkörpert, sondern die aus disparaten Körpern zugleich Elemente einer politischen und sozialen Gemeinschaft macht.

2. Ökonomie, Öffentlichkeit, Privatsphäre

Dieses Prinzip der personalen Repräsentation, das die Öffentlichkeit zur Bühne und die Inszenierung der Person zum Element einer Aufführung macht, daher an die Idee der Performanz gebunden ist, wird seit dem 17. Jahrhundert in das System einer Ökonomie integriert, die auf ein vertragliches Substrat rekurriert. Doch auch diese Ökonomie gleicht einem theatralen Arrangement, in dem ›unsichtbare‹ Kräfte des Marktes die Austauschbeziehungen derer dirigieren, die sich auf dem Markt begegnen und dort marktförmig agieren.

Unterhalb der Schicht der Inszenierung bürgerlicher Lebensformen befindet sich das Geflecht aus Warenverkehr und -zirkulation, aus Kapitalverkehr, Zufällen und latenten Steuerungen, die die repräsentativen Formen der Öffentlichkeit unterlaufen. Die Regulierung von Individuen und Kräften, von zirkulierenden Geld-, Waren- und Wunschströmen erfolgt nun, so scheint es, durch »unsichtbare Hände, Augen, Agenten und Funktionäre« und unterliegt damit einer »Vorsehung, die Entscheidungen korrigiert, Wünsche weckt und lenkt, Leidenschaften aussteuert, Allianzen stiftet und stabile Objektbeziehungen installiert« (Vogl 2008[3]: 36).

Das Theatermodell einer repräsentativen Öffentlichkeit wird nun unterminiert durch ein horizontales Netz ökonomischer Abhängigkeiten, ein Marktmodell, das eine »heimliche Steuerung der Individuen vollzieht und die personale Gegenseitigkeit im sozialen Verkehr unterläuft« (ebd.), also hinter dem Rücken der Subjekte deren Schicksal bestimmt und alle zufälligen Ereignisse vernetzt, alle Kontingenzen steuert. Damit hat sich, »neben dem symbolischen Körper des politischen Wesens, der gesetzgebend und normspendend die Choreographie der Personen diktiert […] ein Korpus mit anderer Dichte und anderer Konsistenz zusammengefügt, ein Körper, der mit seinen Kräften und Wirkungen gleichsam die Physis des Gesellschaftslebens ausmacht« (ebd.: 38).

Nun konstituiert sich zum einen der Staat als fiktive Person, die an der Gemeinsamkeit aller teilhat. Zum anderen bildet der Gesellschaftsvertrag gleichsam ein *Spiegeldispositiv,* indem die Individuen, die sich – in ihrer Unterschiedlichkeit – als gleiche Personen begegnen, als Stellvertreter eines Gemeinsamen, des politischen Körpers, zu demjenigen politischen Körper werden, den sie selbst repräsentieren. In Hobbes' »Leviathan« zeigt sich die Figuration eines Staatskörpers, der in seinem Körper die Territorien sowie die Bevölkerung konfiguriert und sich als Person präsentiert, der, »künstlich hergestellt und einheitlich ist, der alle realen Individuen umhüllt« (Foucault 1999: 43). Dies ist der Erzeugungsmodus einer politischen Person, die sich aus dem Zusammenschluss aller entwickelt und den politischen Körper ausmacht, in dem das versammelte Volk, das Publikum sich selbst vertritt, in der Repräsentation, im Bild des Souveräns, aber unsichtbar bleibt:

»Während nämlich der Körper dieses ›unvergleichlichen‹ Herrschers [...] aus der Versammlung der Vielen hergestellt und geformt wird, aus einer Versammlung, die sich auf den Kopf des Leviathan hin ausgerichtet hat, sind gerade diese zur Einheit Versammelten aus dessen gekröntem Haupt selbst verschwunden; während die ›natürlichen‹ Personen die ›fiktive‹ Person im transparenten Aufbau des Körpers erzeugen, wird gerade diese Fiktion in der naturalisierten Intransparenz der Gesichtszüge gelöscht; und während dieses Haupt wiederum den Betrachter anblickt, sind die in ihm zusammengefaßten Vielen für den Betrachter abgewandt und gesichtslos. Sie haben Gesicht und Stimme nur durch ihn und bleiben doch gerade durch ihn blind und stumm.« (Vogl 2008[3]: 25f.)

Die Personifikation des Staates, seiner Bevölkerung und seiner Territorien im Leviathan ist, wie Vogl ausführt, nicht bloßes Abbild oder Ebenbild, sondern das »Bild einer stellvertretenden Repräsentation, die die Figurierten in der Figur defiguriert« (ebd.: 26) und unsichtbar macht.

Mit der Entstehung eines Bereichs des Waren- und Nachrichtenverkehrs und der Geburt des ökonomischen Menschen figuriert sich das, was als ›bürgerliche Öffentlichkeit‹ nicht mehr bloß repräsentativen Charakter hat, sondern als gesellschaftliches Reservat, vom Staat getrennt, kritische Funktionen gegen den Staat übernimmt. Nun erst, auf der Basis einer frühkapitalistischen Verkehrswirtschaft, scheiden sich private und öffentliche Sphäre in einem modernen Sinne (vgl. Habermas 1968[3]).

Der Warenverkehr revolutioniert nicht nur die Produktionsstruktur, die sich als kapitalistische installiert, sondern auch die Sphäre der Öffentlichkeit selbst, die sich nun, als Pendant zur obrigkeitsstaatlichen Gewalt, als bürgerliche Gesellschaft mit Nachrichtenverkehr und Presse konstituiert. Der Nachrichtenverkehr, der sich, wie Habermas annimmt, in den Bahnen des Warenverkehrs entfaltet, wird seinerseits nicht nur zur Bedingung kaufmännischer Kalkulation, sondern schließlich werden die Nachrichten selbst zu Waren, die den Gesetzen des Marktes unterliegen (vgl. Habermas 1968[3]: 29f. und 35).

Die Reduktion der repräsentativen Öffentlichkeit durch Elemente des frühkapitalistischen Verkehrszusammenhangs, des Waren- und Nachrichtenverkehrs, gibt einer neu entstehenden Sphäre der Öffentlichkeit Raum, die einerseits synonym wird mit einem staatlichen Gewaltapparat, andererseits deren Adressaten, die ihr subsumierten Privatleute der neu entstehenden bürgerlichen Gesellschaft, zum »Publikum« versammelt. Und das Volk, das im Leviathan noch als gesichtslose Versammlung erscheint, wird nun als Bevölkerung Gegenstand eines Dispositivs, das die Stärke des Staats- und Gesellschaftskörpers an der Organisation von Bevölkerungen und Verwaltung von Individuen und Reichtümern misst. »Und was bedeutet ›Bevölkerung‹?«, fragt sich Foucault – und verweist auf demografische Aspekte:

»Die Bevölkerung ist eine Gruppe, die nicht nur einfach aus vielen Menschen besteht, sondern aus Menschen, die von biologischen Prozessen und Gesetzen durchdrungen, beherrscht und gelenkt sind. Eine Bevölkerung hat eine Geburtenrate, eine Alterskurve, eine Sterblichkeitsrate und einen Gesundheitszustand. Eine Bevölkerung kann zugrunde gehen oder sich entwickeln.« (Foucault 2005a: 235)

Die Regulierung der Bevölkerung wird von Regeln bestimmt, die eine unüberschaubare Menge von Daten generieren. Sie ist verbunden mit einer Ökonomie, seit dem 18. Jahrhundert verstanden als politische Anatomie, die Natur, Mensch und sozialen Raum in ein entgrenztes Beziehungsgeflecht sozialer Tausch- und Verkehrsformen einbindet. Hinter dem Begriff der Ökonomie verbirgt sich nun nicht mehr das Bild des Leviathan, in dem der Souverän mit seinen Untertanen wie das Haupt mit den Gliedern eines Körpers verbunden ist; vielmehr wird dieses Bild abgelöst durch ein System funktionaler Abhängigkeiten und Äquivalenzen, »das um die Einheiten Territorium, Bevölkerung und Wohlstand kreist« (Vogl 2008[3]: 56). Nationalökonomie wird vor dem Hintergrund tiefgreifender wirtschaftlicher und sozialer Veränderungen zum integrativen Wissensbereich, »der disparate Sozial- und Naturkenntnisse sammelt, homogenisiert und nicht zuletzt auf eine Totalerfassung des Menschen, seiner Kommunikationen und Interaktionen ausgreift und eine intensive Verwaltung des Raums, der Lebewesen und Reichtümer impliziert« (ebd.: 57).

Es entsteht eine Ökonomie, die die buchhalterische, umfassende und permanente Kontrolle des Details mit einer an der Gewinn- und Verlustrechnung geschulten Wachsamkeit kombiniert und die Stabilität der Gesellschaft und ihren Reichtum durch einen Prozess der fortlaufenden Selbstüberprüfung und -regulierung der Bevölkerung garantiert. Politische Ökonomie erwächst also aus einem umfassenden Ordnungswissen, in dessen Zentrum das – nicht nur – ökonomische Potential der Bevölkerung steht. Der politische Körper ist vielmehr selbst ein ökonomischer Körper; politische Ökonomie vereinigt Buchführung mit der Optimierung des sozialen und ökonomischen Potentials der Bevölkerung.

Im Zuge des Anwachsens der Produktionsapparate und der Bevölkerung verändert sich souveräne Macht von bloßer Herrschaft zur Menschenführung, die sich, wie Foucault gezeigt hat, auf indirekte Mechanismen der – ökonomischen – Selbstführung, die Ausrichtung an statistischen Datenmassen und effiziente Steuerung kontingenter Ereignisse richtet.

»Die ›Abschöpfung‹ tendiert dazu, nicht mehr [...] Hauptform [der Machtmechanismen] zu sein, sondern nur noch ein Element unter anderen Elementen, die an der Anreizung, Verstärkung, Kontrolle, Überwachung, Steigerung und Organisation der unterworfenen Kräfte arbeiten: diese Macht ist dazu bestimmt, Kräfte hervorzubringen, wachsen zu lassen und zu ordnen, anstatt sie zu hemmen, zu beugen oder zu vernichten.« (Foucault 1977: 163)

Nun werden Machtmechanismen wirksam, die nicht mehr auf die bloße Abschöpfung von Ressourcen, sondern auf die Steuerung von Massenphänomenen und die effiziente Sicherung des Lebens ausgerichtet sind. Dementsprechend richten sich die Machtmechanismen auf die Herstellung von Effizienz, Fähigkeiten und die umfassende Produktion der Produzenten und ihre Bindung an die Produktionsapparate. Foucault geht davon aus, dass diese Ziele mit der souveränen Machtform nicht erreicht werden konnten, die diskontinuierlich und im wesentlichen räuberisch auf Abgaben gerichtet war und deren Maschen zu groß waren, als dass ihr nicht zahllose Dinge und Wirtschaftsströme entgangen wären:

»Sie hatte das Recht und die Macht, einen gewissen Prozentsatz für den Herren, die königliche Macht oder Kirche einzufordern. Macht nahm etwas weg und war daher im Wesentlichen räuberisch. Sie bewirkte stets einen ökonomischen Abzug. Sie förderte und stimulierte nicht Wirtschaftsströme, sondern behinderte und bremste sie ständig. Daher das [...] zweite Erfordernis, einen Machtmechanismus zu finden, der Dinge und Menschen bis ins kleinste Detail kontrolliert und die Gesellschaft weder belastet noch gar ausraubt, sondern in dieselbe Richtung arbeitet wie der ökonomische Prozess.« (Foucault 2005b: 232)

Foucault beschreibt die Transformation einer Macht, die sich vom Primat des Verbots löst:

»Natürlich war manches verboten, aber das Ziel war es nicht, ›Du darfst nicht‹ zu sagen. Das Ziel war eine größere Leistung, eine bessere Produktion, eine größere Produktivität der Armee. Verbessert oder gesichert wurde durch diese neue Machttechnologie die Armee als Produzent von Toten.« (Ebd.: 230)

Was für die Armee galt, betraf auch die Disziplin in den Werkstätten, die sich im 17. und 18. Jahrhundert herauszubilden begannen; mit der Arbeitsteilung entstand die Notwendigkeit, »die verschiedenen Tätigkeiten zu überwachen und die verschiedenen Tätigkeiten zu koordinieren« (ebd.); das gilt umgekehrt aber genauso: die Disziplin ist Voraussetzung für die Arbeitsteilung.

Der Diskurs der Ökonomie umfasst, bevor sie im 19. Jahrhundert unmittelbar auf die Gesetze der Produktion und die Zirkulation von Waren, den Umlauf von Geld, Tauschwerten und Kapital sowie die Konsumtion von Gütern, Waren und Werten eingegrenzt ist, nicht nur »alle Daten und Bewegungen eines materiellen, sozialen und moralischen Verkehrs« (Vogl 2008[3]: 78), sondern auch die Nutzung aller Leidenschaften, Begierden und (Sexual-)Triebe. »Sie lokalisiert das ökonomische Potential in der Bevölkerung und den Reichtum der Population wiederum in deren Fähigkeit zur kontinuierlichen und ungehinderten Selbstproduktion.« (Ebd.: 81)

Die bürgerliche Gesellschaft konstituiert sich im Spiegelspiel ökonomischer und technisch-medialer Produktionszusammenhänge und Zirkulationsformen, die die Produktion des Lebens, der Bevölkerung und des individuellen Disziplinarsubjekts umfassen (vgl. Spreen 1998; Bublitz 2001). Und die Geburt des ökonomischen Menschen verdankt sich eines argusäugigen Buchhalterwesens, das alles auflistet und es damit in eine ökonomische Technologie der Ordnung überführt, die Kontrolle und Überwachung mit einem kaufmännischen Blick zusammenschließt. Damit gewinnt der Begriff der Ökonomie erst seine moderne Bedeutung.

3. Veränderte Codierung des Privaten und Öffentlichen

Die vertragsrechtlich geregelte Ökonomie und mit ihr der ökonomische Mensch als derjenige, der sich im Zusammenhang einer neuartigen ökonomischen Repräsentation des Selbstverhältnisses konstituiert, *erscheinen* nicht nur in der sich konstituierenden bürgerlichen Öffentlichkeit, sondern sie bestimmen von Anfang an die »Physiognomie des öffentlichen Raumes« (Habermas 1968[3]: 33), der sich als Sphäre der zum Publikum versammelten Privatleute begreifen lässt und publikumsbezogener Subjektivität, die sich familiär ausbildet und sich öffentlich mit sich selbst verständigt, zum Durchbruch verhilft (vgl. ebd.: 38f.).

In dem Maße, in dem Warenproduktion und -verkehr, Zirkulation und Distribution von Waren die Grenzen familiärer Wirtschaft überschreiten, entsteht die Sphäre der gesellschaftlichen Arbeit, obgleich privat(rechtlich) organisiert, als vom Privatbereich getrennte Sphäre gesellschaftlicher (Re-)Produktion, der die von den Anforderungen und Abhängigkeitsverhältnissen bürgerlicher Arbeit (Handel, Wirtschafts- und Bildungsbürgertum) abgetrennte familiäre Intimsphäre gegenübersteht. Ihr entspricht die Verdoppelung des Bürgers in den ›homo oeconomicus‹, der seine Geschäfte in der Sphäre privatrechtlich geregelter Tauschbeziehungen der Öffentlichkeit regelt – und den Privatmenschen, der sich in freundschaftlicher Geselligkeit und bürgerlicher Ehe seinen emotionalen Bedürfnissen zuwendet. Diese Verdoppelung des bürgerlichen Subjekts in auf- und berechnenden Buchhalter und gefühlsbetonten, aber immer auf öffentlichen Auftritt und Unberechenbares vorbereiteten Privatmenschen bildet die Grundlage für die Grenzziehung von Öffentlichkeit und Privatsphäre. Die Abgrenzung des Privaten vom Öffentlichen erfolgt im Zuge wirtschaftlicher Umbrüche in der bürgerlichen Gesellschaft. Sie liefern *eine* der Voraussetzungen für die Spaltung zwischen Arbeit, öffentlichem Amt und Privatbereich, eine andere wäre der Einfluss, den der romantische Diskurs auf die Entwicklung einer bürgerlichen Intimsphäre nimmt (vgl. Reckwitz 2006: 204ff.).[4] Die Differenzierung zwischen Öffentlichkeit und Privatleben stellt dem ›Arbeitssubjekt‹ das – kognitiv und emotional – gebildete Privatsubjekt gegenüber, zugleich fällt mit dieser Trennung auch die der Geschlechter zusammen, deren Verhältnis nun – biologisch begründet – nicht nur als dualistisches, sondern als Geschlechterpolarität erscheint. Die ›Natur‹ der Geschlechter konfiguriert sich, ökonomisch und patriarchalisch begründet, als Polarität, so dass sich der Mann für die Zweckrationalität der Arbeit und den Bereich der Öffentlichkeit und die Frau für das häusliche Leben, die soziale Beziehung der Geschlechter und die Erziehung des Nachwuchses zuständig zeigt.[5] Dieser Naturalisierung einer bipolaren

4 Zur Codierung von Intimität als semantisches Korrelat sozialstruktureller Veränderungen der modernen Gesellschaft und zur exklusiven Kommunikation romantischer Liebe in der bürgerlichen Ehe, in der man sich »zur Einheit von Liebesehe und ehelicher Liebe als Prinzip der natürlichen Vervollkommnung des Menschen« (Luhmann 1994: 185) bekennt, vgl. auch Luhmann 1994, der für die Zeit der bürgerlichen Gesellschaft zeigt, wie sich die Vorstellung vom – ehelichen – Glück in der bürgerlichen Ehe mit der Ideologie der Reproduktion verbindet.

5 In diesem Kontext kommt es zu diversen, miteinander verknüpften Verschiebungen in der Dispositionsstruktur des bürgerlichen Subjekts. Als deren Zentrum kann zweifellos die Aufteilung des Subjekts in konkurrenzorientierte, rational-disziplinierte Haltungen einerseits und an Empathie ausgerichtete, emotional-sensible Subjektanteile gelten. Hinzu kommt die geforderte Balance zwischen Ansprüchen eines moralisch souveränen Subjekts und strukturell erzwungenem Umgang mit soziokulturellen Un-

Geschlechterdifferenz korrespondiert die Naturalisierung des Privaten, das romantisiert, als Gegenpol zum Bereich instrumentellen wirtschaftlichen Handelns konstruiert wird. Auf beiden Ebenen, der Trennung von Privatem und Öffentlichem und der Geschlechtertrennung zeigen sich von Anfang an Brüche und Instabilitäten, die aus Gründen der sozialen Funktion durch die Annahme einer aufeinander verweisenden – naturhaften – Komplementarität beider Sphären und beider Geschlechter überbrückt werden.

Auch im von der Öffentlichkeit scheinbar völlig abgetrennten privaten Bereich der bürgerlichen Familie differenziert und bricht sich das bürgerliche Subjekt noch einmal, auch hier zeigen sich von Anfang an die Spannungen, denen das bürgerliche Subjekt ausgesetzt ist: Erfolgt zum einen die Zurichtung des bürgerlichen Subjekts auf Disziplin und Arbeit, ökonomisches Kalkül, Konkurrenz und Leistung sowie Distanz zu sich und anderen im öffentlichen Auftritt, so erfolgt zugleich dessen Ausrichtung an emotionaler Empathie und Innerlichkeit, die sich in dem neugeschaffenen Schutzraum der bürgerlichen Familie den Anforderungen öffentlicher Pflichten gegenüber zu distanzieren weiß und sich den Blicken der Öffentlichkeit entzieht. In der Intimsphäre der bürgerlichen Privatsphäre versichert sich das bürgerliche Subjekt seiner – moderaten – Gefühlsbewegungen. Hier, in der Institution der bürgerlichen Ehe und Familie weicht die Bewegung von Wirtschaftsströmen und kalkulierter Aufmerksamkeit der inneren Bewegtheit des bürgerlichen Subjekts und seiner scheinbar unverstellten, aber keineswegs ungestümen, sondern gebändigten Intimität, Leidenschaft und Begegnung. Dem entspricht, dass das bürgerliche Subjekt zwar einerseits das aristokratische Subjekt, »Repräsentant immobiler Starrheit« (Reckwitz 2004: 166) nachahmt, sich aber zugleich, als ›anti-parasitäres‹ und ›anti-exzessives‹, vom aristokratischen Habitus ebenso absetzt wie vom abhängigen Subjekt der »›Volkskultur‹, die zugleich als Ort eines unsouveränen religiösen Glaubens erscheint« (Reckwitz 2006: 176). Während dieses Subjektmodell gewissermaßen die Negativfolie bürgerlicher Subjektivität bildet, erscheint ihm das aristokratische Subjekt »in Elementen seiner souveränen Selbstregierung als Ideal-Ich« (ebd.), das sich in Bewegung setzt,

berechenbarkeiten sowie der romantische Liebescode, in dessen Kern das bürgerliche Liebespaar steht. Zugleich zeigt sich diese Paarkonstruktion, wenn auch rational nicht begründbar, im Modell einer prinzipiellen Verschiedenartigkeit der Geschlechter fundiert, als extrem brüchig, denn die Konstruktion einer sich komplementär ergänzenden Polarität der Geschlechter, die zudem in ihrem sexuellen Begehren als reziprok aneinander orientiert konstruiert wird, ist nur unter Zwang aufrechtzuerhalten; vgl. dazu ausführlicher Reckwitz 2006: 254ff; zur Individualisierung und Naturalisierung von ›Liebe als Passion‹ vgl. Luhmann 1994, Kap. 10-14.

allerdings, ähnlich wie jenes, in einer gewissen Erstarrung des ritualisierten ›An-Sich-Haltens‹ und ›Sich-Zurückhaltens‹ und damit in einer gemäßigten Dynamik und Gleichförmigkeit der Bewegungen verharrt. Die Repräsentation der bürgerlichen Subjekte wird hier zum ›Abbild‹ einer Moral, »die sich in den Selbstverhältnissen der Disziplin und der Bildung konkretisiert« und deren moralischer Code eng verknüpft ist mit sozialem Ansehen und Distinktion. »Das ›konstitutive Außen‹ des Bürgerlichen ist das Amoralische« (Reckwitz 2004: 166), das die Außerkraftsetzung eines überindividuell und über alle konkreten Situationen hinweg allgemein geltenden Regelsystems bedeutet und die Gleichförmigkeit bürgerlicher Subjektivität gefährdet. Gleichzeitig wird diese Abgrenzung von einem kulturellen Außen aufgrund der Anforderungen bürgerlicher Kultur – Aktivität und Mobilität – durch eben jene Momente fragil: Sie drohen die Grenzen der Gleichförmigkeit und Moral des bürgerliche Subjekts ständig zu überschreiten und sie von innen aufzusprengen (vgl. ebd.:168).[6]

Habermas verweist neben dieser Doppelstruktur des bürgerlichen Subjekts – und der Aushöhlung der kritischen bürgerlichen Öffentlichkeit durch massenkulturelle und -mediale Entwicklungen auf die durch ökonomische Imperative betriebene ›Kolonialisierung der Lebenswelt‹ (vgl. Habermas 1981), die zu deren »intimitätsbezogene(r) Verdinglichung« (Habermas 1968[3]: 189) führe.

»Wenn die Gesetze des Marktes, die die Sphäre des Warenverkehrs und der gesellschaftlichen Arbeit beherrschen, auch in die den Privatleuten als Publikum vorbehaltene Sphäre eindringen, wandelt sich Räsonnement tendenziell in Konsum, und der Zusammenhang öffentlicher Kommunikation zerfällt in die wie immer gleichförmig geprägten Akte vereinzelter Rezeption.« (Ebd.: 177)

Dem Bereich der Öffentlichkeit entspricht nun also keineswegs mehr ein kulturräsonnierendes, sondern ein kulturkonsumierendes Publikum, das sich nicht mehr der das Verhalten prägenden Kraft der bürgerlichen Familie versichern kann und den Anforderungen der Ökonomie und des Warenverkehrs vereinzelt gegenübersteht:

»Mit den Funktionen der Kapitalbildung verliert [...] die Familie zunehmend auch Funktionen der Aufzucht und der Erziehung, des Schutzes, der Betreuung und Anleitung, ja elementarer Tradition und Orientierung; sie verliert die

6 Reckwitz verweist hier auf die Romantik und die ästhetischen Avantgarden als Gegenbewegungen/-modelle zur – moralisch – begründeten, kontrollierten Gleichförmigkeit bürgerlichen Subjektivität; vgl. Reckwitz 2006.

verhaltensprägende Kraft überhaupt in Bereichen, die in der bürgerlichen Familie als die *innersten Höfe des Privaten* galten. In gewisser Weise wird also auch die Familie, dieser *private Rest*, durch die öffentlichen Garantien ihres Status *entprivatisiert.*« (Ebd.: 172; Hervorhebung durch die Autorin.)

Komplementär zur Entlastung der Familie von ihren ökonomischen Augaben verliert die Familie auch »die Kraft zur personalen Verinnerlichung. [...] Die einzelnen Familienmitglieder werden nun in höherem Maße von außerfamilialen Instanzen, *von der Gesellschaft unmittelbar sozialisiert.*« (Ebd.: 173; Hervorhebung durch die Autorin.)

Habermas konstatiert bereits Ende des 19. und zu Beginn des 20. Jahrhunderts den Verfall der bürgerlichen Öffentlichkeit und Privatheit, die sich im 18. Jahrhundert als literarische und politische Öffentlichkeit und als Sphäre einer publikumsbezogenen Privatheit herausgebildet hatten. An die Stelle der Familie als »literarischer Propagandakreis« und Schauplatz einer publizitätsbezogenen Innerlichkeit sowie der Öffentlichkeit eines literarisch gebildeten Publikums, die massenkulturell außer Kraft gesetzt werden, tritt nun ein auf den privaten Konsum hin ausgerichtetes Massenpublikum, das auf der Basis anspruchsloser Unterhaltung kommuniziert und soziale Integration über den Konsum stiftet (vgl. dazu auch Schrage 2007, 2009). Zwar konzediert er, dass auch das kritische Räsonnement bereits die Kommerzialisierung der Kulturgüter voraussetzte, Lektüre, Theaterbesuch, Konzert und Museum auch schon mit Geld bezahlt werden mussten, selbst aber, wie auch die familiale Privatsphäre, von den Tauschbeziehungen ausgenommen war, während der Kulturkonsum, nur noch kommerzialisiert und massenkulturell organisiert, gewissermaßen von Kultur, entlastet wird.

Der Ende des 19. Jahrhunderts stattfindende Strukturwandel der bürgerlichen Öffentlichkeit verdankt sich, so Habermas, zum einen staatsinterventionistischen Eingriffen in Wirtschaft und Familie, zum anderen einem – dadurch bedingten – strukturellen Wandel des Verhältnisses von öffentlicher Sphäre und privatem Bereich, schließlich aber auch der zunehmenden Marktförmigkeit und Ausdifferenzierung einer massenmedial strukturierten Öffentlichkeit, die die kritische Selbstverständigung bürgerlicher Privatleute unterminiert und sie gleichmacherischen Tendenzen der Massenproduktion und des Massenkonsums unterwirft.

Nun kehrt sich das Verhältnis von Öffentlichkeit und Privatsphäre um: »Die Problematik der privaten Existenz wird von der Öffentlichkeit aufgesogen« und die von den Massenmedien hergestellte Sphäre der Öffentlichkeit nimmt Züge »sekundärer Intimität« an, die massenmedial vermittelt wird (Habermas 1968[3]: 190). An die Stelle literarischer oder politischer Öffentlichkeit tritt nun, so Habermas, der »pseudoöffentliche oder scheinprivate Bereich des Konsums« (ebd.: 176). Die durch Massenmedien erzeugte Wirklichkeit generiert in beiden Bereichen Scheinwirklichkeiten und bleibt illusionär; das Publikum büßt im privaten Konsum im Grunde, so konstatiert Habermas, die spezifische Kommunikationsform eines Publikums ein (vgl. ebd.: 192).

4. Tyrannei der Intimität: Intimitätskult

Zu ähnlichen Schlussfolgerungen wie Habermas kommt 20 Jahre später auch der amerikanische Soziologe Richard Sennett, der seine Ausführungen, wie Habermas, auf das 19. und 20. Jahrhunderts bezieht und aus der industriellen Warenproduktion in doppelter Weise Auswirkungen auf die öffentliche Sphäre ableitet: Sennett nimmt an, dass es durch den Privatisierungsdruck, den die ökonomische Realität des Kapitalismus – durch hohe finanzielle Risiken, Schwankungen und geschäftliche Verluste – erzeugt, zum Rückzug in die Familie und deren Idealisierung als bürgerliche Lebensform kommt.

»Die Geschäftsleute und Bürokraten des letzten Jahrhunderts hatten kaum das Gefühl, an einem geordneten System teilzuhaben. [...] Die neuen Prinzipien, nach denen man Geld verdiente und große Unternehmen leitete, waren selbst für die dabei Erfolgreichen von Geheimnis umhüllt. Jene, die in den sechziger und siebziger Jahren des 19. Jahrhunderts in den großen Firmen von London und Paris tätig waren, begriffen ihre Arbeit gewissermaßen als Spiel, als Glücksspiel nämlich – und der Ort des Glücksspiels war die Börse.« (Sennett 1986: 182)

Demgegenüber versprach die Familie, materielle Sicherheit mit ehelicher Liebe zu verbinden. Der Umgang der Familienmitglieder schien vor dem prüfenden Blick von außen geschützt. »Die Familie, die zu einem Refugium vor den Schrecken der Gesellschaft wurde, entwickelte sich allmählich zu einem sittlichen Vorbild, an dem das öffentliche Leben [...] gemessen wurde«, das als »moralisch fragwürdig« erschien (ebd.: 36f.). Auf dem Hintergrund einer Ökonomie, in der, »Ansehen auf Zufall gegründet« ist, erschien die Familie als Gegenpol, nämlich als »gesichertes Heim«, dessen Einrichtung und Aufrechterhaltung, begründet auf einem »Leben rigider Anstandsformen«, Sennett angesichts der ökonomischen Situation als Willens- und Kraftakt erscheint. Massenproduktion und »Warenfetischismus« bewirkten zudem neben dem Konsum auch die Verschleierung der materiellen Verhältnisse und auf diese Weise eine –

zumindest äußerlich gegebene – Vereinheitlichung der Gesellschaft. Denn die Mystifikation der Ware(n) sorgte aufgrund ihrer Oberfläche und Äußerlichkeit auch für eine Mystifikation der sozialen Verhältnisse. Ihnen haftete nicht nur der Eindruck menschlicher Charaktereigenschaften an, sondern sie übernahmen überdies die Funktion eines willkürlichen Zeichens sozialer Positionen in der Gesellschaft. Sennett weist auf den Widerspruch zwischen der Einförmigkeit und Gleichförmigkeit der Waren und sozialen Glaubhaftigkeitscodes hin: Obwohl die Kleidung »immer homogener und einförmiger« wurde, galt das äußere Erscheinungsbild. Körperbild und Kleidung wurden zum Zeichen für den Charakter, die Persönlichkeit des Menschen, die sich offenbar an äußeren Indizien ablesen lies. Auftritte in der Öffentlichkeit mussten daher, auch und gerade, weil sie verstellt waren, ernst genommen werden, sie waren real, greifbar und insofern bedeutsam. Im Grunde verschwand durch die Ware das Kriterium für wirklich und unwirklich, unbedeutend und bedeutend.

Durch diese Faktoren wurde das öffentliche Leben Ende des 19. Jahrhunderts als moralische Sphäre ausgehöhlt und das öffentliche Leben war, nach Sennett, zu einer Formsache und lästigen Pflicht geworden. Die Foren des öffentlichen Lebens – die Stadt, der öffentliche Raum – ebenso wie die öffentliche – theatrale – Kultur erscheinen seitdem, so Sennett, im Verfall begriffen (Sennett 1986: 16). Das Privatleben bildet demnach nur noch ein bloßes »Spiegelbild« des öffentlichen Lebens und ist neuer Kristallisationspunkt emotionaler Energien, nämlich der Bereich authentischer Gefühle. Aber nicht nur hier zeigt sich der Drang nach Authentizität. Sennett spricht vom »Intimitätskult« (ebd.: 27), der das soziale Handeln ergreift und die Gesellschaft, nur in dem Maße als bedeutsam erscheinen lässt, als sie in ein riesiges psychisches System verwandelt werden kann. Daraus folgt, so Sennett, eine »intime Sichtweise der Gesellschaft« (ebd.: 17), die sich in eine »Tyrannei der Intimität« verwandelt hat. Sie wirkt destruktiv, weil sie alles, nicht nur das Private, sondern auch das öffentliche und politische Leben auf einem »Markt der Selbstoffenbarungen«, einer Art Tauschgeschäft von Gratifikationen, strukturiert und dominiert. Authentisierung erfolgt dabei durch »Ausstellung der eigenen Qualitäten« (ebd.: 26). Sie dient, wie Sennett annimmt, der beständigen *Selbstrechtfertigung* im Lichte der anderen. Sennett vermutet in dieser verstärkten Introspektion ein quasireligiöses Moment, gewissermaßen eine Art ›Wiedergeburt‹ der quälenden Momente der protestantischen Ethik, bei gleichzeitig nachlassender sozialer Anteilnahme, hervorgerufen durch das Absterben des öffentlichen Raums, von Sennett sichtbar gemacht an städtischen Architekturen, Straßen, Plätzen, die überwiegend transparente Durchgangsräume, leere, unbelebte Plätze bilden. Dies führe zu zwei Paradoxien: Zum einen entwickele sich im Bereich des öffentlichen Lebens eine Art ›Voyeurismus‹ als »Gastronomie des Auges« (ebd.: 48), zum anderen aber komme es zum »Paradoxon der Isolation inmitten von Sichtbarkeit« (ebd.: 27). Beide Faktoren führten folgerichtig, so Sennett, zur Überlagerung der öffentlichen Sphäre durch private Vorstellungswelten, zum »obsessiven Interesse am eigenen Selbst« (ebd.: 46), ja, zur andauernden Selbstentblößung, um die Aufmerksamkeit derer zu erregen, die einem fremd sind, mit denen man aber – unweigerlich – ›in Berührung‹ kommt.

Schließlich führt die Entgrenzung von öffentlichem Leben und privaten Empfindungen nach Sennett zum moralischen und politischen Verfall der Öffentlichkeit, der Kultur, des Charakters. Dem entspricht, dass der Narzissmus zum vorherrschenden Beziehungsmuster geworden sei und der öffentliche Raum weitgehend absterbe. An die Stelle des moralisch würdevollen Subjekts, das öffentliche Rollen in sozialen Interaktionen so darstelle, dass sie *Glaubhaftigkeitscodes* genügten, erfolge die Versenkung in die Bedürfnisse des Selbst, die Reduktion des Anderen auf seine Bedeutung für das Selbst und die fortwährende Suche nach sich im Anderen (ebd.: 22f.).

Mit seinen Ausführungen kehrt Sennett, so nimmt er selbst an, die These eines anderen amerikanischen Soziologen, David Riesmans, um, der in seiner Analyse der amerikanischen Gesellschaft der 40er und 50er Jahre des 20. Jahrhunderts von einer Gesellschaft »außen-geleiteter« Charaktere (»the-other-directed character«) ausgeht, die, indem ihre Wahrnehmung wie Radaranlagen immer auf die anderen gerichtet ist, sich in ihren Verhaltensorientierungen beständig an – den Lebensformen der – anderen ausrichten. Aus der Sicht von Sennett wäre das scheinbare Außen das aus einer Selbstversunkenheit wahrgenommene Innere, das sich allerdings kaum mehr vom Außen trennen lässt (vgl. Sennett 1986: 18).

In der Tat kehrt sich Riesmans Argument durch Sennetts Annahme einer »intimen Sichtweise der Gesellschaft« (ebd.: 17) nur bedingt um, denn Riesman et al. nehmen zwar an, dass der »innen-geleitete Charaktertyp«, der sich scheinbar von inneren Prinzipien leiten lässt, sich in Wirklichkeit aber der Konformität mit vorgegebenen Normen verdankt, von einem »außen-« oder besser, an anderen ausgerichteten Charaktertyp abgelöst wird; gleichzeitig stellen Riesmann et al. fest, dass auch hier der Mechanismus der Verinnerlichung zugrunde liegt. Allerdings findet hier bereits der Vorgang der Verinnerlichung immer im Abgleich mit anderen statt. Was – im Unterschied zum ›innen-geleiteten Charakter‹ – verinnerlicht wird, ist der Steuerungsmechanismus selbst, und mit ihm die Abhängigkeit von den Zielen und Urteilen anderer, also der Blick auf den Blick der anderen, der sich in Selbstbeobachtung umwendet, nicht die Norm selbst.

»*Das gemeinsame Merkmal der außen-geleiteten Menschen besteht darin, dass das Verhalten des einzelnen durch die Zeitgenossen gesteuert wird; entweder von denjenigen, die er persönlich kennt, oder von jenen anderen, mit denen er indirekt durch Freunde oder durch die Massenunterhaltungsmittel bekannt ist. Diese Steuerungsquelle ist selbstverständlich auch hier ›verinnerlicht‹, und zwar insofern, als das Abhängigkeitsgefühl von dieser dem Kind frühzeitig eingepflanzt wird. Die von dem außengeleiteten Menschen angestrebten Ziele verändern sich jeweils mit der sich verändernden Steuerung durch die von außen empfangenen Signale. Unverändert bleibt lediglich diese Einstellung selbst und die genaue Beachtung, die den von den anderen abgegebenen Signalen gezollt wird.*« (Riesman/Deney/Glazer 1958: 38; kursiv im Original)

Die anderen werden zum Steuerungsmedium, ihre Signale zum flexiblen Steuerungsmechanismus oder besser Steuerungsautomatismus, der Selbst und Andere in einem ständigen Rückkoppelungsprozess zusammenschaltet. Im engen Kontakt mit den anderen, nicht in Anpassung an eine vorgegebene fixe Norm, entwickelt das einzelne Individuum nach Riesman et al. ein Verhaltensrepertoire, das sich im Rahmen der Normalität, in die die ›Standardabweichung‹ gleichsam eingeschlossen ist, entwickelt. Anders als beim ›innen-geleiteten‹ Menschen, der seinen sozialen Standort vorab kennt, muss der ›außen-geleitete‹ seinen sozialen Ort immer wieder erneut ansteuern und sich seiner immer wieder erneut vergewissern. An die Stelle sozialer Sicherheit tritt hier das Risiko, soziale Zugehörigkeit zu verfehlen. Immer mit Blick auf die anderen und im Blick der anderen geht es darum, soziale Prozesse und die eigene soziale Existenz flexibel zu handhaben und so zu steuern, dass Veränderungen jederzeit aufgenommen und optimal verwertet werden können. Eingeübt werden hier nicht Verhaltenskonformität und die Befolgung von Regeln, sondern der Umgang mit offenen Situationen, kontingenten, nicht vorhersehbaren und planbaren Prozessen, die Fähigkeit, sich immer wieder umzustellen auf Andere(s) und Neues.

Bildete für das bürgerliche Subjekt die Berechenbarkeit und das gewinnbringende Kalkül die Grundlage sozialen Handelns, so ist es nun die Unberechenbarkeit und das Risiko, das die – unendlich vielen – Möglichkeiten durch Orientierung an der Orientierung anderer in situative, aber permanent gefährdete Sicherheit ummünzt. Dabei sind ›die anderen‹, wie Objekte (des Konsums), austauschbar; sie zählen nicht als authentische Individuen im Sinne der Einzigartigkeit, Echtheit und Vertrautheit, sondern als Standard, an dem man sich, auch und besonders in der Überbietung, orientiert. Der Standard bildet also nicht, wie bei der ›geschlossenen‹, an der vorgegebenen Norm orientierten Verhaltenskonformität, die definitive Begrenzung eigener Möglichkeiten und Wünsche, sondern geradezu die zu überbietende ›Basis‹ und damit erst die »gesellschaftliche Möglichkeitsbedingung generalisierter Selbstentfaltung (Makropoulos 2008: 124; vgl. auch Schrage 2003, 2007).

5. Verlust der Privatsphäre – Die Macht einer globalen Ökonomie

Bei Umberto Eco geht es, anders als bei Sennett und Riesman, nicht primär um den Verfall des öffentlichen Bereichs, sondern um die Sucht nach Öffentlichkeit und den dadurch bedingten Verlust der Privatsphäre. Letztlich aber kommt beides auf dasselbe heraus: Ist es bei Sennett (1986, [1998] 2006², 2007) die Kritik an der Privatisierung der Öffentlichkeit und am Turbokapitalismus, einer Ökonomie, die den flexiblen Menschen fordert, so kritisiert Eco vor allem den Einbruch der Medien, insbesondere der Presse, des Fernsehens, des Internets und der tragbaren Medien in die Privatsphäre und den Transfer traditioneller staatlicher Machtzentren auf andere, überwiegend ökonomisch besetzte und medial gesteuerte Machtzentren. Verantwortlich für diese Entwicklung ist nach Eco vor allem die mediale Globalisierung der Kommunikation. Sie funktionieren nach Art des Bentham'schen Panopticons, einem idealen Gefängnis, in dem Beobachtung und Macht entpersonalisiert und automatisiert vor sich gehen. Es handelt sich bei dieser globalisierten Machtform um einen Automatismus, der, ohne Gesicht und daher unsichtbar, in der Gesamtheit der globalen Ökonomie angelegt ist.

Eco prangert diese in der Alltagskultur als belanglos erscheinende Überwachung der Bürger an, weil sie, wie er annimmt, die Privatsphäre (zer)stört und die Diskretion zum Verschwinden bringt. An ihre Stelle treten seiner Auffassung nach Kommunikationsapparate, deren ›voyeuristische‹ Praktiken den Siegeszug ›exhibitionistischer‹ Strategien einläuten und damit die Grenzen zwischen Privatsphäre und Öffentlichkeit auflösen. Diese Grenzen hält Eco aber für notwendig, da sie die Gemeinschaft nicht nur vor Angriffen, sondern auch vor den Blicken Fremder schützen. Der medial und ökonomisch informierte Übergriff auf die Privatheit erscheint Eco als »ein regelrechtes *Krebsgeschwür am Leib der Gesellschaft*« (Eco 2007: 85; Hervorhebung durch die Autorin), als Krankheit also, die unmerklich und schleichend zum Verschwinden des Privaten führen wird, wie Eco annimmt. Dem liegen allerdings nicht ganz unproblematische Annahmen zugrunde:

Erstens: Die Existenz einer vom öffentlichen Leben abgegrenzten und ihr gegenüber abgeschirmten Privatsphäre erscheint als quasi anthropologische Ausstattung, biologische Natur des Menschen, der Angriff auf die Privatsphäre als Krankheitsbefall des gesamten Gesellschaftskörpers, den Eco sicher nicht zufällig als ›Leib‹, als lebendigen Organismus kennzeichnet, der von einer tödlichen Krankheit heimgesucht wird. Es scheint, als wäre die Privatsphäre dem namhaften Intellektuellen, der medial gleichsam als ›philosophischer Popstar‹ inszeniert wird und sich selbst medial im Gewand des Universalgelehrten inszeniert, nicht nur heilig, sondern als gehöre sie gleichsam zur intakten Natur des Menschen, die zerstört wird, sobald die Grenze zur Privatsphäre überschritten wird. Dass diese Grenzziehung sich, ebenso wie deren gegenwärtige Überschreitung, einer historischen ökonomischen und sozialen Entwicklung verdankt, gerät dabei aus dem Blick.

Zweitens: Eco greift auf Kategorien wie Exhibitionismus und Voyeurismus zurück, die diese Grenzziehung zwischen Privatem und Öffentlichem voraussetzen. Dabei übersieht Eco aber, dass bereits der Einzug dieser Grenze, nicht erst ihr Einsturz, ein Machtinstrument war, das bürgerliche Herrschaft gesichert hat und sich einer Ökonomie verdankte, die, wie Sennett es formuliert, nicht nur zutiefst unmoralisch ist, sondern die Menschen auch und gerade in ihrem Privatleben auf die Marktförmigkeit von Tauschbeziehungen und Interaktionen in der Öffentlichkeit zurichtet(e). Dass die Macht des bürgerlichen (National-)Staats nun auf andere – mediale und ökonomische – Machtzentren übergeht, kann man beklagen, aber es ist die ›Medienschelte eines Universalgelehrten‹, die hier spricht und das Private idealisiert. In der Tat war die Familie nie ausschließlich privat, auch nicht im Bürgertum. Immer war sie, auch und gerade in der Abschottung gegen den (Ein-)Blick Fremder (wer immer das/der Fremde auch sei), von öffentlichen Anforderungen und Anordnungen durchdrungen, richtete sie die Familienmitglieder auf ökonomische Verwertung zu.[7]

Und drittens wird hier deutlich, dass eine Umwertung oder wie Eco es formuliert, eine ›Revolution in der Privatsphäre‹ und nicht nur dort, stattgefunden hat: Denn mit der »öffentlichen Selbstausstellung« des »Dorftrottels« (ebd.: 81) in medialen Verzeichnissen hat sich nicht nur die Funktion des Klatsches als soziales Ventil – und damit als geheime

7 Das Fremde als Zeichen (s)einer Andersartigkeit zu kommunizieren, demgegenüber Abgrenzung und Abschottung notwendig sei, ist Ausdruck einer ›Fremdenfeindlichkeit‹, die sich hier im Gewand universeller Werte Bahn bricht – damit wird eine Norm(alität) konstruiert, die einer ›vertrauten Normalität‹ ein ›unvertrautes Fremdes‹ gegenüberstellt und dieses ›Fremde‹ aus dem Bereich des Vertrauten ausschließt. Das ist eine elementare soziale Operation, mit der soziale Wirklichkeit hervorgebracht wird, die aber zugleich darauf verweist, dass ›das Fremde‹ als das Andere der Ordnung dennoch Teil der Ordnung und demzufolge vom Eigenen nicht zu trennen ist (vgl. Reuter 2002: 14).

Strategie zur Aufrechterhaltung einer Gemeinschaft – verändert. Eine der Tragödien der Massengesellschaft besteht nach Eco vielmehr darin, dass der freiwillige Verzicht auf den Schutz der Privatsphäre – des Namens, der Reserviertheit, der Intimität – nicht nur das öffentlich macht, was bisher geheim gehalten wurde (»unsere sexuellen Vorlieben kennen nur wenige; die Höhe unseres Einkommens behalten wir gern für uns, aus Angst vor giftigem Neid. Unsere Süchte pflegen wir heimlich, der allabendliche Wein ist längst zur Gewohnheit geworden, eine lästige Sünde« [Soboczynski 2007: 64]), sondern das, was als lästige Sünde galt, nun, zumindest in gewissen Kreisen, als positiv bewertete, ›normale Standardabweichung‹ öffentlich zur Schau gestellt und gefeiert wird, womit, wie Eco bedauernd feststellt, der »Begriff des Beichtstuhls in sein Gegenteil verkehrt« (Eco 2007: 81) wird. Wie bedauerlich für einen katholischen Intellektuellen, dass die Beichte, als Ort streng gehüteter Geheimnisse, nun als öffentlicher Ort erscheint, an dem man sich nicht nur erleichtert und, mehr noch, sich – als Subjekt – bildet und formt! Was bei der öffentlichen Offenbarung des bisher streng Geheimen herauskommt, ist nach Eco die Deformation einer ganzen Kultur (des Geheimnisses, des Privaten, der öffentlichen Kommunikation). Denn nicht genug, dass hier die privaten Sünden öffentlich gemacht werden, ist mit der öffentlichen Zurschaustellung intimster Regungen verbunden, dass, wie Eco sich ausdrückt, die »Zurschaustellung der Deformation selbst prämiert wird« (ebd.: 83). Nun kehrt sich vielmehr die ganze Sache um: Aus einem bemitleidenswerten Gegenstand öffentlichen Klatsches wird ein bewundernswertes Statussymbol. Und mehr als das: Durch die Zurschaustellung der eigenen »schändlichen Intimität« [!] werden »gewöhnliche Männer und Frauen« (ebd.), die das Publikum amüsieren und ihr Bedürfnis nach Sichtbarkeit befriedigen, wird der ehemalige, bemitleidenswerte Dorftrottel, der sich seines Exhibitionismus nicht bewusst war, nun zum »unterdurchschnittlichen«, universalen Vorbild von Millionen von Zuschauern, der sich ungeschützt der Menge ausliefert. Das Problem ist für Eco: Nicht (schlimm) genug, dass der Durchschnitt regiert, sondern dass das unterdurchschnittliche Drittel der Masse der Bevölkerung sich in der medialen Öffentlichkeit Bahn bricht:

»Der heutige Tor des globalen TV-Dorfes ist keine Durchschnittsperson wie der Ehemann, der im Fernsehen auftritt, um seine Frau der Untreue zu bezichtigen. Er ist unterdurchschnittlich. Er wird zu den Talk- und Quizshows gerade deshalb eingeladen, weil er töricht ist. […] Er kann ein bizarrer Typ sein. Er kann auch ein Sonntagsschriftsteller sein, der von allen Verlagen abgelehnt worden ist und begriffen hat, dass er, anstatt unbedingt ein Meisterwerk schreiben zu wollen, auch dadurch berühmt werden kann, dass er im Fernsehen die Hosen herunterlässt und in einer Kulturdiskussion unflätige Worte sagt. Es kann die blaustrümpfig-esoterische Dame aus der Provinz sein, die endlich Gehör findet, während sie schwierige Wörter ausspricht und erzählt, was für übersinnliche Erfahrungen sie macht.« (Ebd.: 82)

Ganz abgesehen von den herablassenden und sexistischen Auslassungen Ecos: Was Eco übersieht, ist dass der ›TV-Trottel‹ nicht unbedingt als Repräsentant der Normalität und neuer Star auftritt, sondern immer auch die – vom Moderator oder Publikum keineswegs immer positiv beurteilte – Grenzüberschreitung repräsentiert und damit gerade Normalität stabilisiert. Die ›Obszönität‹ nachmittäglicher oder abendlicher Talkshows, die alle Schamgrenzen sprengen, wird, medial durchaus eingebaut, konterkariert durch den Chor derer, die flüstern ›So geht das aber nicht‹ – und den Moderator, der Äußerungen provoziert, aber auch normativ bewertet und abschwächt bzw. normalisiert. Was Eco möglicherweise sieht, aber nicht nennt, ist, dass mit der Grenzziehung des Öffentlichen zum Privaten zweifellos nicht nur Schutz der Intimität vor ›fremden‹ Blicken, sondern auch mit Machtsicherung verbunden war: Eine Medienkultur der permanenten Übertragung, in der das Gebot der Stunde ist, ›immer auf Sendung zu sein‹ mag als neue geradezu gewaltförmige Form der (Medien-)Herrschaft erscheinen, aber die Forderung nach unverstellter und ungezwungener Intimität sowie größtmöglicher Offenheit geht einher mit der Demokratisierung der Gesellschaft, während die Geheimhaltung bis ins 18. Jahrhundert ein Zeichen feudaler Herrschaftsverhältnisse und ihrer Legitimierung war.[8]

Grenzüberschreitungen und -verschiebungen aber sind in die Kulturgeschichte der Menschheit eingeschrieben; sie sind nicht Anzeichen einer Krise, sondern Zeichen einer Neukonstitution von Kultur und Gesellschaft, die sich nicht nur im Welt-, sondern auch im Selbstverhältnis manifestiert.

8 Aristokratische Herrscher steigerten ihre – vermeintlich gottgegebene – Aura gegenüber ihren Feinden, aber auch gegenüber ihren Untertanen (auch Feinde des Herrschers?) durch Geheimhaltung (auf sie, die Feinde, bezieht sich Eco, wenn er die schützende Grenze des Privatraums zur Öffentlichkeit hin reklamiert); der Einblick in den Bereich der Privatsphäre, der unverstellten Leidenschaften und Affekte hätte zweifellos den öffentlich verkörperten Glanz als ›Verstellung‹ dechiffriert und Herrschaftsverhältnisse destabilisiert. Was Eco nicht erkennt, ist, dass die neuen Medien, vor allem aber das Internet, sich möglicherweise als neues ›Welttheater‹ präsentieren, als mediale Orte der Verstellung, auch wenn es so scheint, als käme hier das Intimste zum Vorschein. Demgegenüber ist es hier vielleicht eher angebracht, von ›sekundärer‹ oder ›Pseudo-Intimität‹ (vgl. Habermas 1968^{3}:190) zu sprechen.

II. In den Kulissen der Macht (II): Das Subjekt, das sich selbst spricht

1. Konstruktion des Selbst in der Beichte und im Geständnis

Selbstenthüllungen erfolgen nicht einfach »aus sich selbst heraus« (Hahn 1987: 18), sondern sie müssen als kulturelle Muster der Selbstreflexion und -thematisierung verfügbar sein. In differenzierter Weise ist die Selbstdarstellung und -findung nur möglich, wenn die Kultur dem Individuum Institutionen, Mittel und Techniken zur Verfügung stellt. Es bedarf komplexer institutioneller Arrangements der Selbstbeschreibung und -thematisierung, komplexer Angebote für Identitätskonstruktionen und Biografiegeneratoren, Selbstenthüllungen und -bekenntnisse (vgl. Burkart 2006: 11).

Die klassische Palette der Selbstbekenntnisse reicht von der Beichte über Autobiografie, Brief und Tagebuch zur – psychoanalytischen – Therapie, gefolgt von neueren, vor allem massenmedialen Formen der Selbstdarstellung in medialen Verzeichnissen (Talkshow, TV-Coaching, Weblog), in denen sich Erzählmuster mit expressiven und ästhetischen Ausdrucksformen mischen. Hier bezieht sich die Selbstdarstellung nicht – unbedingt – auf ein persönliches Leiden, die Verletzung einer moralischen Regel oder die eigene Unvollkommenheit, sondern auf ›Selbsterfindung‹, -gestaltung und -erfüllung sowie eine gewisse ›Kultivierung des Selbst‹, die in medialen Anordnungen und Verzeichnissen unterschiedlichen Regeln der Theatralität, Dramatisierung und Inszenierung folgen.

Selbstdarstellungen, -enthüllungen und -thematisierungen generierende Techniken sind allesamt medial verfasst. Das Verhältnis zu sich und der Prozess der Selbstwerdung sind fundamental an die Fähigkeit gebunden, sich mit den Augen der anderen, der Umgebung zu sehen – und ihren Blickwinkel antizipierend darzustellen. Darin ist eingeschlossen, dass der Bezug auf sich selbst durch ein Vermittelndes, Anderes erfolgt, indem das Subjekt in Distanz zu sich tritt und eine ›kontrollierende‹ Instanz zwischen sich und seine Selbsterkenntnis oder -enthüllung einschaltet. Es geht darum, ob und was offenbart wird und was nicht und wie dies geschieht. (Re-)Präsentation ist Sichtbarmachung und Narration des eigenen Selbst, visuelle und wortergreifende, sprechende Selbstdarstellung für Andere. Aber nicht alles soll sichtbar gemacht und dargestellt werden, also stellt sich hier – wieder – die Frage nach der Grenze zwischen privatem Selbst und seiner öffentlichen Darstellung. Selbstanalyse, Selbstkontrolle und Selbstdarstellung hängen eng miteinander und mit den technischen Medien sowie den Techniken der Darstellung zusammen.

Die – klerikale – Beichte ist, neben Geständnispraktiken vor Gericht, eine der wichtigsten Institutionen zur Entwicklung der spezifisch europäischen Form des Selbst, der Identität, die eine besondere Form der Selbstthematisierung und des Selbstverhältnisses impliziert. Dabei geht es nicht – nur – um Selbstkontrolle, sondern um Subjektivierung, Selbstanerkennung und Anerkennung durch andere.

In der Beichte ist Subjektivierung wesentlich gekoppelt an die Gewissens(er)forschung bzw. an eine »Sündenbiografie«. Diese ist und bleibt im klerikalen Rahmen Beichtgeheimnis; nur in der Intimität des Beichtgeheimnisses kommt sie zur Sprache. Geheim bleiben soll, dass sich das beichtende Subjekt, gegen den eigenen Willen, in zweifacher Hinsicht von der Lust des Auges und der Ohren, ja, aller Sinne, verführen lässt, nämlich zum einen von äußeren Verlockungen, zum anderen aber auch von den inneren Begierden. Die Sünde wird zum ›Faustpfand‹ derer, die das Geheimnis lüften und kennen; es zu lüften, bleibt dem Beichtenden und dem Beichtvater vorbehalten. Der Beichtvater, der gute Hirte, der die seinen zu gottgefälligem Leben und ewigem Heil führt, wird zum Verwalter des Beichtgeheimnisses – und damit auch der Selbstkontrolle und des Selbst überhaupt.

»Immer zeigt sich, daß der Prozeß der Selbstkontrolle auf einer Logik der Verhüllung, des Verbergens beruht, sei es, daß man die wirklichen Gefühle nicht sichtbar werden lässt (Dissimulation) oder daß man zusätzlich Gefühle und Intentionen zeigt, die man nicht hat, von denen man aber möchte, daß sie einem unterstellt werden (Simulatio).« (Hahn 1982: 426)

Eingebunden in das Spiel von Verhüllung und Enthüllung stellt die Beichte eine Form der »Selbstdomestikation« dar, die die »systematische Selbstkontrolle« (Weber 1972: 111) an die Stelle der bloß periodischen Artikulation affektbetonten Schuldbewusstseins stellt (Hahn 1982: 420). Diese Systematik der Selbstprüfung bildet, von religiösen Sondergruppen ausgehend, ausgeweitet auf alle Christen und für jeden als verpflichtender Anspruch eingeführt, die Grundlage der Säkularisierung des puritanischen Lebensideals der Selbsterforschung und der Selbstkontrolle in den Bekenntnisritualen biografischer Selbstvergewisserung; sie steht im Zentrum individualisierender Zivilisationsprozesse. »Das Ideal ist stets der selbstbeherrschte gefühlskontrollierte Mensch, der niemals aus der Fassung gerät« (ebd.: 421). Dabei zeigt sich im gesteigerten Gefühl und Bewusstsein für ein persönliches Selbst nicht unbedingt das Interesse an einer unverwechselbaren oder heroischen Identität als vielmehr das an einer langfristig, Tag für Tag, durchgehaltenen Lebensführung. Das Außergewöhnliche beruht also auf den Prinzipien einer methodischen Pflichterfüllung, die sich im Detail bewährt. Individualität im Sinne individueller Besonderheit und Einzigartigkeit scheint dabei eher ein ›Störfaktor‹ zu sein, der sich in individuellen Abweichungen von der – klerikalen und gesellschaftlichen – Ordnung zeigt und daher immer wieder in diese eingeschrieben wird. Trotzdem sind die introspektiven Beicht- und Geständnispraktiken mit einem gesteigerten Empfinden für Subjektivität verbunden. Sie lassen Subjektivität, so paradox es erscheint, als Folge einer Steigerung sozialer Kontrolle entstehen und begründen eine historisch neue Form der Individualität.

Neben dem christlichen Modell der Beichte sind es wirtschaftliche und soziale Faktoren, die die Geburt des Subjekts auf der Basis von Selbsterforschung und -erkenntnis bewirken. Subjektivität wird in diesem Zusammenhang zwar aufgrund innerer Einsicht auf sich selbst zurückgeworfen, ist gleichzeitig aber fundamental an die Perspektive etablierter sozialer Normen oder ›signifikanter Anderer‹ gebunden.

Zunächst geht es in einer frühen (antiken) Konzeption der Identität und des Selbst um die »Problematisierung der Heilsgewissheit« (ebd.) und in diesem Zusammenhang um die »Problematisierung der Keuschheit« (Maasen 1998: 133), rigoros angestrebt und praktiziert als Jungfräulichkeit und Enthaltsamkeit, die in asketischem Lebenswandel erfahrbar und in der Gesamtbiografie unter Kontrolle genommen wird (vgl. Hahn 1982: 421f.). Keuschheit und Enthaltsamkeit als Ideal, um dessen Annäherung man unablässig ringen muss, sind erreichbar nur durch subtile Hermeneutik noch der geheimsten Regungen und permanente Selbstanalyse; ihnen kann man sich nur asymptotisch nähern. Dem entsprechen die Vorstellung und das Versprechen der Perfektabilität des

Menschen, der man sich nur um den Preis einer permanenten, zur Pflicht gemachten Selbstanalyse und -hermeneutik nähern kann.

Die Paradoxie des selbstanalytischen Diskurses andauernder Selbstbeobachtung und -befragung besteht in dem Versuch, in der ständigen Auseinandersetzung mit den Begierden zu entsagen und seine Begierden durch Selbstdisziplin zu meistern. Der Imperativ, noch den geheimsten Regungen zu widerstehen, beschwört die Laster in elaborierten Analysen jedoch erst herauf und zwingt im sündenanalytischen Kampf immer wieder erneut zur Bemeisterung seiner selbst. Aber »das Selbst, dem es zu entsagen hat, stellt sich [...] in den hermeneutischen Prozeduren, die seine Begierden enthüllen sollen, unweigerlich immer wieder her« (Maasen 1998: 133). Was aber letztlich zählt, ist der Versuch, das Begehren in Akten der Selbstprüfung unter willentliche Kontrolle zu bringen; das Begehren selbst entzieht sich jedoch, so der frühchristliche Diskurs, jeder Kontrolle.

Damit rückt der christliche Diskurs von der rigorosen Praxis der Enthaltsamkeit ab; die Praxis der Selbstprüfung erstreckt sich nun vor allem auf den kathartischen Effekt christlicher Bekenntnisse, die Reinigung des sündigen Menschen von seiner Schuld, nicht die Meisterung aller Begierden und unbedingte Askese. Zum anderen aber wird das Ideal der Keuschheit seit dem Mittelalter für alle Christen verbindlich. (Sexuelle) Pflichterfüllung und die Norm der ausschließlich ehelichen, reproduktiven Sexualität setzen sich durch. Alle Abweichungen von dieser Norm rücken in den Vordergrund. Das Modell der Pflichtbeichte und seine Verallgemeinerung erstrecken sich vor allem auf Verfehlungen in diesem Bereich. Zugleich sieht die konfessorische Konstruktion des Selbst Buß- und Betpraktiken als Strafpraktiken vor, die darauf gerichtet sind, das geheime und wiederholbare Bekenntnis sündiger Taten zu bestrafen. Zum anderen geht es zunehmend darum, die innere Wirklichkeit der Sünde zu tilgen, also innere Einsicht und Reue zu zeigen. Aber »die Beichte wird durch die Subjektivierung der Sünde nicht überflüssig oder nebensächlich. Sie wird vielmehr jetzt ein Forum, vor das prinzipiell nicht nur das äußere Handeln, sondern bereits die Intentionen gezogen werden. Es kommt somit zu einer Sozialisation der Empfindungen und einer sozialen Kontrolle.« (Hahn 1982: 408; vgl. Hahn 2000: 198f.)

Die aufrichtige, auf die Intention des Handelns gerichtete Reue steht nun der bloß äußerlichen Wiedergutmachung gegenüber und übernimmt die Rolle eines Disziplinierungsinstruments. Dieser verinnerlichten Form der Buße entspricht zunächst die systematische Analyse und Ausdifferenzierung der Vergehen: »Die Dimensionen verbotener Orte, Zeiten, Beischlafpositionen und Personen bilden ein umfängliches, jedoch endliches Tableau des Sündhaften« (Maasen 1998: 237), das sich nicht nur auf sündige Taten, sondern sündige Worte und Gedanken richtet und jedem ein erschöpfendes Geständnis abverlangt.

Die freiwillige Selbstenthüllung und die systematische Selbstkontrolle bilden den Kern des christlichen Selbst, das sich seiner selbst durch systematische Affektkontrolle und methodische Lebensführung vergewissert. Seit dem 18. Jahrhundert reihen sich autobiografische Bekenntnisse in eine Liturgie »schonungsloser Entblößung seelischer Zustände« (Maasen 1998: 356) ein, die an das christliche Ritual des Geständnisses anknüpfen, es jedoch in Schemata mit wissenschaftlicher Regelmäßigkeit und in Therapeutik überführen. An die Stelle der christlichen Beichte als unsystematisches Regelungsinstrument sozialer Kontrolle rücken in der modernen Gesellschaft systematische Handlungskontrolle und das methodische Leben in innerweltlicher Askese, wie Max Weber es beschrieben hat. Zudem ereignet sich die Umstellung von einem Dispositiv der Keuschheit und der Sünde zu einem Dispositiv des Begehrens und der Sexualität.

»Das Wesentliche aber ist die Vermehrung der Diskurse über den Sex, die im Wirkungsbereich der Macht selbst stattfindet: institutioneller Anreiz, über den Sex zu sprechen, und zwar immer mehr darüber zu sprechen; von ihm sprechen zu hören und ihn zum Sprechen zu bringen in ausführlicher Erörterung und endloser Detailanhäufung.« (Foucault 1977: 28)

Es kommt zur explosiven Anreizung der Diskurse über den Sex – gleichzeitig aber auch zur Veränderung der Sprache, in der über ihn gesprochen wird:

»Der neuen Pastoral zufolge darf der Sex nur noch vorsichtig beim Namen genannt werden, wogegen seine Verbindungen und Wirkungen bis in ihre feinsten Verzweigungen verfolgt werden müssen: ein Schatten in einer Träumerei, ein Bild, das nicht schnell genug vertrieben wurde, eine Verschwörung zwischen der Mechanik des Körpers und der Willfährigkeit des Geistes: alles muß gesagt werden.« (Ebd.: 30)

Das Begehren und die Sexualität werden zum Kern einer Wahrheit des Ich und einer Identität, die ans Licht drängt. Es ist der Bekenntniszwang, der den unablässigen Drang zum Bekenntnis produziert, nicht umgekehrt. Dieser bezieht sich nicht auf die Geständnispflicht, die alle Vergehen einem Bußkatalog unterwirft, sondern er betrifft »die unendliche Aufgabe, sich selbst oder einem anderen so oft als möglich alles zu sagen, alles, was zum Spiel der Lüste, der zahllosen Gefühle und Gedanken gehört, die in irgendeiner Weise den Körper und die Seele mit dem Sex verbinden« (ebd.: 31).

Dieser Imperativ, »nicht nur die gesetzwidrigen Handlungen zu beichten, sondern [...] aus seinem gesamten Begehren einen Diskurs zu machen«, der aus der Aufgabe »den Sex durch die endlose Mühle des Wortes zu drehen« (ebd.) und »alles über seinen Sex zu sagen« (ebd.: 34f.) eine fundamentale Pflicht macht, wird zum zentralen Modus der Begründung einer Identität, deren Wahrheit im Begehren und im Sex begründet ist.

Im Zentrum dieser Wahrheit steht die Norm der Soziabilität – und es sind vor allem Verstöße gegen diese Norm, die identifiziert werden. »Nun aber ist es nicht die Abweichung vom Ideal der Keuschheit, sondern die Abweichung vom Ideal der Gesundheit und der ehelichen Reproduktivität« (Maasen 1998: 355), die zum Gegenstand von Geständnispraktiken und Bekenntnisritualen werden. Der Sex wird zum Gegenstand des öffentlichen Interesses, er bleibt nicht länger an die »Ökonomie der individuellen Lüste gebunden«, sondern wird durch Mechanismen der »Analyse, Buchführung, Klassifizierung und Spezifizierung« gestützt und aufgegriffen, die ihn einbinden in einen »rationalen Diskurs« (Foucault 1977: 35) und ihn verwalten:

»Man muss vom Sex sprechen und zwar öffentlich und in einer Weise, die sich nicht mehr der Teilung in Erlaubtes und Verbotenes beugt, auch wenn der Sprecher selbst dieser Unterscheidung treu bleibt [...]; man muß vom Sex sprechen wie von einer Sache, die man nicht einfach zu verurteilen und in Nützlichkeitssysteme einzufügen hat, einer Sache, die man zum größtmöglichen Nutzen aller regeln und optimal funktionieren lassen muß. Der Sex, das ist nicht nur eine Sache der Verurteilung, das ist eine Sache der Verwaltung. Er ist Sache der öffentlichen Gewalt, er erfordert Verwaltungsprozeduren, er muß analytischen Diskursen anvertraut werden.« (Ebd.: 36f.)

Diese Ökonomie des Begehrens und der Sexualität folgt zunehmend einer politischen Ökonomie, in deren Kontext die ›Bevölkerung‹ zum ökonomischen Faktor wird: »Die Menschen vermehren sich wie die Erträge des Bodens oder die Gewinne und Einkommen, die sie in ihrer Arbeit finden« (ebd.: 38) und die Machttechniken verändern sich. Leitmotiv der Diskurse des Sexuellen ist, das Leben zu verwalten; die Fortpflanzung zu regulieren. Im Zentrum der Diskurse über das sexuelle Verhalten der Bevölkerung steht die Sorge um sich, die sich an Normen der Gesundheit und Sittlichkeit ausrichtet. Hier geht es in erster Linie um Selbstaffirmation des Bürgertums, das seine ökonomische Macht durch eine politische Disposition seines Lebens und durch Selbstkontrolle steigert. Dabei geht es nicht in erster Linie um Unterdrückung der Sexualität oder um autoritäre Kontrolle einer anderen Klasse, sondern die Sorge gilt dem eigenen Körper, seinen Lüsten und seiner Gesundheit, eine Sorge, die systematisch betrieben wird – und die Abweichungen aufspürt und sie systematisch pathologisiert: »Aus den vergänglichen Bekenntnissen werden Archive des Begehrens – wie schon zuvor, identifiziert man abweichendes Begehren« (Maasen 1998: 355), eingetragen in einen Katalog der umfassenden Pathologisierung des Sexuellen, verschränkt zu diversen Pathologien des Individuums und der Gattung (Sexualpathologien, Perversionen, Entartung). Ans Licht gebracht werden unsittliche Moral ebenso wie perverse Körper- und Sexualempfindungen oder ungesunde Lebensweise (vgl. auch Foucault 1977: 44f.).

2. Paradoxes Selbstverhältnis

Machttheoretisch bedeutsam ist die spezifische Konfiguration von Identität, die in sich sowohl Individualität markiert als auch heterogene soziale Erwartungen integriert und als solche gerade kein mit sich identisches Ich zum Vorschein bringt. Gegen die normative Idee des Menschen und die Selbstverstrickung des Subjekts und seine Lenkung durch normalisierende Vorgaben gerichtet, weist Foucault das christlich-abendländische Modell der Identität zurück, das von einem wahren Kern des Subjekts ausgeht. Dagegen fordert er neue, andere Formen der Subjektivität, deren Ziel ein Subjekt ist, das nicht permanent sein wahres Ich oder Selbst sucht, sondern eine Ethik der Selbstsorge (»Wie will ich leben?«) betreibt.

»Es ist die Utopie eines sich selbst thematisierenden, sich um sich selbst sorgenden Menschen, dem es aber nicht darum geht, sein Selbst zu finden, zu verwirklichen oder narzisstisch zu enthüllen, sondern darum, als sich selbst ›regierendes‹ (sich selbst beherrschendes) Individuum zum Gelingen der Gesellschaft beizutragen« (Burkart 2006: 16).

Gemeint ist hier die Utopie eines Individuums, das seine Existenz, sein Leben in Selbstinitiative formt und in individueller Selbstverantwortung Sorge für sein Leben trägt.[1]

Foucault hat das Problem einer individualisierenden Macht (*Pastorat*) mit dem Modell der christlichen Pastoralmacht in Verbindung gebracht, einem Modell der Menschenführung, das auf der Selbstkontrolle

1 Diese Selbstsorge bezieht sich in der neoliberalen Gegenwartsgesellschaft allerdings vor allem auf das sich marktökonomisch optimal präsentierende Individuum und sein Selbstmanagement als ›unternehmerisches Selbst‹. (Vgl. Bröckling 2007; vgl. dazu ausführlich Kap. III.)

der Individuen beruht. Mithilfe dieses Machtmodells gelingt es Foucault, historische Praktiken als verborgene Machtpraktiken zu dechiffrieren, »deren Effektivität gerade darin besteht, sich als Macht zu verbergen, indem sie Individualität nicht missachten, sondern schützen, stützen und fördern« (Ricken 2002: 347).

Ausgehend von einer historischen Rekonstruktion der christlichen Pastoralmacht veranschaulicht Foucault deren Funktionsstruktur durch Rückgriff auf das Hirte-Herde-Modell, deren wichtigstes Kennzeichen die Einführung einer institutionell heilsnotwendig begründeten »Führung der (Lebens-)Führungen« ist, die nicht repressiv, sondern pastoral begründet und sakramental praktiziert wird. Ihr besonderes Merkmal ist der »gute Hirte«, der seine Herde führt und dabei Macht über sie ausübt, sie aber nicht patriarchal dominiert, sondern sie selbstlos regiert, die verstreute Herde zusammenliest, Verantwortung für die Herde übernimmt, sie leitet und sich darin für sie aufopfert, dass er sie zum »ewigen Heil« führt. Es kommt zu einem komplexen Austausch, einer Zirkulation von Sünden und Verdiensten zwischen jedem einzelnen Mitglied der Herde und dem Hirten. Das Verhältnis zwischen Herde und Hirte ist das einer individuellen und umfassenden Abhängigkeit, der persönlichen Unterwerfung und des Gehorsams der Herde gegenüber dem Hirten, der seinerseits, auf der Grundlage der umfassenden Kenntnis der inneren Regungen jedes Einzelnen zielgerichtete (Für-)Sorge betreibt, was nicht zuletzt durch Selbstprüfung und Gewissenslenkung gewährleistet wird. Am Wohl der Herde ausgerichtet, führt diese Form der Machtausübung zu Selbstverzicht. Darauf gestützt besteht nach Foucault ein zweites Kennzeichen pastoraler Macht, »das sich als Etablierung eines paradoxen Selbstverhältnisses bezeichnen lässt und als Geständnis und Beichte vor einem anderen praktiziert wird: Selbstaffirmation als Selbsterforschung und (vor allem) »Hermeneutik des Begehrens« (Foucault) einerseits, Selbstnegation als Selbstüberwindung und Selbstopferung andererseits. In der Verknüpfung beider Momente aber vertieft sich die Macht, indem sie sich gerade nicht (bloß) als Gewalt und ›Todesdrohung‹ formuliert, sondern sich als stellvertretende Sorge, Verantwortung und ›Lebensermöglichung‹ auszugeben vermag, sich so im dafür zugänglichen, in sich selbst ja bereits differentiellen Selbstverhältnis des Menschen einnistet und dieses von innen figuriert« (ebd.: 348).

Anknüpfend an diese Konstellation des christlichen Pastorats gelangt Foucault zu der Annahme einer Machtform, die er als »Regieren durch Individualisieren« (Foucault 1987: 246) kennzeichnet und in gewisser Weise als säkularisierte Pastoralmacht interpretiert. »Es ist eine Machtform«, so Foucault, »die aus Individuen Subjekte macht« (ebd.: 246) und sowohl individualisierend als auch totalisierend wirkt. Erst mit dieser Blickverschiebung gerät der spezifisch moderne Charakter der Macht in den Blick, die keineswegs als gegen das Individuum gerichtete primär auf Unterwerfung und Repression, sondern auch auf Selbstsorge abzielt. Identität figuriert Subjektivität als paradoxes Selbstverhältnis, als paradoxe Form der Selbstaffirmation und -negation. Sie ist weder nur auf andere noch nur auf sich selbst zurückführbar.

Foucault geht davon aus, dass sich im Anschluss an die Säkularisierung der Pastoralmacht Prozeduren der Menschen- und Selbstführung ausgebildet haben, die auf der Kunst beruhen, Menschen nach dem Vorbild des Seelengehorsams und der Ökonomie zu führen (vgl. Foucault 2000). In Gestalt der »freiwilligen Selbstkontrolle« (Pongratz 2004) zeigt sich Macht nun als Form der erzwungenen Selbstsorge. Sie beruht nicht auf der erzwungenen Einhaltung eines autoritären Gesetzes, sondern »verwandelt sich durch den Verzicht auf jeden Eigenwillen in freiwilligen Gehorsam« (Ricken 2002: 348). Die moderne, säkularisierte Pastoralmacht verlangt nicht strikte Regelbefolgung, sondern den Willen zur Selbstbekenntnis, allerdings einen, der sich dem Diskurs und Druck der Normalisierung unterwirft.

Identität bedeutet daher nicht singuläre Individualität und Einzigartigkeit, sondern sie ist immer gebunden an soziale Dimensionen und institutionalisierte Techniken sozialer Zurechnung und -schreibung (vgl. Hahn 1987: 9f.). Erst in sozial generierten und institutionalisierten Formen der Selbstbeobachtung entsteht das soziale Selbst als eines, das sich in Abgrenzung und Angleichung an allgemeine Standards, in der Vereinzelung von anderen und Vereinheitlichung mit anderen sowie in der Exklusivität, Abweichung, Besonderung und in Einklang mit Normalität konstituiert.

In vielfältigen Geständnis- und Prüfpraktiken, in Praktiken der Selbstbeobachtung, auch architektonisch eingerichteten Blick-Arrangements und in Formen der Selbstpräsentation etabliert, zeigt sich ein spezifisch strukturiertes Selbstverhältnis, das der Führung durch andere, aber im vor anderen eingenommenen Blick auf sich selbst immer auch der Selbstführung unterworfen ist. Im – verinnerlichten und antizipierten – Blick der anderen auf sich selbst wird Normalisierung als »Effekt vorweggenommener Verallgemeinerbarkeit« (Ricken 2002: 351) wirksam, indem unterschieden wird in das, was ›sich gehört‹ und ›normal‹ ist und in das, was ›sich nicht gehört‹, was ›unerhört‹ oder ›unnormal‹ ist. Der Geständniszwang aber erscheint nicht als Zwang, sondern folgt Regeln der Aufrichtigkeit und Authentizität, womit Macht unsichtbar bleibt:

»Das moderne Geständnis – als Beichte ebenso wie als Selbstbekenntnis – erpresst gerade nicht die verborgene Wahrheit durch Zwang oder gar Folter, sondern situiert Aufrichtigkeit und Authentizität als (immer auch unaufrichtigen) Formen sozial akzeptabler Kommunikation und reizt zu vielfältigen neuen Diskursen über Identität an.« (Ebd.: 351)

Der Beichtstuhl ist eine mediale Apparatur, eine ›Maschine‹, die Materialien für die Zurschaustellung von Authentizität produziert und mediale Spiegelungen hervorbringt, in denen sich das Subjekt ›erblickt‹, ›(ab)bildet‹ und – als unzulängliches Subjekt, als reuiger Sünder und begehrendes Subjekt – re-präsentiert. Über dieses mediale Spiegelverhältnis, in das der Beichtvater eingeschaltet ist, vollzieht sich seine Selbstoffenbarung und -anerkennung. Indem es sich öffnet und seine intimsten Wünsche und Regungen berichtet, kann es sich der Überwindung seiner Unzulänglichkeit nähern. Die Anwendung von Geständnis- und Bekenntnistechniken, die völlige Offenlegung und Offenbarung seiner Gelüste und seines Begehrens, deren Geheimhaltung im Medium des Beichtstuhls und seine Entlastung durch Techniken der Strafe, durch Buß- und Betpraktiken sowie Techniken der Vergebung sind Bestandteil einer Anordnung, die das unzulängliche, fragile und immer wieder scheiternde Subjekt zu einem verbesserungsfähigen und -willigen Menschen macht. Es geht also um ein – überindividuelles – Medium, in dem sich das Subjekt und sein – abweichendes – Begehren abbildet, um zu erfahren, wer es ist und wer es sein könnte.[2]

In der Perspektive der Foucault'schen Analyse von Subjektivierungsweisen und Subjektformen geht es um die Koppelung diskursiver und nicht-diskursiver Dimensionen der Subjektformierung, die materielle Artefakte und materiell-architektonische Anordnungen – wie den Beichtstuhl bzw. den Beichtstuhl als mediales Dispositiv – einschließt. Von Anfang an geht es dabei um die Abgrenzung positiver Subjektmodelle normaler Subjekte von devianten Subjekten. Und es geht dabei um die Frage, welche nicht-diskursiven Technologien mit welchen Wissensformen und materialen Voraussetzungen zu einem institutionell-kulturellen Ensemble verknüpft sind – und auf diese Weise entsprechende Subjektivierungsformen und Selbsttechnologien hervorbringen.

2 Das wird später noch deutlicher, wenn es um Technologien des Selbst, der Selbstinszenierung und -präsentation in – heterogenen – medialen Verzeichnissen geht.

3. Der Beichtstuhl als mediale (Versuchs-)Anordnung

Der Beichtstuhl ist Element eines Dispositivs, das neben den – materiellen – Vorkehrungen des Beichtstuhls selbst und dem geheimnisvollen Szenario der vollzogenen Trennung von Sprecher und Zuhörer strategische Operationen bündelt, die die Produktion von immer mehr Sündenbekenntnissen ermöglichen und die Kommunikation intensivieren. Dieses Dispositiv, dessen materielle Vorkehrungen und reglementierte Praktiken ein unverwechselbares Szenario produzieren, bestimmt auch mediale Formen der Entäußerung, in denen qua Geständnispraktiken und Bekenntnisrituale sozial sanktionierte, reflexive Formen der Subjektivität hervorgebracht werden. Als mediale Anordnung bilden Geständnispraktiken Elemente eines medialen Dispositivs.

Das Beichtstuhl-Szenario ist eine Anordnung, in der die Beichtenden ihre Schuldgeschichte präsentieren, während der Beichtvater das – religiös dominierte – Deutungssystem repräsentiert und dafür sorgt, dass das beichtende Individuum seine Schuld, alle Details aufrechnend, gesteht und bereut, gerade darum aber in die religiöse und soziale Gemeinschaft der Gläubigen integriert wird.

Hier geht es darum, sich Rechenschaft über seine Sünden und Verfehlungen abzulegen und gerade nicht darum, keine zu haben und zu präsentieren.

Im Grunde funktioniert der Beichtstuhl als Archiv von Aussagen, das nicht zu verstehen ist als die Summe alles dessen, was dort bis ins kleinste Detail enthüllt wird und als Zeugnis einer Identität bewahrt wird, sondern vielmehr als ein System der Diskursivität, die es ermöglicht. Eingeschlossen in das System der Beichte, markieren die materiellen Vorkehrungen und die Geständnispraktiken zugleich das Gesetz und die Grenze des öffentlich Sagbaren, aber auch ihre Überschreitung in der Aufforderung, alles zu sagen und in dem, was alles gesagt wird. Denn es geht nicht darum, die Wahrheit zu sagen, sondern darum, Bekenntniswillen und sich als – reuigen – Sünder zu zeigen. Dann kommt es zur Vergebung und Normalisierung dessen, was zunächst im Umkreis der kirchlichen Doxa, dann im Dunstkreis von Aufklärung und Vernunft kontrolliert, diszipliniert oder pathologisiert wird: die Einbildungen und Traumbilder, das Geheimnisvolle und Unbegreifbare der Phantasien, die Begierden und Lüste, die Verfehlungen und Abweichungen. Hier findet die Anamnese und Produktion einer zunächst an religiösen Wertvorstellungen oder religiös dominierten gesellschaftlichen Deutungssystemen orientierten Form der Subjektivität statt.

Der Beichtstuhl bringt eine unverwechselbare mediale Anordnung zum Sprechen; er kann als eine Art akustisches Kontrollsystem vorgestellt werden, das, wie das Beten, über ritualisierte Praktiken funktioniert. Während das Sehen nur eingeschränkt oder gar nicht vorhanden ist, regiert die Stimme. Beichtende(r) und Beichtvater kennen sich in der Regel zwar, aber weder die/der Beichtende noch der Beichtvater sehen einander. Die ›persönliche Begegnung‹ wird auf die Präsenz der Stimme reduziert; diese wird zum Medium eines den Leiden(schaften) des konkreten Individuums entrückten, personalen Kommunikation. Sie dient in der situativen Selbstthematisierung und -präsentation weniger der individuellen Enthüllung persönlicher Ereignisse und Dinge als vielmehr dem in gewisser Weise ›abstrakten‹ Austausch von (Schuld-)Bekenntnissen, inszenierter Intimität, entlastenden Kommentaren, der Absolution und Tilgung von Schuld sowie der Generierung einer religiösen oder sozialen Biografie. Die Trennwand zwischen Beichtvater und Beichtender/m repräsentiert diese Abstraktion.

Nur in der Konstellation einer geregelten Konfrontation mit sich selbst, die gebunden sind an ritualisierte Techniken der Selbstbeobachtung und Formen sozialer Anerkennung, entsteht das Subjekt als soziales Selbst.

Der Beichtstuhl und die Beichtsituation müssen als Archiv qua Anordnung, die zum Sprechen bringt oder verschweigt, immer auch als eine – fiktive – Präfiguration von Wirklichkeit angesehen werden, die kurzgeschlossen wird mit der ›Geburt fiktiver Identitäten‹ und biografischer Alternativen. Im permanenten Sprechen, in der endlosen Anhäufung und ausführlichen Erörterung von Details entsteht der unendlich begehrende Mensch, dessen Begehren nun vor allem nicht im Begehren selbst, sondern darin besteht, von sich selbst zu sprechen, anderen alles zu sagen und es – analytischen Diskursen – anzuvertrauen. Seine ›Wahrheit‹ ist genau an diesem archimedischen Punkt, dem unendlichen Streben nach dem Besitz einer Identität, die ihm bleibt, ihm aber immer unerreichbar sein und stets fehlen wird, zu finden.

Der Beichtstuhl wird so zum Medium von Feedback-Schleifen, die Bekenntnisrituale und Geständnispraktiken zum Regelkreis rekursiver Effekte, die in der geheimen Verkettung der Ereignisse und dichten Verknüpfung aller Begebenheiten alles konstituieren, nur eins nicht: eine stabile, bleibende Identität. Die Archäologie dieses Mediums will gerade nicht diesen archimedischen Punkt aufspüren, wo Individuelles und Soziales sich eins ins andere umkehren, sondern hier geht es um die Analyse einer – medialen – Anordnung, den Beichtstuhl als Agentur von Repräsentationspraktiken, in denen das sprechende Subjekt das hervorbringt, worüber und was es spricht.

Sich selbst und anderen unablässig alles sagen, aber auch die bloße Präsenz der Stimme bilden nicht nur Elemente mehr oder weniger standardisierter Bekenntnisrituale, sondern auch Praktiken der Anreizung und der Vermehrung des Begehrens (nach Enthüllung, nach Absolution und Vergebung, nach Identität). Im Beichtstuhl unweigerlich auf die Präsenz (der Stimme) und die Absenz (des Körpers, des Blicks, der konkreten Person) verwiesen, sind sowohl das Begehren als auch die Bekenntnis- und Geständnisrituale verstärkt in ein zirkuläres Spiel halluzinatorischen ›Mehr‹-Begehrens – in der Phantasie – einbezogen. Die Beichtsituation ist daher eine Anordnung, in der es letztlich nicht um Zwang, Verurteilung oder Verbot, sondern um die Realisierung eines Begehrens in der Phantasie geht.[3]

Der Sichtbarkeit entzogen, erzeugt die Beichte mit ihrem unablässigen Anreiz zur Enthüllung aller Vergehen also geradezu das Gegenteil dessen, was sie bewirken soll, nämlich anstelle der Entsagung und des Verzichts ein ›exhibitionistisches‹ Begehren, das ›voyeuristische‹ (Schau-)Lust erzeugt. Gleichzeitig verweist diese Anordnung auf die Intersubjektivität des Begehrens und der Phantasie, wie überhaupt auf die – intersubjektiven – Koordinaten der Subjektwerdung, in denen sich das Subjekt gewissermaßen als Katalysator des Begehrens derer um es herum erweist, sich selbst dabei aber immer verfehlt (vgl. dazu Lacan 1996; Zizek 1999; Bublitz 2005: 130ff).[4]

Als Raum der (Re-)Präsentation des Subjekts und seines Sündenregisters ist der Beichtstuhl zudem gewissermaßen ein Medium, das dem Austausch intimster Gedanken und Ereignisse dient, die, am quasiöffentlichen Ort artikuliert, als Geheimnisse gewahrt und verwaltet werden. In ihm repräsentiert sich das Individuum als eines, das eine Geschichte hat und sich Rechenschaft ablegt. Aber (Re-)Präsentation ist auf Öffentlichkeit angewiesen. Die öffentliche Inszenierung intimer Dinge und ihre mediale Beobachtbarkeit befriedigt also nicht vorrangig exhibi-

3 Zur phantasmatischen Struktur des Begehrens und seiner Realisierung vgl. Bublitz 2005: 135f.

4 Lacan geht davon aus, dass der Prozess der Subjektivierung notwendigerweise auf Vorgängen der Selbsttäuschung gründet, denn das Wissen um die eigene Existenz und das Eigene geht nicht unmittelbar aus sich selbst hervor, sondern rekurriert immer auf eine Spiegelung des Subjekts im Blick des Anderen, der wiederum sich im Anderen sieht, im Spiegel der symbolischen Ordnung und ihren Repräsentationsformen. Das bedeutet: Das Subjekt wird sich nur durch die objektivierenden Formen einer symbolischen Ordnung der Sprache und der Diskurse zugänglich, womit es zugleich niemals zu einem inneren Kern, einer inneren Wahrheit des Subjekts vordringt, sondern sich selbst gewissermaßen immer äußerlich bleibt; vgl. dazu auch Pagel 1999.

tionistische und voyeuristische Affekte, sondern ist der Modus einer Subjektwerdung, die der Darstellung und Abbildung des immer wieder neu entstehenden Subjekts in der Öffentlichkeit anderer bedarf, um sich seiner selbst zu vergewissern und sich zu (re-)präsentieren. Darin impliziert ist eine Steigerung von Individualität, nicht ihr Untergang. Das Begehren des Blicks nach Beobachtung wird umgemünzt in ein Begehren nach Selbstbeobachtung und Selbstpräsentation.

Im Feld der Sichtbarkeit zu sein, immer unter Beobachtung stehen zu wollen und sich zu präsentieren wird zur Bedingung von Subjektwerdung. Eine Steigerung erfährt das Ganze im medialen Feld des Blicks und der Sichtbarkeit. Medien sind, als akustische und optische Apparate, Schauplatz eines Begehrens, sich öffentlich zu zeigen – und, vermittelt über das Medium, in der Distanz zu sich zu erfahren, wer man ist. So gesehen sind Medien Orte der (Selbst-)Reflexion.

4. Disziplinäre, panoptische Macht: Verschränkung von Beobachtung und Selbstbeobachtung

Die Disziplinarmacht operiert wie die Pastoralmacht, als spezifischer Typus einer Subjektivität generierenden Technologie. Im Gegensatz zu den Beichtstuhlpraktiken der Pastoralmacht strukturiert sie aber sowohl architektonisch als auch strategisch ein Feld der Sichtbarkeit. Hierbei geht es vor allem darum, die Dauerbeobachtung durch andere in permanente Selbstbeobachtung und -kontrolle umzusetzen. Ihr Funktionieren kann als *optisches System* vorgestellt werden, das wie eine »abstrakte Maschine« (Deleuze 1996: 15; vgl. auch Deleuze 1997: 52ff.) funktioniert.

Deren inneres Funktionsprinzip lässt sich durch das panoptische Machtmodell veranschaulichen, das Foucault im Rückgriff auf das *Bentham'sche Panopticon* erläutert:

»Sein Prinzip ist bekannt: an der Peripherie ein ringförmiges Gebäude; in der Mitte ein Turm, der von breiten Fenstern durchbrochen ist, welche sich nach der Innenseite des Ringes öffnen; das Ringgebäude ist in Zellen unterteilt, von denen jede durch die gesamte Tiefe des Gebäudes reicht; sie haben jeweils zwei Fenster, eines nach innen, und eines nach außen, so dass die Zelle auf beiden Seiten von Licht durchdrungen wird. Es genügt demnach, einen Aufseher im Turm aufzustellen und in jeder Zelle, einen Irren, einen Kranken, einen Sträfling, einen Arbeiter oder einen Schüler unterzubringen. Vor dem Gegenlicht lassen sich vom Turm aus die kleinen Gefangenensilhouetten in den Zellen des Ringes genau ausnehmen. Jeder Käfig ist ein kleines Theater, in dem jeder Akteur allein ist, vollkommen individualisiert und ständig sichtbar. Die panoptische Anlage schafft Raumeinheiten, die es ermöglichen, ohne Unterlaß zu sehen und zugleich zu erkennen.« (Foucault 1976: 256f.)

Neben der Vereinzelungsstrategie liegt die Hauptwirkung dieser panoptischen Anordnung in der Sichtbarkeit des Überwachten, die Foucault als »Falle« bezeichnet, denn: »Er wird gesehen, ohne selber zu sehen; er ist Objekt einer Information, niemals Subjekt in einer Kommunikation« (Foucault 1976: 257). In der »Schaffung eines bewussten und permanenten Sichtbarkeitszustandes beim Gefangenen« (ebd.: 258) liegt für Foucault ein wirkungsvolles Prinzip seiner inneren Unterwerfung. Indem das der Macht unterworfene Individuum das Machtverhältnis internalisiert, wird es »zum Prinzip seiner eigenen Unterwerfung« und »die Macht wird tendenziell unkörperlich« (ebd.: 260).

Die panoptische Anordnung liefert das Individuum einem anonymen Kontrollmechanismus aus, der »jede physische Konfrontation« (ebd.: 261) vermeidet und gleichsam ›automatisch‹, über innere Selbstkontrolle, funktioniert. Insofern liegt beim panoptischen Machtmodell ein Modell sozialer Kontrolle vor, das am Ende ohne Kontrolleure, nämlich durch Internalisierung des externen, kontrollierenden Beobachterblicks und dessen innere Vorwegnahme, auskommt. Antizipation und Imagination der Beobachter münden in Selbstdisziplin, in der sich das disziplinierte Subjekt durch ständige Selbstüberprüfung und Selbstkontrolle, in die sie, wie in den Beichtstuhl und die Praktiken des Geständniszwangs, eingeschlossen sind, seiner selbst als konformes Subjekt vergewissert. Disziplin garantiert Regel- und Normenkonformität auf der Grundlage einer entindividualisierten und entpersonalisierten abstrakten Beobachtungsapparatur. Das Prinzip der Sichtbarkeit (der überwachten, kontrollierten Subjekte) durch ein hierarchisch angeordnetes Überwachungssystem und asymmetrisches Blickregime garantiert Gefolgschaft auf Dauer.

Dabei dominiert die architektonisch-räumliche und mediale Anordnung von Kontrollstrategien, die individuelle Differenzierung ermöglicht. Die Parzellierung des Raumes, der ständige Abgleich mit Konkurrenten, die individuelle Zuweisung von Positionsstellen und die nutzbringende Abstimmung individueller Differenzen aufeinander gehören ebenso wie ihre Eintragung in eine Rangordnung zu einem automatisiertem Machtmechanismus, der nicht nur eine bestimmte (An-)Ordnung (der Individuen) im Raum herstellt, sondern über den Vergleich mit anderen, auch eine permanente Steigerungslogik in Gang setzt. Es handelt sich um die Ausweitung von Körpertechniken zu einer »Physik, einer Anatomie der Macht, einer Technologie« (Foucault 1976: 277), die von spezialisierten Institutionen eingesetzt werden kann und sich zum »Panoptismus«, einer architektonischen Anordnung und zur »Wachsamkeit einander kreuzender Beobachtungen« (ebd.: 278f.) verallgemeinert, in die die Körper und die Subjekte, wie Foucault annimmt, eingeschlossen sind. Zentraler Mechanismus dieser Kontrolltechnologie ist der Mechanismus der disziplinären Individualisierung, der »klassifizierend, hierarchisierend und rangordnend« (Foucault 1976: 237) wirkt. Hier geht es »um die Ökonomie und Effizienz der Bewegungen und ihrer inneren Organisation« (ebd.: 175), eine durchgängige Zwangsausübung, die die Tätigkeiten kontrolliert und damit erreicht, dass die Kräfte sich mehren.

Durch ein Ordnungssystem, das auf messenden Vergleich, Rangordnung und Steigerung ausgerichtet ist, werden die Individuen untereinander und im Hinblick auf die Gesamtregel (die sich als Mindestmaß, Durchschnitt oder optimaler Annäherungswert darstellen kann) differenziert. Die Fähigkeiten, das Niveau, die ›Natur‹ der Individuen werden in ein quantitatives Verhältnis zueinander gebracht, auf- oder absteigend sortiert und damit hierarchisiert. Dieser quantitativen Verteilung entsprechen qualitative, semantische Bedeutungen. Hand in Hand damit gehen der Zwang zur Einhaltung einer Konformität und eine Grenzziehung zum Anormalen.

Im Kontext dieses Klassifikationssystems erfolgt der Umschlag individualisierender Prozesse, das heißt solcher Vorgänge, die das einzelne Individuum in eine Rangfolge einordnen, und es innerhalb einer Rangordnung an einer bestimmten Stelle positionieren, in eine automatisierte, das Subjekt in seinem Verhältnis zu sich selbst unbewusst steuernde Struktur. Es konstituiert sich ein Selbstverhältnis, das, an einer einmal etablierten Logik vergleichender, differenzierender und ausschließender Operationen ausgerichtet, seine individuellen Besonderheiten an denen anderer misst, sie in eine Rangordnung sozialer Niveaus bringt und sich selbst als sozial zugehörig oder ausgeschlossen, anerkannt oder abgewertet einstuft.

Wie der Beichtstuhl greift auch das panoptische Diagramm der Disziplinarmacht eine Trennung von Sehen und Gesehenwerden auf. Aber im Gegensatz zur räumlichen Anordnung des Beichtstuhls, in die beide, Sprecher und Hörer, bei aller Trennung gemeinsam ›eingeschlossen‹ sind und in der der ›gute Hirte‹, der Beichtvater Einblick erhält in die innersten Regungen seiner ›Schäfchen‹, ist die Architektur der panoptischen Macht auf die offene Struktur eines – medial installierten – Überwachungsapparats, der sich an einer optischen Blick(an)ordnung orientiert, ausgerichtet. Hier dominiert der Beobachterblick und die durch ihn induzierte Selbstbeziehung, die zugleich auch im auf andere gerichteten, unzulässige Abweichungen erfassenden Blick am Werk ist. Beobachtung und Selbstbeobachtung sind als Instrumente sozialer Kontrolle ineinander verschränkt; letztere arbeitet sich in Bekenntnisritualen aus und artikuliert sich im Geständniszwang.

Disziplinarmacht und Pastoralmacht, beides Techniken des Details, greifen ineinander: Während die Pastoralmacht bis in die kleinsten Regungen der Seele vordringt und diese im Sinne des Seelenheils zu einer (Selbst-)Haltung zusammenfügt, die immer wieder der Korrektur unterworfen wird, korrigiert auch die Disziplinarmacht die Haltungen und Bewegungen bis ins kleinste Detail; sie zerlegt sie, formt das Individuum und seinen Körper bis in die »Automatik seiner Gewohnheiten« (Foucault 1976: 173) um und setzt beides zu einem effektiven Kräftekörper zusammen. Hier geht es vordergründig um die Perfektionierung und Intensivierung der körperlichen Disziplin, aber Foucault macht deutlich, dass es die Seele, »Gefängnis des Körpers« ist, die »ein Stück der Herrschaft ist, welche die Macht über den Körper ausübt« (Foucault 1976: 42) und ihn überwacht.

»In der Disziplin wird der *tätige* Körper ›infinitesimal kontrolliert‹: Bewegungen, Gesten, Handlungen, Schnelligkeit; es geht dabei primär um Ökonomie und Effizienz der Bewegungen; und die Kontrolle besteht in einer durchgängigen Zwangsausübung, die über die Vorgänge der Tätigkeit genauer wacht als über das Ergebnis und die Zeit, den Raum, die Bewegungen bis ins kleinste codiert.« (Treiber/Steinert 1980: 79)

Diese »politische Anatomie des Details« (Foucault 1976: 178), die hier auf den Körper zugreift und ihn umschließt, setzt Sichtbarkeits- und Beobachtungseffekte in Kraft, die auf eine auf Wissen basierende, körperlose Macht zurückgeführt werden können und sich als Effekte einer abstrakten technologischen Struktur ereignen. Indem sie den Körper kräfteökonomisch zerlegt und ihn zu einem neuen Kräftekörper – einer Arbeits-, Produktions-, Lern- oder sozialen Maschine – wieder zusammenfügt, funktioniert auch dieser Machttyp, wie die Pastoralmacht, über sein integratives Potential hinaus, intensivierend und – Kräfte – steigernd.

5. Öffentliche Manifestation des Selbst, das sich spricht

Judith Butler greift Foucaults Ausführungen zur Beichte als erzwungener Praxis (im Dienste einer Ordnungsmacht) auf, die, so Foucault, das Subjekt als jemanden erzeugt, der verpflichtet ist, alles – über sein Begehren – zu sagen. Sie wendet diese Form der öffentlichen Selbstprüfung und Selbstdemonstration in eine Praxis des sich sprachlich bekennenden Subjekts, das sich im Zuge seiner Selbstoffenbarung performativ selbst hervorbringt. Zwar ist das Entstehungsszenario des Subjekts, so Butler, an die Verinnerlichung moralischer Codes, aber nicht an die moralische Souveränität des Subjekts, sondern an seine Begrenztheit und Fehlbarkeit, seine Selbsttäuschung gebunden:

»So ist das Subjekt, das sich nicht durch und durch kennt und das nicht voll für sich einstehen kann, ein fragiles und fehlbares Subjekt der Ethik, charakterisiert eher durch seine Grenzen als durch seine Souveränität.« (Butler 2003: 10)

Ethische Systeme oder moralische Codes, die das Subjekt an souveräne Entscheidungen und Urteile binden, von der »Selbsttransparenz des Subjekts ausgehen« oder ihm »die Verantwortung für eine uneingeschränkte Selbsterkenntnis zuschreiben«, es also als durch und durch rationales und souveränes Subjekt entwerfen, neigen nach Butler dazu, »fehlbaren Geschöpfen eine Art ›ethische Gewalt‹ anzutun«. Und sie folgert daraus:

»Wir müssen uns zwar um Selbsterkenntnis bemühen und Verantwortung für uns übernehmen, wir müssen zwar mit Einsicht über unser Tun und Lassen entscheiden, aber ebenso wichtig ist, dass wir verstehen, dass all unser Bemühen, einen Einklang mit uns selbst zu erreichen, stets durchkreuzt werden wird.« (Ebd.: 10f.)

In kritischer Distanz zu Nietzsche, Freud und zum frühen Foucault reflektiert Butler, dass man zwar davon ausgehen könne, dass bestimmte historisch feststehende Codes eine bestimmte Art der Subjektformierung erzwingen, sie hält es aber für zynisch, anzunehmen, die Befolgung moralischer Normen sei letztlich nichts anderes als die Angst vor Strafe. Mit Rekurs auf Foucaults ethische Überlegungen in seinem Spätwerk nimmt sie an, dass das Subjekt nicht ausschließlich und gewissermaßen ›automatisch‹ durch Diskurse hervorgebracht wird, sondern »sich selbst in Bezug auf eine Menge von Codes, Vorschriften und Normen formt« (ebd.: 26). Dies erfolge nicht nur als bloß mimetischer, subjektiver Nachvollzug objektiv vorgegebener Normen, sondern durchaus in kritischer Haltung zu diesen. Die Norm erzwingt gewissermaßen den Akt der Selbsterzeugung, aber sie determiniert ihn nicht, sondern stellt den Rahmen für Selbsttechnologien dar:

»Das Verbot erzwingt den Akt der Selbsterzeugung und Selbstgestaltung. Das bedeutet, das Verbot wirkt nicht einseitig oder deterministisch auf das Subjekt ein, sondern bereitet die Bühne für die Selbstformung des Subjekts, das sich immer in Bezug auf eine Menge verhängter Normen vollzieht. Weder bringt die Norm das Subjekt als ihre notwendige Wirkung hervor, noch steht es dem Subjekt völlig frei, die Norm zu missachten, die seine Reflexivität in Gang setzt; jede Handlungsfähigkeit, auch die der Freiheit, steht in Bezug zu einem ermöglichenden und begrenzenden Feld von Zwängen.« (Ebd.: 28)

Die Konstitution seiner selbst impliziert aber nicht nur ein bestimmtes Verhältnis zu vorgegebenen Codes, sondern immer auch ein bestimmtes Verhältnis zu sich. Die Frage ist, welche Beziehung das Selbst zu sich herstellt, wie es sich erprobt, definiert, kontrolliert und sich immer wieder ›umschreibt‹, transformiert und vervollkommnet. Die performative Konstitution dieses Selbstverhältnisses findet in der öffentlich gemachten Selbstprüfung statt.

Bekenntnisrituale und Geständnispraktiken der Selbstoffenbarung erscheinen Butler daher weniger als »erzwungene Praxis im Dienste einer Ordnungsmacht«, denn als »performative Produktion des Subjekts innerhalb öffentlicher Konventionen« (ebd.: 119), die in der sprachlichen und visuellen Selbstdemonstration und -inszenierung paradoxerweise erst erzeugt, was sie innerhalb der – medialen – Öffentlichkeiten ›ausstellt‹ (vgl. auch Bublitz 2003a: 96). Das Subjekt, das sich in seiner Repräsentation beständig selbst konstituiert, formt, einordnet, adjustiert und normalisiert, bildet sich in seiner öffentlichen Manifestation:

»Die Beichte wird so zur sprachlichen und körperlichen Szene der Selbst-Demonstration des Subjekts«, zum Ort, an dem sich das Subjekt nicht nur immer wieder – sprachlich und visuell – seiner selbst vergewissert, sondern sich immer wieder neu hervorbringt. Dabei setzt sich das ›bekennende Subjekt‹ nicht nur – medial – in Szene, sondern es »spricht sich selbst, wird aber dadurch erst, was es ist.« (Butler 2003: 118)

Hier schließt sich der Kreis zur – personalen – Repräsentation des Subjekts in der Öffentlichkeit: Die Repräsentation des Subjekts, verstanden als Vorgang seiner Erzeugung, vollzieht sich öffentlich, in der Beziehung zu anderen (Medien), zu gesellschaftlichen Normen. Beicht- und Bekenntnispraktiken finden öffentlich statt und müssen dies auch; denn das Subjekt erprobt und (trans-)formiert sich in der mit anderen geteilten Öffentlichkeit.

Die – öffentliche – Szene der Beichte setzt, so Butler, voraus, »dass das Selbst erscheinen muss, um sich zu konstituieren, und dass es sich nur im Rahmen einer vorgegebenen Adressierungsszene, innerhalb einer gesellschaftlich konstituierten Beziehung konstituieren kann« (Butler 2003: 118). Sie ist dann nicht mehr der Ort der erzwungenen Entlockung von – sexuellen – Wahrheiten, folglich auch nicht das Medium oder die

Macht, »die das Subjekt als jemanden erzeugt, der verpflichtet ist, die Wahrheit über sein Begehren zu sagen« (ebd.: 118). Es geht hier gar nicht um Wahrheit(en), sondern um ein für das Subjekt konstitutives Erscheinen, das jedoch keineswegs als bloßer Schein, Betrug, Selbsttäuschung auszulegen ist, sondern als »Sprechakt, in dem das Subjekt ›sich selbst öffentlich macht‹, [...] sich auf einen Akt ausführlicher Selbst-Aussprache [...] einlässt, um das Selbst für den anderen erscheinen zu lassen« (ebd.: 118). Das Entscheidende der Beichte sind also nicht Selbstvorwürfe oder die Verinnerlichung von Ordnungsnormen, die in der Rechenschaftslegung zutage treten. Entscheidend ist vielmehr die Praxis der Selbstprüfung als »Praxis der Veräußerlichung oder Öffentlichmachung« (ebd.: 118) des Selbst. Die Konstitution des Subjekts hängt vom gelungenen Akt seiner öffentlich gesprochenen oder körperlich dargestellten Inszenierung ab.

Damit löst die Praxis der Beichte aber dann auch die Annahme einer Innerlichkeit des Subjekts auf. Vielmehr konstituiert sich das – plurale – Subjekt mit seinen Bekenntnis- und Geständnispraktiken immer wieder neu in seiner Äußerlichkeit, bezogen auf andere. Die öffentliche Manifestation des Selbst ist also nicht ›Ausdruck‹ seines Innersten, sondern sie tritt an dessen Stelle. Das bedeutet: Die Beziehung zum Selbst ist hier – immer – eine gesellschaftliche und öffentliche, keine irgendwie geartete private oder intime. Sie bewegt und vollzieht sich im Kontext von Normen, »die regeln, wie man zu erscheinen hat und erscheinen kann und welches Verhältnis zu sich selbst man an den Tag legen sollte« (ebd.: 121). Das bedeutet nicht, dass die öffentliche Manifestation des Subjekts und der Selbstbezug an feststehende, vorgegebene Normen gebunden sein müssen, aber es bedeutet, dass das Subjekt immer an die Gesellschaftlichkeit der möglichen Beziehungen zu sich und anderen gebunden ist. Diese öffentliche Repräsentation ermöglicht dem einzelnen Individuum, verschiedene Funktionen zu repräsentieren, gewissermaßen multiple ›Selbste‹ auszubilden; Darstellung und Verstellung sind dabei ununterscheidbar. Wichtig sind Glaubwürdigkeit und Authentizität.

Mit dieser Argumentation wendet sich Butler nicht zuletzt aber auch gegen die Auffassung, dass bestimmte historische Ereignisse, Formen der öffentlichen Selbstthematisierung und -darstellung einen Niedergang der Vernunft oder der Kultur bedeuten, denn dies würde voraussetzen, dass die Vernunft oder Kultur davor in einem intakten Zustand waren, was sie mit Rückgriff auf Foucaults Weigerung, sich der Auffassung *einer* Vernunft anzuschließen, zu Recht ablehnt. Vielmehr sind wir, so Butler, verpflichtet, anzunehmen und zu berücksichtigen, dass es jeweils ein besonderes historisches Auftreten der Vernunft oder Kultur in ihrer jeweiligen Besonderheit gibt. Davon auszugehen, dass diese ein »Krebsgeschwür« der Gesellschaft oder ein grundlegender Niedergang der Kultur seien, vernachlässigt nicht nur deren spezifische Historizität, sondern auch die je historischen sozialen Bezüge des Subjekts.

III. In den Kulissen der Macht (III): Postdisziplinäre Techniken der Selbstführung

1. Marktförmige Selbstentfaltungskultur

Vor dem Hintergrund historischer Formen der Subjektivierung und entsprechenden Selbsttechnologien wird im Folgenden ein Subjektmodell vorgestellt, das Formen der Selbstführung und Selbstthematisierung mit Techniken der Selbstvermarktung und Technologien der Selbstentfaltung verschränkt. Selbsttechnologien sind eingebunden in historische Transformationsprozesse wie Machtformen und Gesellschaftsstrukturen.

Orientierte sich bürgerliche Subjektcodierung seit dem 18. Jahrhundert an der Arbeits- und Zeitdisziplin rationalisierter Arbeits- und Lebenswelten (Habermas 1981), einer prinzipiengeleiteten, »methodischen Lebensführung« (Weber 1964^{3})[1] und am Ideal eines autonomen Selbst,

---

1 Weber nimmt an, dass die methodische Lebensführung, die historisch zunächst im Rahmen der Moraltheologie diskutiert wurde und in der klösterlichen Askese des Mittelalters zum Ausdruck kam, das Korrelat der im Zuge der Säkularisierung vorangetriebenen kulturellen Rationalisierung von Arbeit und Betrieb in der bürgerlichen Gesellschaft des 19. Jahrhunderts bildet, als ›protestantische Ethik‹ das Fundament der kapitalistischen Wirtschaftsweise und als »innerweltliche Askese« die bürgerliche Lebensweise bestimmt; vgl. Weber 1922, 1964; zu Webers Theorie der Rationalisierung vgl. Habermas 1981, Bd.1: 225ff. Die methodische Lebensführung verpflichtet das bürgerliche Subjekt auf rastlose berufliche Pflichterfüllung und Verzicht; das bürgerliche Subjekt ist primär ein Arbeitssubjekt, das die entsprechende Gleichförmigkeit körperlich-mentaler Dispositionen, ökonomische Praktiken der Arbeit und Technologien einer maßvollen Selbststeuerung ausbildet; vgl. dazu auch Reckwitz 2004, 2006: 109ff.

das sich in systematischer Selbstkontrolle und Lebensführung, allen unberechenbaren Herausforderungen zum Trotz, stets als berechenbare, stabile Einheit weiß und aufrechterhält, so bildet das postdisziplinäre, auf ständige Veränderung angelegte Subjekt, »das in ständiger Bewegtheit seines Erlebens die Grenzen seiner festen Form überschreitet« (Reckwitz 2004: 176), sich immer wieder neu hervorbringt und in seinem Selbstbezug an ästhetischem Konsum, artifiziellen und expressiven körperorientierten Praktiken wie auch an medialen Praktiken des Navigierens und Experimentierens ausgerichtet ist, eher ein Kennzeichen gegenwärtiger Gesellschaften.[2]

In diesem Zusammenhang ist eine Form der Gesprächs- und Selbstthematisierungskultur entstanden, die vielfältige Formen der Selbstenthüllung und Ausdrucksformen der Selbstentfaltung hervorgebracht hat. Neuen Gestaltungsspielräumen des Subjekts entsprechen neue Risiken, die durch Formen der Selbstregulierung und des Selbstmanagements und entsprechend offensive Formen der Selbstvermarktung abgefedert werden müssen (vgl. dazu Beck 1986: 205ff.; Beck/Beck-Gernsheim 1994: 10ff.).

In Anbetracht der Paradoxien, die Anforderungsstrukturen an ein kreatives, als risikofreudig entworfenes, unternehmerisches Subjekt, das verstärkten Zwängen und institutionellen Strukturen des Arbeits- und Bildungsmarkts ausgesetzt ist und diesen durch Praktiken der Selbststeuerung und Selbstregulierung begegnet und sich der Einbindung in globale mediale und ökonomische Netzwerke durch öffentliche Selbstdarstellung und Selbstmodellierung versichert, lässt sich Individualisierung als zentraler Vergesellschaftungsmodus funktional differenzierter, moderner Konsumgesellschaften insofern verstehen, als es sich hierbei

2 Obwohl in den vorangegangenen wie auch in den folgenden Ausführungen an Analysen der Individualisierung des (Disziplinar-)Subjekts, der Selbstführung und Selbstkontrolle sowie der ›Selbstproduktion‹, ›Selbsterfindung‹ und ›Selbstentfaltung‹ des Subjekts angeschlossen wird, unterläuft die hier eingenommene Perspektive auf – mediale – Subjektivierungsformen und – medial transportierte – Subjektmodelle die verbreitete Annahme, das Subjekt ließe sich, wie die Gesellschaft, auf ein einheitliches, homogenes Grundmuster (der Moderne oder Postmoderne) zurückführen. Subjektivierung ist, an den Kreuzungspunkten von Diskursen, Praktiken und Formen der Menschenführung (Gouvernementalität) und Selbsttechnologien angesiedelt, nicht auf ein festes, homogenes Schema von Subjektformen zu reduzieren; sie entzieht sich dem Dualismus von Individuum und Gesellschaft als einem Verhältnis der Äußerlichkeit ebenso einer linearen Entfaltungslogik. Auf den ersten Blick scheinbar homogene Subjektformen erweisen sich bei näherer Betrachtung als in sich heterogene Gebilde, in denen sich verschiedene Subjektformen überlagern und die in sich durchaus zerbrechlich sind.

um die Überlagerung von Disziplinierungs- und Normalisierungsprozessen mit neoliberalen Regierungsformen der Menschenführung, um die Zusammenführung von Fremd- und Selbstkontrolle handelt. Dabei bildet das Paradigma der Selbstorganisation gleichsam das Herzstück eines Macht-Wissens-Komplexes, der das selbstorganisierte Selbst mehr als je zuvor ins Netzwerk von Disziplinarprozeduren einbindet. Das Selbst wird zum Einsatzort einer Macht, die mit spezifischen Disziplinarstrategien, eigens ausgebildeten Wissensapparaten sowie ›Regierungsformen‹ Individualitäten und Identitäten in Beschlag nimmt und sie nach ihrem Bild formt (vgl. Pongratz 2004: 248f.).

Entscheidendes Kennzeichen dieser Form der Vergesellschaftung ist, dass Individuen bei steigender sozialer Komplexität soziale Kontrolle zunehmend und überwiegend als Selbstkontrolle gestalten und ihr Selbst immer wieder ›selbstständig‹ und neu erschaffen müssen. Dieses »Selbstproduktionsmodell« (Sasse 2006: 301) sorgt nicht nur für die andauernde Selbsterfindung, sondern auch für die soziale Integration in die Gesellschaft und der Gesellschaft. Träger des ›Selbsterfindungsmodells‹ ist zum einen der neue ›Geist des Kapitalismus‹, der maßgeblich nicht mehr primär auf rastlose Arbeit und Pflichterfüllung auf das Verhältnis des modernen Menschen zum Konsum (*modern consumerism*) gerichtet ist (vgl. Campbell 1995; Sasse 2006; vgl. auch Schrage 2007, 2009), zum anderen aber sind es technisch-ökonomische Strukturen, die auf ein neues Arbeitssubjekt und mit ihm auf eine neue »Ethik der Selbstverpflichtung« (Sasse 2006: 298) und, bei zunehmender Absättigung materieller Bedürfnisse, auf eine neue »Selbstentfaltungskultur« (Sasse 2006: 297) setzen.[3]

Nun ist die Vermarktung des kreativen Umgangs mit dem eigenen ›symbolischen Kapital‹, wozu auch das Selbst gehört, unumgänglich. Gegenüber dem Modell der asketisch-protestantischen Pflichtethik ist es der Habitus der Selbstverwirklichung, der nicht nur zum Kriterium der gesamten Lebensführung einer neuen Mittelschicht, sondern auch zum neuen beruflichen Einstellungskriterium avanciert und je nach Bedarf modifiziert wird:

3 Sasse verweist in Bezug auf dieses Selbstentfaltungsideal auf das Bild des ›Normalverbrauchers‹ der amerikanischen Mittelschicht der 1920er Jahre, die Colin Campbell (1995) als Träger eines neuen hedonistischen Habitus anführt, in dem Selbstverwirklichung und Konsum in Akten symbolischer Aneignung eng miteinander verknüpft sind: »Als Trendsetter sowohl in der Produktion als auch im Konsum, verkörperten sie eine neue Klasse von Spezialisten für symbolische Produktion« (Sasse 2006: 302); vgl. dazu auch Eder 1989; Reckwitz 2004, 2006; Schrage 2003, 2007.

»Der Habitus der Selbstverwirklichung ist nicht nur ein Garant für Motivation, sondern auch dazu geeignet, jede biografische Mischung von Tätigkeiten und Vorlieben unter einen Hut zu bringen, bzw. das was ist, als Selbstverwirklichung zu aktualisieren. Zum gelebten Leben wird womöglich das passende Selbst erfunden.« (Sasse 2006: 305)

Selbstmanagement gehört nun ebenso wie verschiedene Formen des Selbstcoachings und der vorteilhaften, marktgerechten Selbstdarstellung zu den Erscheinungsformen eines individualisierten Arbeitsmarkts. Damit verbunden: die Entgrenzung von Arbeit und Leben, die mit Schlagworten wie ›Diversity Management‹ und ›Work-Life-Balance‹ beschrieben werden. Dem entspricht ein flexibles Selbst, das erfolgreich von einem Arbeitsbereich in einen anderen verschoben wird und dies auch selbst aktiv und kreativ vollzieht.

Selbstreflexionskompetenzen bilden nun elementare Qualitäten eines unternehmerischen Selbst, das bereit ist, die Grenze zwischen Beruf und Freizeit aufzulösen oder diese zumindest flexibel zu handhaben und sich erfolgreich als kreatives Individuum zu vermarkten und am Marktwert ausgerichtet zu optimieren, indem es sich und andere beständig im Blick hat:

»Der ›neue Kapitalismus‹ präferiert Persönlichkeiten, die sich ganz auf die Arbeit konzentrieren können, bei der sie sich verwirklichen können und *genau dadurch* dem Kapitalismus zu neuem Erfolg verhelfen.« (Burkart 2006: 32)

›Selbstverwirklichung‹ ist aber ›nichts Langfristiges‹, sondern erfolgt kurzfristig, immer den Zyklen der Kapitalverwertung, dem marktförmigen Wandel der Unternehmensstruktur und entsprechender Technologien unterworfen. Langfristige Perspektiven von Verpflichtungen, Vertrauen und Loyalität weichen flüchtigen Formen der Teamarbeit. Das neue Modell kapitalistischer Arbeit ist das ›Projekt‹ und das – kurzfristige – Engagement; der neue Erfolgsmensch »verzichtet darauf, lebenslang ein einziges Projekt (eine Berufung, einen Beruf, eine Ehe etc.) zu verfolgen. Er ist mobil. Nichts darf seine Bewegung beeinträchtigen« (Boltanski/Chiapello 2003: 169). Auf diese Weise weichen ›Stellen‹ zunehmend ›Projekten‹, die in flexiblen Netzwerken locker miteinander verbunden sind und deren ›Stärke‹ in ›schwachen Bindungen‹ besteht (vgl. Sennett 2006: 28). Loyalität – gegenüber einem Unternehmen, Mitarbeiter/-innen, anderen Menschen – und langfristige Bindungen haben ihre Bedeutung verloren, ja, sie wären sogar schädlich, nicht zuletzt auch für die Vermarktung der eigenen Person, die immer bereit sein muss, neue Projekte in Angriff zu nehmen. Instabilität wird zur Normalität; sie steht nicht in Verbindung mit – drohenden – historischen Katastrophen oder Krisen, sondern ist »vielmehr mit den alltäglichen Praktiken eines vitalen Kapitalismus« (Sennett 2006: 38) verbunden.

Angesichts dieser Flexibilitätserwartungen der Arbeitswelt ist es nicht ratsam, »ein unveränderliches, ›wahres‹ Selbst« zu haben. Dennoch ist eine authentische Selbstdarstellung verpflichtend. Authentizität und Flexibilität widersprechen sich; daher können nur »Selbsterfinder [...], die ihre Arbeit als willkommene Erweiterung der eigenen Möglichkeiten zur Selbstproduktion verstehen« (Sasse 2006: 305) beides leisten, flexibel zu sein und authentisch aufzutreten. Hier wird das System der politischen Ökonomie zur ›Bühne des Lebens‹, auf der der Einzelne flexibel wechselnden Eindrücken und Anforderungen begegnet. Arbeit und Leben sind eins.

Richard Sennett interpretiert diese Fähigkeit nicht als Selbstverwirklichung, sondern apostrophiert sie als ›Selbstverbiegung‹ (vgl. Sennett 2006²: 57). Für Sennett installiert sich damit ein neues Machtsystem, das aus drei Elementen besteht: »dem diskontinuierlichen Umbau von Institutionen, der flexiblen Spezialisierung der Produktion und der Konzentration der Macht ohne Zentralisierung« (ebd.: 59).

Boltanski/Chiapello sprechen davon, dass die neuen Arbeitsformen zu neuen Formen der Ausbeutung mutiert seien (vgl. Boltanski/Chiapello 2001: 168f.). Produziert ständige Selbsterfindung also am Ende, so fragt sich Sasse im Anschluss an Sennett und Boltanski/Chiapello, »Selbstverwirklicher ohne Selbst«? Und: Verwandelt sich die spätkapitalistische Arbeits- und Konsumgesellschaft in eine »gigantische Gummizelle für Selbstbesessene« (2006: 306)? Sasse stellt fest, dass die Konsumkultur »kreative Selbsterfinder« schafft und Selbstverwirklichung zur neuen Marktökonomie passt. Der neue Arbeitnehmer *ist* demnach, was er tut; sein Arbeitsethos kann als ›Totalisierung‹ der Arbeitstugenden oder besser ›Schlüsselqualifikationen‹ wie flexibles Ich-Management und alle Formen des Selbstmanagements aufgefasst werden. Das Pflichtgefühl kommt so wie von selbst. »Zwang allein reicht nicht aus, um aus den Arbeitskräften das Beste herauszuholen.« (Ebd.: 307)

Nun wird ein Subjektmodell gefördert, das in mancher Hinsicht der Codierung avantgardistischer Bewegungen folgt:

»Die Negativfolie ist nun ein starrer, bewegungsunfähiger Sozialcharakter, der sich in seinen Routinen und seiner Diszipliniertheit unendlich reproduziert. Gefragt ist statt dessen ein Arbeitssubjekt, welches dem Leitbild der ›Projektorientierung‹ und des ›momentorientierten Engagements‹ folgt, das eine ›rhizomatische‹ [...] Form annimmt: *Deleuze goes capitalism.*« (Reckwitz 2004: 176)

Sasse und Reckwitz nehmen an, dass gegenkulturelle Widerstandsformen in die kapitalistische Ökonomie, sowohl in den Bereich der Produktion/Arbeit als auch den des Konsums integriert wurden und zu einem zentralen Feld der Subjekt- und Identitätsbildung avancierten. Gemeint sind symbolische Aneignungsformen und Praktiken, die den Konsum, das »System der Dinge« (Baudrillard 1991) mit Zeichencharakter, als Spielfeld kontingenter und variabler Bedeutungszuschreibungen (be-)nutzen.

2. Neucodierung des Subjekts

Das postmoderne Subjekt, dessen ›fluide‹ Zeichensprache nun in bemerkenswerter Weise ökonomischen Flexibilitätsanforderungen entspricht, ist auf strikte Selbst- und Fremdbeobachtung angewiesen, die es ihm ermöglichen, seine Selbstpräsentation als ›unternehmerisches Selbst‹ so zu kontrollieren, dass sie wechselnde Selbstoptimierungsstandards erfüllt. Dabei werden Schlüsseldispositionen erforderlich, die nicht unbedingt neu sind, aber neu codiert werden:

Zum einen wird *permanente Selbstbeobachtung* zu einer *Schlüsseldisposition, die Selbstdisziplin mit Kommunikationsfähigkeit* kombiniert. Sie verspricht die »Optimierung der ästhetisierenden Fremd- und Selbstwahrnehmung« (Reckwitz 2004: 179) von Marktteilnehmern, die zwischen verschiedenen Objekten und Stilen, die vergleichbar und potentiell gleich sind, eine Wahl treffen (müssen). Zugleich bildet das Subjekt, das Sennett, vom ›Warenfetischismus‹ irritiert, schon für das 19. Jahrhundert konstatierte, als konsumierendes Subjekt selbst eine semiotische Projektionsfläche, ein begehrtes Objekt für andere:

»Der Einzelne versucht nicht nur einen optimalen ›Stil‹ für sich selbst zu kreieren, sondern im Sinne einer *presentation of self in everyday life* (E. Goffmann) auch einen Stil, der nach außen einen Eindruck der eigenen Person vermittelt, welcher für Dritte konsumtionsfähig ist und der das Subjekt zu einem bevorzugten Objekt der Wahl durch andere macht.« (Reckwitz 2004: 179)

Dabei geht es um Abwägung, Kalkulation und Realisierung »ästhetischer ›Gewinne‹« (ebd.), das heißt die Selbstpräsentation unterliegt nicht nur einer permanenten (Selbst-)Steigerung und -überbietung, sondern das postmoderne Subjekt ist in seiner Selbstoptimierung einem Kalkül unterworfen, das dem ökonomischen Motiv der Gewinnsteigerung entspricht:

»Das Subjekt will nicht nur immer wieder anders genießen, es will besser genießen; es will nicht nur immer wieder ein anderes Selbst sein, es will ein Selbst sein, das an sich arbeitet, in seiner inneren und äußeren Wirkung in zunehmendem Maße befriedigend und attraktiv zu erscheinen – ein Prozess, der offenbar nie an ein Ende kommt.« (Ebd.)

Vergesellschaftung und soziale Integration sich ständig selbst optimierender Individuen vollzieht sich nicht mehr über fixe soziale Normen, sondern über die »Attraktion« begehrter Konsumobjekte und deren Standardisierung. Das heißt: Trotz oder gerade aufgrund der Individualisierung findet die Vergesellschaftung sozialer Subjekte über den marktförmigen (Massen-)Konsum standardisierter Konsumobjekte statt (vgl. Schrage 2003, 2007).

Diese Form der Vergesellschaftung setzt eine weitere Schlüsseldisposition voraus, nämlich die der *Selbstentfaltung*, die allerdings kaum mehr etwas »mit der moralisch-normativen Idee der Selbstverwirklichung als emphatischer Entfaltung eines authentischen Subjektivitätskerns« zu tun hat, »die sich in den Subjekttheorien des 18. Jahrhunderts herausbildet – und die sich in den individuellen wie kollektiven Identitätspolitiken fortsetzt, in denen das 19. Jahrhundert noch ins 21. Jahrhundert hineinreicht« (Makropoulos 2008: 127). Vielmehr entspricht die spezifische Disposition der Selbstentfaltung, wie sie in der Gegenwart massenkulturell produziert und codiert wird, einer Form von Subjektivität, die an die offene »Realisierung fiktional erschlossener Möglichkeiten« gebunden ist, die »nicht primär moralisch, sondern primär ›infrastrukturell‹ generiert ist« (Makropoulos 2008: 17). Sie ist vor allem an technische und mediale Dispositive der Vergesellschaftung gebunden. Makropoulos nennt hier vor allem die Infrastrukturen der verkehrstechnisch gestützten räumlichen Mobilität des Tourismus und die der teletechnischen Informations- und Unterhaltungsmedien. Kennzeichen dieser »Offenheit der Erwartungshorizonte« ist, so Makropoulos, eine »Kultur der generalisierten Neugierde«, in der die »Pluralitäts- und Heterogenitätsfähigkeit habitualisiert wird«, ebenso wie die elektronischen Massenmedien ihrerseits zu »immateriellen Infrastrukturen der Selbstentfaltung« (ebd.: 129) geworden sind, die »die Erweiterung und Fiktionalisierung des Erwartungshorizontes durch die dauerhafte Entgrenzung des Erfahrungsraumes ebenso selbstverständlich werden lassen wie die im Prinzip schrankenlose Verfügbarkeit der Medien, die sie generiert haben« (ebd.: 130).

Dieser prinzipiellen Erwartungs- und Orientierungsoffenheit, aber auch -unsicherheit eines beweglichen, ›fluiden‹ Subjekts entspricht die semantische Bedeutungsvielfalt der sozialen Wirklichkeit, vor allem in den Bildästhetiken der visuellen Kultur (der Warenästhetik) und popkultureller Stile. In der bildästhetischen Visualisierung produzieren sie über die Bedeutungsvielfalt hinaus nicht nur die »Universalisierung von prinzipiell Unanschaulichem und Abstraktem«, sondern konstituieren »ein Weltverhältnis, das Konkretes und Partikulares in eine voraussetzungslose kommunikative Allgemeingültigkeit übersetzt« (ebd.: 131) und damit von konkreten, lokalen Bedeutungskontexten absieht:

> »Kein Verkehrszeichen, kein Piktogramm, vor allem aber keine Werbekampagne hätte je die Chance, weltweit verständlich zu sein, wenn die ›visuellen Kulturen‹ nicht die Bindung an partikular-konkrete Symbolwelten zugunsten einer Orientierung an universalisierbar-abstrakten allegorischen Welten aufgegeben, also den entscheidenden Schritt von der Anschaulichkeit in die Abstraktion gemacht hätten – dem im übrigen die ökonomische Abstraktion als Abkehr von den ›natürlichen‹ Objekten des wirtschaftlichen Handelns und die Hinwendung zu den fiktiven Waren in einem abstrakten, nicht auf Tausch, sondern auf Wettbewerb basierten Markt entspricht.« (Ebd.: 131)

Symbolische Zeichen zirkulieren, wie das Geld, weltweit. Durch die weitreichende Entkoppelung der Zeichen vom Material sind symbolische Zeichen, wie Geld, zu universalen Signifikanten geworden, deren Besonderheit darin besteht, dass ihre Bedeutungen und Wirkungen nicht festgelegt sind und vor allem, dass die Trennung von Fiktivem und Realem durch ihre Performativität aufgehoben wird (vgl. Winkler 2004: 36ff.). Zeichen beschreiben nicht (nur) die Dinge/die Welt, sondern sie verändern sie (vgl. Austin 1968; vgl. dazu auch Bublitz 2002: 21f., 2003: 29f., 2005: 105f.). Die Kontingenz einer symbolisch-ästhetischen ›Übersemantisierung‹ der sozialen Wirklichkeit, die sich in deren semantischer Aufladung mit simultan sich überlagernden und interferierenden Bedeutungsdimensionen manifestiert, bewirkt individuell und kollektiv die permanent mögliche Überschreitung, ja, Aufhebung der tatsächlichen Realität.

Den genannten infrastrukturellen Voraussetzungen – den räumlichen, tele-technischen und ästhetischen Formen der Entgrenzung individueller und kollektiver Erfahrungshorizonte – korrespondiert die Herausbildung einer »marktförmigen Autonomisierung des individuellen Handelns« (Makropoulos 2008: 132).

Die Realisierung dieser an marktförmigen Wettbewerbskriterien und im Sinne betriebswirtschaftlicher Effizienz optimierter Sozial- und Selbstverhältnisse setzt eine Neucodierung des Subjekts voraus: Subjektivierung richtet sich nun nicht mehr an vorgegebenen, disziplinärnormierenden, sondern an postdisziplinären Techniken der Selbstführung aus. Es sind performative Techniken, die subjektive ›Autonomie‹ an unternehmerisches Kalkül und ebenso offene wie riskante Strategien der Kontingenzbewältigung koppeln. Selbstentfaltung in diesem Sinne verstanden greift nicht nur zurück auf eine technisch-mediale Ausstattung und ökonomisch-rechenhafte Disposition, die die eigene Selbstentfaltung an Formen globaler Kommunikation (mit anderen) und an marktförmige Anschlussfähigkeit bindet, sondern sie greift darüber hinaus auf ein – massenkulturell und -medial produziertes – Arsenal an ästhetisch-semantischen Strategien der Selbstoptimierung zurück, die diese wiederum an – audiovisuellen – Formen der (Selbst-)Präsentation festmacht.

In den unterschiedlichen Dimensionen ist Subjektivität an einer permanenten Steigerung – des Mehr-Begehrens, des unaufhörlichen Konsums, der optimierten Selbstentfaltung – ausgerichtet; Kriterium ist die optimale Realisierung. Subjektivität ist so an die suggerierte Grenzenlosigkeit und schrankenlose Verfügbarkeit der Dinge, folglich auch an die selbstregulierte Optimierung der kulturellen Ding- und Sozialbeziehungen und des eigenen Selbst gebunden. Hier geht es daher nicht um begrenzte Bedürfnisse und Objekte, sondern um eine ›konsumistische Disposition‹, die ›Attraktivität‹ keineswegs primär ästhetisch, sondern als ökonomische Kategorie im Sinne der Konkurrenzfähigkeit einführt und über den Mechanismus des Wettbewerbs soziale Integration gewährleistet (vgl. Schrage 2003, 2007).[4]

Dann ist auch nicht zu befürchten, dass die Schrankenlosigkeit zu Anomie führt, wie Durkheim befürchtet hat (vgl. Durkheim 1973 [1897]; 1984; vgl. dazu auch Bublitz 2005: 29f.; Makropoulos 2008: 134f.), sondern marktförmige ›Attraktion‹ bindet Kommunikation an das Prinzip der Permanenz. Nur so wird marktförmige Anschlussfähigkeit garantiert. Sie beruht sowohl auf exzentrischer Individualisierung, aber zugleich auch auf permanenter Angleichung und Selbstnormalisierung – des Begehrens, des Konsums, der Selbstentfaltung – der Konsumenten

4 Schrage führt ›Attraktion‹ als konsumistische Kategorie ein, wonach Konsum weniger eine Ursache von Persönlichkeitsveränderungen (»Verdinglichung«) oder ein bloßer Transmissionsriemen gesellschaftliche Spaltungstendenzen (»Distinktion«) ist als vielmehr ein Medium der Vergesellschaftung, das den Umgang mit Kontingenz nicht nur einübt, sondern auch attraktiv erscheinen lässt.

an den Standard (der Vielen/des Marktes). Die Gegenwartsgesellschaft manipuliert nicht, aber als ›Selbstentfaltungskultur‹ normalisiert sie, und damit kontrolliert sie auch. Kontrolle bedeutet hier permanente Selbstbeobachtung und -kontrolle.

Subjektivierung ist gebunden an Kontrollstrategien; diese haben, folgt man Foucault und Butler, immer eine subjektive Dimension. Das heißt, Subjektivierung findet zwar in der machtförmigen Unterwerfung unter soziale Regeln statt, sie geschieht aber als Vorgang der Subjektivierung, der einen reflexiven Rückbezug des Subjekts auf sich einschließt. Subjektivierungsverfahren und Kontrollverfahren sind daher, wie Fremd- und Selbstführung, unlösbar miteinander verbunden:

> »So sorgt sich der Gläubige in der Beichte um sein Seelenheil und unterwirft sich zugleich den kirchlichen Autoritäten. Diese Unterwerfung besteht jedoch gerade in einer reflexiven Faltung der pastoralen Macht: Der Beichtende erforscht sein Gewissen, bekennt sündhafte Gedanken, Worte und Taten und beweist Reue und Besserungswillen, indem er sorgsam die auferlegten Bußen ableistet. Zu alldem stellt ihm die Kirche wiederum Introspektionstechniken (Gewissenserforschung), Analyseraster (Beichtspiegel) sowie ein institutionelles Setting (Beichtstuhl) zur Verfügung.« (Bröckling 2003: 81)

Was in der Beichte zutage tritt, ist, wie schon an anderer Stelle ausgeführt, keine Beförderung innerer Wahrheiten des Subjekts. Die genealogische Rekonstruktion zeigt, dass hier ein bestimmtes historisches Selbstverhältnis zugrunde liegt, dessen Historie sie zutage fördert.

Es geht also weniger darum, (disziplinarische) Kontrolle und Selbstentfaltung als Gegensatz, sondern als Bedingungsverhältnis zu sehen, das auf konkrete Praktiken verweist, »die es den Menschen ermöglicht und die sie genötigt haben, sich als *autonome* Persönlichkeiten zu begreifen, die eine unverwechselbare Identität besitzen und dieser in ihren Lebensäußerungen einen authentischen Ausdruck zu verleihen suchen« (Bröckling 2003: 82; Hervorhebung durch die Autorin).

Erst mit der vollständigen Integration des Menschen in technisch-mediale Abläufe und ökonomische Produktionsvorgänge können diese allerdings als selbstregulierte soziale Prozesse beschrieben werden, die durch Information und Kommunikation permanent überschrieben und umgeschrieben werden.

3. Kontrollgesellschaft

In der Kontrollgesellschaft findet soziale Kontrolle, wie ansatzweise schon im panoptischen Diagramm der Disziplinargesellschaft, über maschinische Systeme statt (vgl. Deleuze 1993), die das Individuum Beobachtungs- und Produktionstechnologien unterwerfen. Doch während die Disziplinarmacht, mit Produktionsmaschinerie ausgerüstet, das Individuum und seinen Körper funktional auf Produktionsprozesse hin zurichtet, es, wie den Arbeitsprozess und das Arbeitsprodukt bis ins Detail zerlegt und als Kräftediagramm nutz- und gewinnbringend zusammenfügt, operieren Kontrollgesellschaften mit »Maschinen der dritten Art« (Deleuze 1993: 259), Informations- und Kommunikationsmaschinen und schließen diese gewissermaßen an Märkte und Konkurrenzmechanismen an:

»Die Fabrik setzte die Individuen zu einem Körper zusammen, zum zweifachen Vorteil des Patronats, das jedes Element in der Masse überwachte, und der Gewerkschaften, die eine Widerstandsmasse mobilisierten; das Unternehmen jedoch verbreitet ständig eine unhintergehbare Rivalität als heilsamen Wetteifer und ausgezeichnete Motivation, die die Individuen untereinander in Gegensatz bringt, jedes von ihnen durchläuft und in sich selbst spaltet.« (Deleuze 1993: 257)

In der Disziplinargesellschaft blieb das Verhältnis von Macht und Individuum noch verhältnismäßig statisch, war auf Institutionen der Disziplinierung beschränkt und stieß auf den Widerstand der Individuen. Sie erreichte nicht den Punkt, an dem das Bewusstsein und die Körper der Individuen vollständig von ihr durchdrungen wurden. Die Disziplin operierte in einem überschaubaren Terrain, sie sperrte die Individuen in Institutionen ein und folgte einer »relativ abgesteckten, geometrischen und quantitativen Logik«, vermochte aber nicht, die Individuen »vollständig im Rhythmus produktiver Tätigkeit und produktiver Vergesellschaftung zu konsumieren« (Hardt/Negri 2002: 39).

Demgegenüber realisiert sich im Übergang von der Disziplinar- zur Kontrollgesellschaft ein neues Machtparadigma, das dadurch definiert ist, dass »sich die Kontrolle über die strukturellen Orte sozialer Institutionen hinaus durch *flexible und modulierende Netzwerke*« (ebd.: 38; Hervorhebung durch die Autorin) ausdehnt. Im Grunde funktioniert nun die gesamte Gesellschaft wie eine Maschine: »Die Gesellschaft ist wie ein einziger sozialer Körper einer Macht subsumiert, die hinunterreicht bis in die Ganglien der Sozialstruktur und deren Entwicklungsdynamik.« (Ebd.: 39) Hardt/Negri verweisen an dieser Stelle zu recht auf den

Marx'schen Begriff der »reellen Subsumtion« der Arbeit unter das Kapital; aber es ist mehr als das: Nicht nur die Arbeit wird hier unter das Kapital untergeordnet und folgt seinen Prinzipien, der Verwertungslogik und der Gewinnmaximierung, sondern der gesamte Mensch, die gesamte Bevölkerung wird in die Entwicklungsdynamik des Kapitals einbezogen. Das Leben der Bevölkerung wird ebenso wie das individuelle Leben zum integralen Bestandteil des Kapitals, zum Objekt der Macht.

Während die Disziplin also noch auf institutionalisierte »Einschließungsmilieus« beschränkt ist, in denen es das Individuum für Fabrik, Kaserne und Schule zurichtet, tritt an die Stelle der ›Einsperrung‹ und der Produktion des immer Gleichen die »tiefgreifende Modulation« und »kontinuierliche Variation«. An die Stelle der individuellen Signatur und der einordnenden Registrierungsnummer, die das Individuum in der Masse positioniert, tritt die Chiffre und die ›mebers only‹-Gesellschaft. Wer hier Mitglied sein will, braucht den entsprechenden Code, der anschließt, nicht einschließt. Die Kontrollgesellschaft beruht auf unmittelbarer Kontrolle und unablässiger Kommunikation. Hier sind die Kontrolltechnologien ›demokratisiert‹, das heißt, sie sind dem gesellschaftlichen Feld immanent, auf die Köpfe (Kommunikationssysteme, Informationsnetzwerke) und Körper (Sozialsysteme, kontrollierte Aktivitäten) der Bürger verteilt – ausgedehnt auf ein weitläufiges Netzwerk von Dispositiven und Apparaten. Nun erfassen Techniken der Biomacht die Regulierung des gesamten gesellschaftlichen Lebens, die ganze Gesellschaft. Körper und Bewusstsein sind vollständig vergesellschaftet; beide sind von permanenten (Leistungs-)Kontrollen durchdrungen. Das Gerüst dieser Kontrolltechnologien ist nicht statisch, sondern dynamisch. Nun geht es nicht darum, die Individuen in die Institutionen und ihre Zwänge einzuschließen und sie mittels einer ›Mikrophysik der Macht‹ zu überwachen. Das Ziel besteht vielmehr darin, die Durchlässigkeit und Kontrolle, Mobilität, individuelle Freizügigkeit und Sicherheit zu maximieren. Die Differenz eines disziplinär-heteronom gesteuerten Individuums zu einem ›autonom‹-selbstregulierten Individuum besteht in der Dynamik und Marktförmigkeit der Selbstregulierung und -steuerung. Dabei geht es nicht um Normen, sondern »um die Normalität des Gebrauchs«, das Spektrum dessen, was »gegenwärtig akzeptabel, anschlußfähig oder *trendy* ist« (Schrage 2003: 64). Selbstregulierung, die sich am Marktgeschehen ausrichtet, ist daher permanent auf die Herstellung von Anschlussfähigkeit an den Markt angewiesen:

»Marketing heißt jetzt das Instrument der sozialen Kontrolle. […] Die Kontrolle ist kurzfristig und auf schnellen Umsatz gerichtet, aber kontinuierlich und unbegrenzt, während die Disziplin von langer Dauer, unendlich und diskontinuierlich war.« (Deleuze 1993: 260)

Dem entspricht nicht mehr der eingeschlossene, sondern der anschlussfähige Mensch. Möglicherweise handelt es sich aber nur um eine neue und andere Form des Einschlusses in die unbegrenzte Modulation, die permanente Kommunikation und ökonomische Konkurrenz, die jetzt auch die verschiedenen Ebenen des Erziehungs- und Bildungswesens einbezieht (vgl. Pongratz 2004).

Das Verhältnis von Macht und Subjektivitäten ist jetzt unmittelbar, nicht institutionell vermittelt; »die produktive Maschine absorbiert die Vermittlung« (Hardt/Negri 2001: 47). Sie operiert an den Verbindungsstellen der Ökonomie, der Sprache, der Kommunikation und des Symbolischen.

»Die großen Industrie- und Finanzmächte produzieren entsprechend nicht nur Waren, sondern auch Subjektivitäten. Sie produzieren Agenzien innerhalb des biopolitischen Zusammenhangs: Bedürfnisse, soziale Verhältnisse, Körper und Intellektuelle – sie produzieren mithin Produzenten.« (Hardt/Negri 2002: 46)

Dabei kommt den Kommunikationsindustrien zentrale Bedeutung zu; sie organisieren nicht nur die Produktion auf neuer Stufenleiter, sondern sie produzieren Subjektivitäten, stellen Beziehungen zwischen ihnen her und geben dem sozialen Raum eine Struktur. »Die politische Synthese des gesellschaftlichen Raums wird im Bereich der Kommunikation fixiert.« (Ebd.: 47)

Darüber hinaus integriert kommunikative Produktion alles, was bisher getrennt war: Technik, Arbeit, Interaktion, ökonomisches System und Lebenswelt. Sie integriert all das in einen Funktionszusammenhang, indem sie ihren Zugriff auf Subjekte intensiviert.

4. Gouvernementalität der Gegenwart

Dieser Zugriff auf das sich selbst führende Subjekt ist eng mit dem Entstehen neoliberaler Gesellschaftsordnungen verknüpft. Sobald Selbstführung nicht ausschließlich als individuelle, auf das einzelne Subjekt bezogene Praktiken, sondern zugleich »als soziokulturelles Ordnungsmuster analysiert wird« (Martschukat 2008: 327), sich also mit Regulierungstechnologien der Gesamtgesellschaft verschränkt, kommen Sicherheitsdispositive der Gesellschaft ins Spiel. Damit rückt der Begriff der Gouvernementalität in den Fokus der Betrachtung: Gouvernementalität verweist – bei Foucault – auf Handlungsformen und Praxisfelder, in denen sich Machttechniken mit Praktiken der Selbstführung verschränken und Regierungstechnologien auf Techniken des »Sich-selbst-Regierens« rekurrieren (vgl. Lemke 2008: 261). Gouvernementalität bezeichnet politische Technologien, die nicht im Sinne einer deterministischen Kraft auf Subjekte einwirkt, sondern als »Komplex von praktischen Verfahren, Instrumenten, Programmen, Kalkulationen, Maßnahmen und Apparaten, der es ermöglicht, Handlungsformen, Präferenzstrukturen und Entscheidungsprämissen von Akteuren im Hinblick auf bestimmte Ziele zu formen und zu steuern« (Lemke 2008: 382).

Anders als Deleuzes Konzept der Kontrollgesellschaft geht Foucault von sich überlagernden historischen Typen der Machtausübung und ihnen entsprechenden Disziplinar-, Normalisierungs- und Sicherheitstechnologien aus. Dem liegt, wie er annimmt, nicht die Logik einer linearen, distinkten und diskontinuierlichen Abfolge zugrunde, sondern die Historie einer Macht, die als »Wandel von Regierungsformen aus variablen Arrangements zwischen den Machtformen der Souveränität, der Disziplin und der Bio-Macht« (Krasman/Volkmer 2007: 13) zu verstehen ist.

Foucault weist darauf hin, dass die Disziplinarmacht überlagert wird von einer zweiten, für die moderne Gesellschaft zentralen Machtform: der Bio-Macht, die sich auf den Menschen als Gattungswesen, vor allem aber auf die Gesamtmasse der Bevölkerung und das gesellschaftliche Leben selbst richtet. »Diese neue Technik unterdrückt die Disziplinartechnik nicht, da sie ganz einfach auf einer anderen Ebene, auf einer anderen Stufe angesiedelt ist, eine andere Oberflächenstruktur besitzt und sich anderer Instrumente bedient.« (Foucault 1999: 279) Gleichzeitig integriert sie die Disziplin, modifiziert sie teilweise und benutzt sie.

Der biopolitische Charakter des neuen Machtparadigmas beruht auf der Macht über das Leben, die den Tod ausgrenzt, das Leben verwaltet und es von innen her reguliert. Foucault stellt in diesem Zusammenhang heraus, dass es zur Intensivierung disziplinärer Machttechniken kommt. Dabei entspricht der Vervielfältigung der Disziplinarinstitutionen paradoxerweise die De-Institutionalisierung der Disziplinarmechanismen, die sich, so Foucault, zu »weichen, geschmeidigen, anpassungsfähigen Kontrollverfahren« (Foucault 1976: 259) ausweiten und nicht nur von geschlossenen Institutionen ausgehend, sondern von verstreuten Kontrollpunkten in der Gesellschaft aus operieren. Gleichzeitig werden disziplinäre Mechanismen zunehmend durch »Dispositive der Sicherheit« modifiziert, wobei es darum geht, den Gefährdungen der Gesellschaft vorzubeugen und sie zu verhindern (Lemke 1997: 191f.).

Die Sicherheitsgesellschaft richtet sich nicht an das Individuum und seine Selbstführung, auch »nicht an bestimmte soziale Klassen, sondern an das Kontinuum einer Bevölkerung, die sich nach Risiken unterscheidet« (Lemke 1997: 212f.). Zusätzlich zur souveränen Gesetzesmacht und zur Disziplinarmacht ist die soziale Dynamik nun gekennzeichnet durch Dynamiken der Normalisierung und durch Sicherheitsdispositive (vgl. dazu auch Foucault 2004: 13ff.).

Foucault fasst im Begriff der Gouvernementalität »die Gesamtheit, gebildet aus den Institutionen, den Verfahren, Analysen und Reflexionen, den Berechnungen und Taktiken, die es gestatten, diese recht spezifische und doch komplexe Form der Macht auszuüben, die als Hauptzielscheibe die Bevölkerung, als Hauptwissensform die politische Ökonomie und als wesentliches Moment die Sicherheitsdispositive hat« (Foucault, in: Bröckling/Krasmann/Lemke 2000: 64; vgl. dazu Foucault 1999, 2004).

Er geht davon aus, dass sich die politische Ökonomie in dem Moment ausbildet, in dem unter den verschiedenen Elementen des Reichtums ein neues Subjekt, die Bevölkerung, auftaucht. Sie wird – im 18. Jahrhundert – zur Quelle des Reichtums der Gesellschaft.

»Dieses kontinuierliche und vielfältige Netz von Bezügen zwischen Bevölkerung, Territorium und Reichtum aufgreifend, bildet sich eine Wissenschaft aus, die man ›politische Ökonomie‹ nennt, und zugleich ein für das Regieren charakteristischer Interventionstypus: die Intervention auf dem Feld der Ökonomie und der Bevölkerung.« (Foucault 2000: 62; vgl. dazu auch Vogl 2008[3])

Gouvernementalität als Regierungsform, die nicht territorial, sondern durch »die Masse der Bevölkerung, mit ihrem Umfang, ihrer Dichte« bestimmt wird, stützt sich wesentlich auf die Bevölkerung und beruft sich auf Instrumente des ökonomischen Wissens. Sie entspricht einer »durch *Sicherheitsdispositive kontrollierten Gesellschaft*« (Foucault 2000: 66; Hervorhebung durch die Autorin) und bezieht sich auf Kurvenlandschaften und Normalverteilungen (der Geburten- und Sterberate, des Bevölkerungswachstums, des Gesundheits- und Krankheitszustands, praktizierter Formen von Sexualität, Lebensformen etc.). Sie führt Verfahren der Skalierung in soziale Wirklichkeiten ein. Deren Wirkung besteht unter anderem darin, dass die Individuen sich in ihrer ›autonomen‹ Selbstführung an allgemeinen Messwerten ausrichten, die individuelle Freiheit begrenzen (vgl. Bublitz 2008: 276).

Dabei bildet Normalisierung das Instrument einer die Bevölkerung regulierenden Lebenstechnologie, die – über demografische Erhebungen und statistische Messungen, über Wahrscheinlichkeiten vorhersagende und das Leben der Masse optimierende institutionelle Normalisierungspraktiken – für ein globales Gleichgewicht in der Bevölkerung und für

Sicherheit im Innern der Gesellschaft sorgt. Es geht um eine Technologie, »die die einer Bevölkerung eigenen Massenwirkungen zusammenfasst, die versucht, die Reihe von zufälligen Ereignissen, die in einer lebendigen Masse vorkommen können, zu kontrollieren« (Foucault 1993: 64; Foucault 1998: 288). Auf diesem Wege konstituiert sich eine Normalisierungsgesellschaft, in der das Leben der gesamten Bevölkerung umfassend in Beschlag genommen und einem statistisch-mathematischen Raster unterworfen wird. Hier geht es nicht nur um eine Ökonomie der Macht, die auf die disziplinäre Zurichtung von Arbeitskräften ausgerichtet ist, sondern um eine Ökonomie, die das gesamte Terrain des Lebens – Geburtenraten und Sterbeziffern ebenso wie statistische Häufigkeiten von Krankheiten, ökonomische Kosten der Arbeitszeitverkürzung oder -verlängerung, öffentliche Hygiene und Milieus, kurz: die Gesamtheit biosoziologischer Prozesse von Menschenmassen und deren Lebensführung – umfassen.

Dem korrespondiert ein Modus sozialer Steuerung, der Ungewissheit keineswegs als Bedrohung fasst, »die mittels rationaler Planung, minutiöser Reglementierung und umfassender Kontrolle auszuschalten ist, sondern als Freiheitsspielraum und damit als Ressource, die es zu erschließen gilt« (Bröckling 2000: 133). (Selbst-)Management wird in diesem Kontext zur Zauberformel, die als Königsweg der konsequenten Übertragung des Marktmodells auf alle möglichen sozialen Beziehungen erscheint und nicht mehr nur auf Unternehmen beschränkt bleibt. In einer gesellschaftlichen Situation der »Omnipräsenz des Marktes« erweist sich, wie Bröckling annimmt, *Management* zum übergreifenden Dispositiv zeitgenössischer Menschen- und Lebensführung, das dazu befähigt, »sich unter den Imperativen des Marktes zu behaupten« (ebd.: 134). Dabei umfassen Modelle des Managements gleichermaßen Sozialtechnologien wie Technologien des Selbst, die im Leitbild des ›Unternehmers seiner selbst‹ konvergieren (vgl. ebd.: 135).

Das Konzept der Gouvernementalität geht aber über ökonomistische und ideologiekritische Verkürzungen, mit denen die Dominanz von Marktmechanismen in der neoliberalen Gegenwartsgesellschaft als »entfesselter Kapitalismus«, »Turbokapitalismus« oder »Raubtierkapitalismus« kritisiert wird, hinaus. Es hebt die Trennung des Ökonomischen vom Sozialen und Politischen auf und postuliert einen umfassenden Begriff des Ökonomischen, der die Bevölkerung und wie die individuellen Bedürfnisse, die Zurichtung des individuellen Körpers auf den Produktionsapparat ebenso wie den profitablen Einsatz einer Vielzahl von Menschen und deren biopolitische Verfasstheit umfasst. Wesentlich ist die Unterscheidung von Herrschafts- und Machttechniken und Selbsttechnologien, denn, so nimmt Foucault an, die Differenz zwischen beiden ermöglicht den Zugang zu ihrer Verschränkung in spezifischen Machttechnologien und Regierungsformen und zur Beziehung von Fremd- und Selbstkonstitution:

»Man muss die Wechselwirkungen zwischen diesen beiden Technikformen – Herrschaftstechniken und Selbsttechniken – untersuchen. Man muss die Punkte analysieren, an denen die Techniken der Herrschaft über Individuen sich der Prozesse bedienen, in denen das Individuum auf sich selbst einwirkt. Und umgekehrt muss man jene Punkte betrachten, in denen die Selbsttechnologien in Zwangs- und Herrschaftsstrukturen integriert werden. Der Kontaktpunkt, an dem die Form der Lenkung der Individuen durch andere mit der Weise ihrer Selbstführung verknüpft ist, kann nach meiner Auffassung Regierung genannt werden.« (Foucault 1993, zitiert nach Bröckling/Krasmann/Lemke 2000: 29.)

Es geht Foucault darum, aufzuzeigen, dass Menschen nicht einfach nur beherrscht oder manipuliert werden, sondern dass es immer eine Art Gleichgewicht gibt zwischen äußerem Zwang und Selbsttechniken, die zwar auch Effekt heteronomer Praktiken sind, durch die das Selbst sich aber selbst konstruiert, konstituiert und modifiziert. Deutlich wird auch hier, dass Kontrolle nicht in erster Linie auf die Unterdrückung von Subjektivität abstellt, sondern auf deren Hervorbringung. Es geht um Formen der »(Selbst-)Produktion oder genauer: auf die Erfindung und Förderung von Selbsttechnologien, die an Regierungsziele gekoppelt werden können« (ebd.: 29). Sie operiert also vorwiegend dadurch, dass sie Individuen zu einem Handeln und einem entsprechenden Selbstverhältnis bewegt.

Foucaults Konzept gouvernementaler Technologien beruht also auf einem Modell der ›erzwungenen Selbstsorge‹, das christliche Techniken der Selbstführung, und des Seelengehorsams mit ökonomischen Kalkülen verbindet. Es beruht auf der ›Demokratisierung‹ panoptischer Kontrollmechanismen der Individuen, insofern hier Kontrolle in ›freiwillige Selbstkontrolle‹ überführt wird (vgl. Bröckling 2003; Pongratz 2004). Das Subjekt befindet sich nicht nur in einem permanenten Dialog mit sich und anderen, sondern es eröffnet sich ihm auch ein Feld möglichen Handelns, das nicht fixen, vorgegebenen Normen folgt, sondern statistische Vorgaben und Feedbacks aufnimmt und diese in Selbstpraktiken, Praktiken der Selbstkontrolle und -normalisierung umwandelt.

Dabei obliegt es dem einzelnen Individuum, den – panoptisch angeordneten – Rückmeldungen, die es von den anderen bekommt, zu folgen und sein Verhalten zu modifizieren. Denn es besteht zwar weiterhin Abhängigkeit von anderen, aber die Aufnahme der von ihnen ausgesendeten Signale obliegt der Selbststeuerung der Individuen und ihrer Entscheidungsfreiheit. Auch beruhen Selbstverhältnis und Selbstführung nicht – mehr – auf der Kriegs- oder Kampfförmigkeit sozialer Auseinandersetzungen noch sind sie wesentlich negativ (im Sinne der panoptischen Kontrolle oder der souveränen Gesetzesmacht), sondern sie gewähren subjektive Entscheidungsfreiheiten (Saar 2007: 37; vgl. auch Bröckling 2003, 2007).

Foucault geht davon aus, dass sich in der modernen Gesellschaft Prozeduren der Menschen- und Selbstführung ausgebildet haben, die auf der Kunst beruhen, Menschen nach dem Vorbild des Seelengehorsams und der Ökonomie zu führen (vgl. Foucault 2000). Unternehmerisches Handeln, ›Entrepreneurship‹ wird zur Maxime, mit der sich eine Vielzahl von Lohnempfänger/-innen in Unternehmer/-innen verwandelt, was nichts anderes bedeutet, als durch die ›Selbststeuerungsmechanismen des Marktes‹ regiert zu werden und sich permanent anschlussfähig zu zeigen.

5. FSK – Freiwillige Selbstkontrolle oder die Konkurrenz schläft nicht

In der Gegenwartsgesellschaft werden zentral steuernde Instanzen sozialer Macht in ihrer Wirkung relativiert, wenn nicht außer Kraft gesetzt. Dem entspricht die Freisetzung selbstregulativer Mechanismen – individualisierter/vereinzelter – Subjekte und die Verlagerung der Mechanismen sozialer Kontrolle in das Individuum selbst. Hier geht es um Arrangements, die Fremd- in Selbstregulierung überführen und durch postdisziplinäre Formen der feedback-geleiteten Selbststeuerung die Verantwortung für Anpassungsleistungen an Normalitätsstandards und Optimierungsstrategien dem Einzelnen überlassen (vgl. Bröckling 2000, 2003; Pongratz 2004).

Subjektivierung erfolgt durch Normalisierung im Sinne eines permanenten medial gesteuerten Selbstexperiments, in dem es um performative Strategien der Selbstaufmerksamkeit, der Selbstinszenierung und um öffentliche Bekenntnisrituale als Praktiken der Selbstführung geht. Dabei wird das Selbst zum Einsatzort einer Macht, die mit spezifischen Disziplinarstrategien, eigens ausgebildeten Wissensapparaten und technischen Informations- und Kommunikationsdispositiven sowie Techniken der Menschenführung Individualitäten formt und diese normalitätskompatibel in Beschlag nimmt.

Die im Rahmen einer unabschließbaren Dynamik der Selbstoptimierung erforderlichen Adaptionsleistungen werden nun in eigener Regie vorgenommen und verantwortet. Anders als in der Disziplinargesellschaft und ihren Institutionen werden die Spielräume des Individuums also »nicht systematisch beschnitten, sondern erweitert und als Ressource nutzbar gemacht« (Bröckling 2007: 240). Das zeigt sich auch am erweiterten Material, auf das die Disziplinar- und Kontrollgesellschaft zugreift, wie Pongratz (2004) am Beispiel der Pädagogik deutlich macht.

»Kontrollierte die ›alte‹ Pädagogik die Hosentaschen daraufhin, ob sie ein sauberes Taschentuch aufwiesen, so lässt die ›neue‹ Pädagogik gerade umgekehrt das darin befindliche Sammelsurium auf den Tisch kehren, um Einblicke ins Schülerleben zu gewinnen und sich die jugendliche Sammelleidenschaft pädagogisch nutzbar zu machen.« (Pongratz 2004: 253f.)

Damit werden traditionelle Mechanismen des Überwachens und Strafens hinfällig. Nicht das Festhalten am Gewohnten, sondern seine Infragestellung, nicht Kontingenzbegrenzung, sondern Steigerung und Ausnutzung der Kontingenz sind die Devise. Markterfolg wird zum kategorischen Imperativ erhoben, kontinuierliche Optimierung Ziel innovativen Handelns, Selbststeuerung der Weg. Die Paradoxie der Sicherheitsgesellschaft beruht darauf, dass sie auf Kontingenz und ungeplanten Prozessen und damit auf Unsicherheit beruht.

»Unter der Hand macht der Begriff der Selbststeuerung klar, dass es nichts mehr gibt, woran das Selbst sich halten könnte – außer an sich. Angesichts der unkontrollierbaren Verhältnisse ist das herzlich wenig. Dass im Dschungel der Marktverhältnisse keine Sicherheiten mehr existieren, die garantieren könnten, mit den eigenen Strategien hinreichend erfolgreich zu sein, findet seinen Widerhall in der konstruktivistischen These von der ›Nichtplanbarkeit‹ und Kontingenz des Lerngeschehens.« (Ebd.: 255)

In der Sicherheitsgesellschaft regiert die Unsicherheit, die einerseits die treibende Kraft der Entwicklungsdynamik – der Gesellschaft, aber vor allem auch jedes einzelnen Individuums – bildet, gleichzeitig aber nur bewältigt werden kann, wenn sie immer wieder strukturbildend wirkt und in Richtlinien individuellen Handelns umgemünzt werden kann. Daher erfolgt die Angleichung des heterogenen ›Sammelsuriums‹ individueller Vorlieben an einen statistisch ermittelten Durchschnitt. Denn durch die Installation von Rückkoppelungsschleifen und – statistisch gemittelter – Fremdbeobachtung werden das einzelne Subjekt und sein Körper nicht nur zum informationsverarbeitenden System, sondern »der Spiegel, der dem Einzelnen vorgehalten wird, soll an Objektivität dadurch gewinnen, dass er verschiedene Spiegelbilder durch Übereinanderprojizieren zu einem Durchschnittsbild synthetisiert« (Bröckling 2003: 86).

Normalisierung wird zum umfassenden Mittel des Kontingenzmanagements, das den Körper als Biomaterial, Marketingobjekt und numerische Chiffre ergreift.

Während es sich bei der *Disziplinarmacht* um disziplinäre Techniken des Individuums und die Einhaltung einer vorgegebenen Norm handelt, an der die Individuen gemessen und differenziert werden, steht bei der *Normalisierung* eine Sicherheitstechnologie im Zentrum der Machtinterventionen. Hier geht die Norm aus der Heterogenität einer empirisch vorgefundenen Wirklichkeit, die sie nutzbar macht, hervor. Dies erfolgt durch die Entwicklung von Optimierungskalkülen und -idealen aus einer Bandbreite von Variationen. Individuelle Freiheit findet ihre Grenze an den Sicherheitskalkülen der Politik und ihrer Optimierung. Dispositive der Macht erweisen sich nun als Dispositive der Sicherheit (vgl. Bröckling/Krasmann/Lemke 2000). Aber es geht dabei nicht – mehr – um Normerfüllung im Sinne eines fix und fertig vorgegebenen Richtwerts sozialen Handelns, sondern um »die Norm der kontinuierlichen Verbesserung« (Bröckling 2000: 143) und die darin kreative Improvisation jedes Einzelnen, die sich mit standardisierten Kontroll- und Prüfritualen verbindet und moralisch begründete Schuldzuweisungen außer Kraft setzt.

Macht zeigt sich in Gestalt der ›freiwilligen Selbstkontrolle‹ (Pongratz 2004) nun als Form der Selbststeuerung, die nicht nur mit einem panoptischen Modell der andauernden Beobachtung und damit der Ordnung der Sichtbarkeit, sondern zudem mit einem komplexen System, das Standards der (Qualitäts-)Sicherung mit Formen des Selbstmanagements verbindet, verschränkt ist. Dieses System konterkariert sowohl Selbstregulierungsmechanismen des Marktes als auch die des Individuums. Das Ziel ist nicht primär die Einhaltung umfassender fixer Standards und Kontrollinstrumente, sondern die ständige Verbesserung des (Leistungs-)Profils; es geht darum, Bestleistungen zu ermitteln und – zu übertreffen; Bescheidenheit im Vergleich mit Spitzenleistungen ist nun wahrhaftig keine Zier; sie weicht vielmehr einer ›Winner-Mentalität‹, die im Konkurrenzkampf um die Spitzenplätze keinen Platz für »ein selbstgenügsames Nischendasein oder eine bloß lokale Vormachtstellung« (Bröckling 2000: 148) lässt. Statistische Kontrollen und kontinuierliche Feedbacks fungieren dabei als dynamische Faktoren, die durch Rückkoppelungsschleifen flexible Prozess- und Selbststeuerung ermöglichen und die Schnittstelle zwischen Sozial- und Selbsttechnologien bilden. Es geht darum, den gesamten Lebenszusammenhang einem betriebswirtschaftlichen Kalkül zu unterwerfen und in diesem Sinne das Beste aus seinem Leben herauszuholen. Diese Art des Selbstmanagements ermöglicht, mithilfe einer umfassenden Selbstexploration und -modellierung

»die Potenziale der ganzen Person (und nicht nur der Arbeitskraft) [zu] aktivieren« (ebd.: 155).

Selbstdisziplin ist nun gekoppelt an Kreativität, Initiative und (Eigen-)Verantwortung. Als ›Unternehmer seiner selbst‹ kreiert sich jeder Einzelne wie eine Marke, die sich auf dem Markt gegen die Konkurrenz durchsetzen muss – oder scheitert und damit als ›Loser‹ vom Markt genommen wird und möglicherweise aus der »prekären Zone permanenter Absturzgefahr« (ebd.: 162) nicht mehr herauskommt.

Das aber kann nur verhindert werden, wenn die entsprechenden Verhaltensdispositionen im Subjekt verankert sind, »die es zur Führung des individuellen Arbeitskraftunternehmens braucht« (ebd.: 159).

Im Glauben an die nahezu unbegrenzten Fähigkeiten des Einzelnen unterliegt das Subjekt nun einem ständigen Qualitäts- und Selbstoptimierungs-Check, der ein Scheitern aufgrund der Dynamik der Kontrollmechanismen kaum mehr zulässt und es damit – ebenso wie den Erfolg – ausschließlich sich selbst zuzuschreiben hat. »Wenn jeder erreichen kann, was er will, haben es jene, die auf der Strecke bleiben, nicht besser gewollt (und folglich ihr Schicksal verdient). – [Oder] Um Hegel zu variieren: Der Weltmarkt ist das Weltgericht.« (Ebd.: 162)

Aber damit gerät das sich selbst steuernde unternehmerische Selbst in eine paradoxe Situation: Einerseits den unberechenbaren Steuerungsmechanismen des Marktes ausgeliefert, ist das Individuums in seiner permanenten Mobilmachung auf sich selbst zurückgeworfen und versucht, »den Schrecken der (Markt-)Kontingenz durch ›vernünftiges Verhalten‹ zu entkommen« (ebd.: 163); aber gerade das gibt es angesichts der Kontingenz der Marktsituation nicht; was es gibt, ist der »Sog zum permanenten Mehr« (ebd.).

An den Markt angeschlossen wird das ›unternehmerische Selbst‹ durch eine ständige ›demokratische‹ Kontrolle seiner Performance und die damit verbundene Bewertung und Selektion: Quantitative Mess- und Skalierungsverfahren verschränken sich mit Feedback-Verfahren und Formen der Selbsteinschätzung, die an Verfahren der Gruppendynamik, des Sensitivity- und Kommunikationstrainings und der Selbsterfahrung anschließen. Der ›heiße Stuhl‹ entspricht hier dem Beichtstuhl, mit dem Unterschied, dass der Beichtvater sichtbar ist und der Bekenntniszwang sich sowohl auf die eigene Person als auch auf die anwesenden Anderen bezieht.

»Die Bewerteten stehen unter multiperspektivischer Aufsicht, wobei die Kontrollierten zugleich die Kontrolleure derjenigen sind, von denen sie kontrolliert werden. Das Ganze läuft auf einen demokratisierten Panoptismus hinaus: An die Stelle eines allsehenden Beobachters auf der einen und den in ihren eigenen Beobachtungsmöglichkeiten aufs äußerste eingeschränkten Beobachtungsobjekten auf der anderen Seite tritt ein nicht-hierarchisches Modell reziproker Sichtbarkeit. Jeder ist Beobachter aller anderen und der von allen anderen Beobachtete.« (Bröckling 2003: 85)

Zwar nivelliert diese Anordnung keineswegs alle Hierarchien, aber sie verändert die Legitimationsweisen und sie konstituiert, wie Bröckling es nennt, einen »universalisierten Voyeurismus«, dem ein »universalisierter Exhibitionismus« (Bröckling 2003: 85) gegenübersteht. Es kommt auf den Eindruck an, den man – bei den anderen – hinterlässt, daher steht der adäquate Ausdruck bei der Präsentation des Selbst im Vordergrund öffentlichen Auftretens.

In der Arbeit am Ausdruck und dem Eindruck, den das Selbst – bei den anderen, bei ›aller Welt‹ – hinterlässt, greifen Sozial- und Selbsttechnologien – des Körpers – ineinander: Leistungs- und Auslesekriterien werden nicht zuletzt am Eindruck, den man – auch körperlich-ästhetisch und expressiv – hinterlässt, festgemacht. Die Nötigung zum (bio-)ästhetischen Selbstexperiment verknüpft sich hier mit panoptischen Feedback- und (Selbst-)Beobachtungsstrukturen, die den Garant für die erfolgreiche »individuelle Mobilmachung« (Bröckling 2003: 89) bilden. Diese erfolgt im Zeichen einer »umfassenden Ökonomisierung aller sozialen Beziehungen« (Bröckling 2003: 89) sowie der gesamten Lebensführung. Unter diesen Voraussetzungen ist das Projekt der Subjektivierung direkt an ökonomische Imperative und damit an den »Kampf um die Marktführerschaft« (Bröckling 2003: 91) angeschlossen. Techniken der Selbstformung erfordern nun die Entfesselung aller verfügbaren individuellen Kräfte und deren flexible Freisetzung, mit dem Ziel, der Konkurrenz immer einen Schritt voraus zu sein. Ziele einer so verstandenen Selbsttechnologie sind permanente (Leistungs-)Steigerung, Wachstum und Bewegung. Stillstand wäre tödlich.

Der Ordnung des Sehens und Gesehenwerdens entspricht eine der Mitteilung und des Kommunizierens.

»Anders als in den Institutionen der Disziplinarmacht, wo die Zurichtung des Menschen im wesentlichen als Ein-Weg-Kommunikation erfolgte, beruht die post-disziplinäre Kontrolle – der Begriff ›Feedback‹ deutet schon darauf hin – auf einem kybernetischen Modell: Der Einzelne erscheint als informationsverarbeitendes System, das sich selbst flexibel an die Erwartungen seiner Umwelt anpasst, wenn es nur regelmäßig mit differenzierten Rückmeldungen gefüttert wird. Statt sein Verhalten unmittelbar zu reglementieren, was einen enormen Kontrollaufwand nach sich zöge und den ökonomischen Imperativen der Flexibilität, Eigeninitiative und Aufwandsersparnis zuwiderliefe, werden Rückkopplungsschleifen installiert, die dem Einzelnen Normabweichungen signalisieren, die erforderlichen Adaptationsleitungen jedoch in seine eigene Verantwortung stellen.« (Ebd.: 86)

Menschenführung oder »Führung der Führungen«, wie Foucault die gouvernementalen Formen der Machtausübung über den Menschen in modernen Gesellschaften nennt, hat die Gestalt selbstbezüglicher, aber dabei immer an die Sichtweise der Anderen angeschlossener, feedbackgeleiteter Selbststeuerung, die eine Dynamik der Selbstkorrektur in Gang setzt.

Das heißt aber auch: Hier wird nicht – nur – ein besonders effektives oder gar perfides Kontrollinstrument eingesetzt, sondern als Attraktion zugleich immer auch das Versprechen auf die umfassende Entfaltung persönlicher Potentiale und persönlichen Erfolgs ins Spiel gebracht. Die panoptische Kontrollarchitektur perfektioniert sich durch die Erweiterung individueller Spielräume und deren Nutzung als Ressourcen der Kontingenzbewältigung. Zweifellos steigert sich dadurch das Ausmaß an (Selbst-)Kontrolle, aber nach wie vor oder um so mehr geht es um »gesteigerte Tauglichkeit« und »vertiefte Unterwerfung« (Foucault 1976: 177), um Erfolg und Auslese.

Bildete das Subjekt zunächst den Einsatzort einer Macht, die mit spezifischen Disziplinarstrategien, eigens ausgebildeten Wissensapparaten sowie ›Regierungsformen‹ Individualitäten und Identitäten in Beschlag nimmt, so unterliegt es in der neoliberalen Gesellschaft Arrangements, die auf die Einrichtung eines ›autonom‹ gesteuerten Inneren abzielen, das den optimalen Einsatz des Subjekts ermöglicht. Heteronome Fremdregulierung wird in Selbstführung und Selbstregulierung überführt. Hier bildet das Selbst den Ort post-disziplinärer feedbackgeleiteter Selbststeuerung, die dem Einzelnen die Verantwortung für Anpassungsleistungen überlassen.

Das Paradigma der Selbstorganisation bildet dabei gleichsam das Herzstück des Macht-Wissens-Komplexes, der Subjekte umfassender und unvermittelter als je zuvor ins Netzwerk von Disziplinarprozeduren einbindet. Die Verbindung von Selbsttechnologien mit neuartigen gouvernementalen Kontrollstrategien und Sicherheitstechnologien lässt sich auf allen Ebenen der Gesellschaft nachzeichnen. Die neoliberale Restrukturierung von Staat und Gesellschaft organisiert subjektive Freiheit, indem sie sie marktförmig organisiert und Individualitäten in Beschlag nimmt, dadurch dass sie Selbsttechnologien unmittelbar an Regierungsziele ankoppelt.

»Im Rahmen neoliberaler Gouvernementalität signalisieren Selbstbestimmung, Verantwortung und Wahlfreiheit daher ›nicht die Grenze des Regierungshandelns, sondern sind selbst ein Instrument und Vehikel, um das Verhältnis der Subjekte zu sich selbst und zu den anderen zu verändern. Der Abbau wohlfahrtsstaatlicher Interventionsformen ist begleitet von einer Restrukturierung der Regierungstechniken, welche die Führungskapazität von staatlichen Apparaten und Instanzen weg auf ›verantwortliche‹, ›umsichtige‹ und ›rationale‹ Individuen verlegt.« (Bröckling/Krasmann/Lemke 2000: 30)

Was als egalitäre oder partnerschaftliche Kommunikation erscheint, entspricht demnach institutionell gefordertem (Selbst-)Zwang. Zugleich entfällt die Distanz zu institutionellen Vorgaben, die nun in Selbstanforderungen aufgehen. Das Subjekt wird zum autopoetischen Informations- und Lernsystem, das sich im Sinne eines ökonomisch effektiven Selbstmanagements so organisiert, dass es mit flexiblen Umweltbedingungen und -anforderungen konform geht.

Erfolg ist dann auf Dauer in Aussicht gestellt, wenn das Selbst Managementqualitäten als Verhaltensdisposition entwickelt hat, was voraussetzt, sich permanent selbst zu beobachten und zu prüfen und sich – unter Anwendung betriebswirtschaftlicher Kalküle – permanent Kontrollen, Prüfverfahren und Zertifizierungen auszusetzen, um seine Selbstoptimierung voranzutreiben. Individualisierungsprozeduren sind eingebunden in permanente (Selbst-)Prüfverfahren.

Indem das Subjekt so zum Kompetenzträger und -zentrum wird, bildet es eine »Selbstorganisationsdisposition« (Pongratz 2004: 255) aus, die sich unter anderem darin zeigt, in Situationen mit garantiert unsicherem Ausgang einigermaßen sicher zu handeln und auf diese Weise sicherzustellen, dass der Dschungel globalisierter Märkte nicht zerstörerisch auf Individuum und Gesellschaft durchschlägt. Nichtplanbarkeit und Kontingenz werden so auf dem Weg über Automatismen der Selbststeuerung produktiv umgemünzt.

Daran zeigt sich deutlich: Das Selbst wird zum letzten Halt in einer unsicheren Situation, in der es darum geht, den Anschluss nicht zu verlieren und das Beste aus den eigenen Schwächen zu machen, die es in Stärken umzuwandeln gilt. Zugleich wird der Modus sozialer Steuerung von vorgegebener Reglementierung des einzelnen Individuums umgestellt auf eine subjektorientierte, mobile Anpassungsstrategie, die mit *Selbstmodulation* bezeichnet werden kann. Und die nicht nur flexible Anpassungsmuster produziert, sondern auch optimale Selbstentfaltung gewährleistet.

IV. Mediale Selbsttechnologien

1. Mediale Selbstspiegelungen

Immer wieder findet sich das Subjekt anders und neu codiert. Dem entsprechen historische Subjektformen und entspringen Subjektpraktiken, die sich in spezifischen Technologien und Führungsformen des Selbst, in körperlichen Routinen, Wunsch- und Begehrensstrukturen manifestieren. Diese unterliegen, wie der gesamte Prozess der Subjektivierung, dem Prozess ihrer permanenten kulturellen Produktion, sie sind nicht ein für alle Mal gegeben. Selbsttechnologien werden durch soziale und technisch-mediale Technologien ermöglicht und begrenzt.

Technologische Voraussetzung des extrovertierten postmodernen Subjekts, das permanent auf eine ökonomisch ausgerichtete Selbstvermarktung und ästhetische Selbstformung bedacht sein muss, sind Massenproduktion und eine technisch reproduzierbare visuelle Kultur.

Bedeutsam sind in diesem Zusammenhang *mediale Praktiken als Technologien des Selbst.*

»Als Technologien des Selbst verstanden, stellen sich mediale Praktiken – ob der Umgang mit Schrift und Buchdruck, mit audiovisuellen oder mit digitalen Medien – als Techniken dar, in und mit denen das Subjekt primär einen Effekt in sich selbst herstellt, einen kognitiven, perzeptiven, affektiven oder imaginativen Effekt. Mediale Praktiken sind in diesem Sinne selbstreferentielle Praktiken [...] Sie sind, obwohl spezialisiert, Trainingsorte für Subjekt- und Lebensformen als ganze: In ihnen bilden sich Dispositionen aus, die dann innerhalb einer historisch-kulturellen Formation und ihrer Subjektordnung Voraussetzungen für die kompetente Partizipation an anderen spezialisierten Praktikenkomplexen [...] liefern.« (Reckwitz 2008b: 167)

Da die Arbeit am Selbst an der Oberfläche des Verhaltens sichtbar wird, sind vor allem ästhetische und medientechn(olog)ische Präsentationskompetenzen gefragt. Reckwitz geht davon aus, dass ›nach-bürgerliche‹, ›hybride Subjekte‹, die sich nicht primär als Innenwelten, sondern als »visuelle *performances*« (re-)präsentieren, zum einen »Examinator äußerer performances« und zugleich »Objekt des *being-looked-at-ness*« (Reckwitz 2008b: 172) werden. Ständig – medial – eingeübt in einer »gegenseitig beobachtenden Realität des Sichtbaren und zugleich in einer ästhetischen Aufladung von Bildern« (ebd.), befindet es sich in einer permanenten Experimentierphase. Vor allem im Umgang mit dem Computer lernt das Subjekt, sich neu auszuprobieren, »beständig Simulationen zu produzieren und mit Simulationen konfrontiert zu werden, die durch Vorläufigkeit und Veränderbarkeit charakterisiert sind und verschiedene Versionen durchspielbar machen« (Reckwitz 2008b: 174).

Ein Beispiel für die experimentell-spielerische Einübung in ein – möglicherweise gänzlich unbeabsichtigt – ›unternehmerisches Selbst‹, das sich ausprobiert und sich mithilfe medial-ästhetischer Praktiken global präsentiert, sind »die 19-jährigen You-Tube-Zwillinge«, die aufgrund ihrer jahrelangen spielerischen Einübung in den kreativen Umgang mit einer Digitalkamera ein 50.000-Dollar-Stipendium an einer internationalen Filmhochschule (in Kanada) gewinnen. Ihre Selbstpräsentation ist hier integriert in ein film-/videoästhetisches Experiment:

»Angefangen hat alles mit kleinen Drehs im heimischen Garten. Heute ist Stefan Ramirez-Perez aus Thyrnau bei Passau dank »YouTube« – und dank seines Zwillingsbruders Benjamin – auch über die Grenzen von Niederbayern hinaus bekannt. Mit seinem dreiminütigen Video »What Matters To Me« gewann der 19-Jährige ein mit 50.000 Dollar dotiertes Stipendium an der Vancouver Film School, einer der bedeutendsten Filmhochschulen der Welt. Und schon strecken Werbeagenturen und Popbands ihre Fühler nach den Zwillingen aus. Mit 14 Jahren leihen sich die deutsch-spanischen Twins eine Digitalkamera von ihrer Schwester und filmen fröhlich alles, was ihnen vor die Linse kommt, »sehr experimentell«, wie sie selbst sagen. *Der PC wird ihr liebstes Spielzeug*, erste Filme entstehen. *Neugierig experimentieren sie* mit Schnittprogrammen und tüfteln an Animationseffekten. Doch erst als »YouTube« einen weltweiten Video-Wettbewerb ausruft, ist ihre Zeit gekommen: Mehr als 400 junge Filmemacher aus aller Welt stechen die beiden mit ihrem Video aus, in dem wie von Geisterhand Pinsel, Wäscheklammern und Farbtuben durch die Lüfte schweben und Stefan von seiner Leidenschaft – dem Filmemachen – erzählt. Ab Januar 2009 darf er nun an der Vancouver Film School »Digital Design« studieren. Etwas, was sich seine Eltern, Carmelo und Marianne, niemals hätten leisten können. Einziger Wermutstropfen: Bruder Benjamin muss zuhause bleiben. Er muss in Regensburg seinen Zivildienst ableisten. Doch die

Erfolgsstory der beiden bayerischen »Wunderkinder« dürfte weitergehen. Große US-Agenturen haben bereits Interesse bekundet. Und nebenbei arbeiten die zwei bereits an neuen Trickfilmen.« (www.3sat.de/kulturzeit/23.09.08; Hervorhebungen durch die Autorin.)

In der Vermischung medientechnologischer Kompetenzen mit Vermarktungsstrategien zeigt sich die Doppelstruktur einer neuen Subjektivierungsform: Eingeübt in eine Kultur digitaler Technologien gelingt es den beiden Jugendlichen, sich im Kontext einer ästhetisch-experimentellen Exploration zugleich selbst marktförmig zu präsentieren, wie das Bewerbungsvideo »What matters to me« für die Filmhochschule und der gesprochene Bewerbungstext zeigen:

»Hallo, my name is Stefan Ramirez-Perez. I am 19 years old and I am from Germany. A thing that really matters to me is making videos and expressing myself visually to videos by creating little worlds and showing people how I see the world [...] I started making videos when I was 14 years old together with my twin brother. Here is an example of our first movie, an animation. And ever since I've been 100 % convinced. I think that the foundation visual art program would be just perfect for me because I still have a lot of ideas and I still want to try and explore a lot of different things. Also I just graduate at school so the time it would be just perfect for me. The scholarship would mean so much to me, so please...« (YouTube: »What matters to me«, VFS scholarship entry.)

Als Dokument einer kreativen visuellen Selbstpräsentation transportiert dieses Video nicht nur medientechnische Kreativität, sondern auch ›Authentizität‹. Zugleich macht es sichtbar, dass die Transformation von Subjektkulturen in der Gegenwartsgesellschaft in Zusammenhang mit der Transformation von Medientechnologien steht. Hier wird das Subjekt in einem ästhetischen und experimentellen Sinn für attraktive Oberflächen eingeübt und zugleich wird es in einer »quasi-marktförmigen, elektiven Haltung der Entscheidung zwischen Optionen« (Reckwitz 2008b: 175) angeordnet. Sichtbar wird das kreativ-unternehmerische Subjekt als »ästhetisch-ökonomische Doublette« (Reckwitz 2006: 500), das, konfrontiert mit einer Überfülle von visuellen ästhetischen Zeichen und semiotischen Möglichkeiten den Kombinationszwang und die gegenseitige Konkurrenz um Aufmerksamkeit umsetzt in die Haltung eines »konsumierenden *Users*, der ein beständiges *exploring* betreibt: eine niemals abgeschlossene, tentative Suche nach ästhetischen Anregungen« (ebd.), und der diese umsetzt in ökonomische Entscheidungen.

Auch auf der Ebene sozialer Technologien setzen sich ökonomisch und ästhetisch informierte Konsumhaltungen durch, die nicht so sehr am

Standardpaket des Durchschnittskonsumenten als vielmehr an der ästhetischen Aufladung der konsumierten Güter und deren Attraktion orientiert sind.

Konsum als ›ganze Lebensweise‹ entspricht einer Lebensführung, die dem einzelnen ästhetisch aufgeladene Ziele des Erstrebenswerten und Attraktiven auferlegt. Die damit verbundenen konsumtorischen Dispositionen sind keineswegs lediglich durch ökonomische Zwänge hervorgebracht noch lediglich als individuelle, ästhetische Optionen markiert, sondern unterliegen ihrerseits einem Anforderungskatalog, der die ›Ästhetisierung‹ des Konsums zur neuen Norm, »zur Form eines vollwertigen Subjekts« (Reckwitz 2008b: 232) macht. Neben materiellen Ressourcen sind es sozial transportierte ästhetische Kompetenzen wie Stilisierungs- und Genussfähigkeit, die zur Bedingung sozialer Akzeptanz geworden sind. Sie sind mit einer Umstellung der Konsumentenkultur verbunden, die nicht an der Kopie der Vielen, sondern an der individuellen Abgrenzung zur Masse ausgerichtet ist und damit die Erosion des normalisierten Standardkonsums bewirkt. Auf beiden Ebenen, der sozialen und technisch-medialen, orientieren sich Subjektpraktiken an einer anti-konformistischen Haltung, die die Grundlage einer auf permanente Innovation gerichteten Subjektdynamik bildet (vgl. dazu Reckwitz 2006: 500ff.).

2. Selbsttechnologien des (post-)modernen Flaneurs

In der Figur des Flaneurs bündelt sich diese gesteigerte innovative Dynamik. Sie kann als zentrale Chiffre der Bewegungsdynamik, ja, als »Spiegel der Moderne« (Hohmann 2000) entziffert werden.

Der Flaneur bezeichnet diejenige Figur des 19. Jahrhunderts, die durch die Straßen und (Einkaufs-)Passagen streift und sich dabei vom Strom der anonymen Menschenmassen treiben lässt. Straße und Passagen bilden, wie Benjamin es formuliert, das »Interieur« des Flaneurs (vgl. Benjamin 2000: 68). Das Gegenüber des Flaneurs ist die Menge, die unaufhörlich in Bewegung ist und der er sich überlässt, ohne in ihr verloren zu gehen.[1] Sein Bewegungsrhythmus ist der der Masse, aber

1 Flaneur und ›promeneur‹ lassen sich, wie Neumeyer deutlich macht, als »epochale Typen aufeinander beziehen«; so steht dem ›promeneur‹, dem Spaziergänger »der seit Anfang des 18. Jahrhunderts die freie Natur als Landschaft, als neue alltagskulturelle und ästhetische Qualität im Sinne der modernen Naturerfahrung entdeckt […] am Ende der Flaneur [gegenüber], in dem sich nicht mehr Naturerfahrung, sondern Stadterfahrung und

auch der Waren. Nur weil er sich der Bewegung des – städtischen – Menschenstroms hingibt, ist der Flaneur in der Lage, sich der Masse gewissermaßen zu entziehen und sie wie Zeichen zu lesen.

Wie der Flaneur sich der Angst, in der Reizflut der Waren wie auch der – städtischen – Massen zu verschwinden, entzieht, indem er sich geradezu der Bewegung der Masse überlässt, überlässt sich auch das postmoderne Flaneur-Subjekt dem ›Rausch‹ der Zeichen und dem voyeuristischen Blick auf die anderen; ihnen, den Zeichen und dem medial angeordneten Blick der anderen gilt seine erhöhte Aufmerksamkeit. Es entwickelt sich eine gesteigerte Dynamik des Sehens: Der Flaneur beobachtet alle(s), lässt sich aber auch sehen – und genießt mit Gelassenheit die Fülle der Eindrücke und Wahrnehmungen. Kennzeichen des Flaneurs ist, neben seiner körperlichen Bewegungsdynamik in Raum und Zeit, ein spezifischer Wahrnehmungsmodus: Neben der spezifischen Gehbewegung, die eine Orientierung nach allen Seiten hin erfordert, ist es »der Rausch des Gehens und der delirierende Blick« (Neumeyer 1999: 396); sie gehören zusammen und spielen ineinander.

Über diese Haltung hinaus fühlt sich der Flaneur, wie Benjamin annimmt, in die »Warenseele« ein und überlässt sich damit dem »Rausch(gift) der Waren«, das ihn durchdringt (Benjamin 2000: 69). Im Flaneur kommt, folgt man Benjamin, der Tauschakt zum Ausdruck, dessen ästhetische Arbeit sich unweigerlich auf den Markt bezieht.

Beides, die spezifische Gehbewegung und Wahrnehmungsdisposition des Flaneurs und die von Benjamin konstatierte Markt- und Warenförmigkeit der Orientierung, verbindet sich im hybriden Subjekt der Postmoderne: Hier überlagert sich die Dynamik des Gehens und des Sehens, die Lust des Auges und des Augenblicks mit ästhetischen, technischen und ökonomischen Dispositionen.[2] Chiffre der Massenkultur, der Waren und schließlich des eigenen Selbst bildet der postmoderne Flaneur, der den Blick – auf der Website – über die Waren und Zeichen schweifen lässt, die Inkarnation des ›voyeuristischen‹ Blicks, der, dem Tempo der Zirkulation von Waren- und Zeichenströmen entsprechend, die Dinge im Flug erhascht (vgl. Benjamin 2000: 60), dabei aber immer den ›voyeuristischen Abstand‹ bewahrt (vgl. Hohmann 2000: 138).

Der Flaneur ist das sich jeder Selbstbegründung entziehende Subjekt. Während das cartesianische Subjekt der Moderne seine Gewissheit

---

das heißt in der historischen Situation um die Mitte des 19. Jahrhunderts in Paris, die Erfahrung der großstädtischen Masse inkarniert« (Neumeyer 1999: 11, Anm. 6).

2 Zur Hybridität und Intertextualität moderner und postmoderner Subjektkulturen und -formen, in denen sich verschiedene kulturelle Codes mischen und überlagern: vgl. Reckwitz 2006: 81ff.

aus dem radikalen (Selbst-)Zweifel, letztlich aber doch aus dem eigenen Denken bezieht, von dem ausgehend es sich auf sicheren und gewissen Fundamenten konstituiert, entzieht sich einem Subjekt, das, ähnlich wie der nächtliche Flaneur im Nachtleben der Großstadt Ende des 19. Jahrhunderts, in möglichen Welten umherstreift, sich immer wieder neu ›erfindet‹ und medial in Szene setzt, und dabei wie jener entschlossen, überall zugleich und nirgends anzukommen, der Boden jeglicher Selbstbegründung.[3] Zwar kann es sich selbst immer wieder gefahrlos in eine Welt – von Konsumobjekten – hinein klicken und auch sich selbst in alle möglichen Welten ästhetischer Zeichen hineinversetzen; seine Sicherheit gewinnt es jedoch, im Gegensatz zum cartesianischen Subjekt der Moderne, einzig aus der »Routinisierung des Optionalitätshabitus« (Reckwitz 2008b: 174), also einer Haltung, für die die Wahl zur Gewohnheit geworden ist. Eingespielt in Entscheidungszwänge spielt das sich medial spiegelnde Subjekt immer wieder alles durch: »der click fetishism ist als Einübung in eine Konstellation zu verstehen, in der eine Überfülle von Möglichkeiten wahrgenommen wird und darin eine schnelle Entscheidung, die immer auch eine Abwahl anderer Möglichkeiten einschließt, erforderlich ist« (Reckwitz 2008b: 174), was medial in vielen Fällen, wenn auch nicht immer reversibel ist.

Die Evidenz des Subjekts stellt sich nun dadurch her, dass es sich aus seinen eigenen Selbstspiegelungen nicht heraus denken, sondern sich technisch-medial immer wieder heraus *klicken* kann.[4]

Neben der Steigerung technischer Effizienz und sozialer Kontrolle geht es hier vor allem um Technologien des Selbst, deren zentrale Elemente digitale Praktiken der semiotischen Modellierung und die damit verbundene permanente ästhetische Arbeit am Selbst bilden. Gefordert sind symbolische innovative Praktiken, die die ›produktive‹ Manipulation der Zeichen selbst zum Zweck ästhetischer und technischer Operationen machen und mentale Beweglichkeit ohne spezifisches Ziel anzeigen, da-

3 In ihrer »Kulturgeschichte der Nacht« (2008) macht Elisabeth Bronfen in einem Exkurs zum nächtlichen Flaneur deutlich, dass die »bedrohliche Befreiung« des Flaneurs, der sich ruhelos durch die nächtliche Großstadt bewegt, mit einer »Zersetzung sämtlicher Sicherheiten, die den Alltag strukturieren« einhergeht, was, so Bronfen, zu einem »radikalen Zweifel an der Begründung des Subjekts führen kann« (2008: 384). Der Flaneur erscheint so als verdichtetes, chiffriertes Zeichen moderner Subjektivität, deren Gewissheit im Nichts begründet ist, das nun den Kern des Selbst ausmacht (vgl. ebd.: 385).

4 Seine Begrenzung erfährt diese Strategie des ›Rückgängig-Machens‹ von Entscheidungen allerdings nicht zuletzt durch ökonomische Bedingungen des Arbeitsmarkts und der Konkurrenz sowie durch entsprechende materielle und soziale Voraussetzungen.

durch aber ausweisen, dass andauernd etwas ›Neues‹ entsteht. Prämiert wird die Suche nach Neuartigem um des Neuartigen willen, mentale Mobilität um der neuen Projekte willen, innovative Ausweitung der Produkte und Märkte um der Globalisierung der Märkte willen. Damit verschränkt ist die Vervielfältigung der Subjektformen und die Inszenierung und Stilisierung des Subjekts durch Selbstpraktiken, die darauf abzielen, ein marktförmiges Profil zu erstellen, es zu schärfen und zu optimieren.

Das mental bewegliche, innovative Kreativsubjekt zeichnet sich aber nicht nur durch jederzeit reversible optionale Strategien aus, sondern lässt sich von einer Semantik der innovativen Fluidität und Beweglichkeit leiten, deren Merkmal die permanente Auflösung von Strukturen in scheinbar ungeordnete Aktivität leiten. Kreativer »flow« avanciert zur Zauberformel eines Arbeits- und Konsumsubjekts, das sich beständig seiner ökonomisch-unternehmerischen und ästhetisch-semiotischen Beweglichkeit vergewissern muss.

Ruhelos in Bewegung sein und immer wieder die eigene Anschlussfähigkeit an den Markt zu demonstrieren, wird zur planlos planvollen Investition in Zukunft: »Das Subjekt richtet seinen Blick mitlaufend auf eine Zukunft künftiger Beschäftigungen und Projekte, für die es sich in der Gegenwart qualifiziert und ›Humankapital‹ anhäuft.« (Reckwitz 2006: 519) Es ist der Flaneur, dessen Wahrnehmung auf den Verlust einer sicheren Selbstbegründung mit ständiger Bewegung und Neugierde, vor allem aber mit immer neuen Erfahrungen antwortet, um sie zu sammeln, sich individuell von anderen abzugrenzen und damit »sein *self-branding* zu perfektionieren« (ebd.: 519).

Für Benjamin ist der Flaneur ein Virtuose der Einfühlung in die Ware bzw. den Warencharakter der Dinge, wenn nicht des Selbst; für ihn ist der Flaneur die Verkörperung des Tauschwert(gefühl)s: »Aus dem Flaneur spricht das Bewußtsein der Ware« (Benjamin, zitiert nach Neumeyer 1999: 23). Der Flaneur »ahmt die Ware nach, ist selbst Ware und übertrifft sie noch dadurch, dass er sich auch in sie einfühlt« (ebd.). Der Flaneur als ein »Preisgegebener in der Menge«, der die Situation der Ware teilt: »Der Rausch [...] ist der der vom Strom der Kunden umbrausten Ware« (Benjamin 2000: 69). Die Bestimmung des postmodernen Flaneurs ist, beiläufig ›Beute zu machen‹ und sich im Übrigen dem Rausch der Waren und der Zeichen hinzugeben.

Das *Selbst als Marke* in einer Welt der Vervielfältigungen und der wuchernden Zeichenproduktion, die ein kohärentes Zeichensystem ebenso obsolet machen wie ein kohärentes Selbst, das seinen Ort kennt, erfordert ständige Aufmerksamkeit und unablässige ›Suchbewegungen‹, die nicht bewusst und geplant, sondern gleichsam ziellos erfolgen.

»Dementsprechend weicht das unangestrengte und geradlinige Gehen des Spaziergängers einem zickzackförmigen und ausweichenden Gehen, das sich zudem nach allen Seiten hin zu orientieren hat, um seinen Weg allererst zu bahnen.« (Neumeyer 1999: 12)

Was aber gesucht wird, ist unbekannt, muss es sein, sonst hätten es die anderen schon – und die Suche erübrigte sich.

Ziellos umherschweifend wie der – nächtliche – Flaneur im 19. Jahrhundert hat das Subjekt in der Gegenwartsgesellschaft immer die Leinwand der Vorstellungen vor Augen, die ihm entgegentreten und aus denen es sich selbst – als Marke – formt.

Aber die Konkurrenz schläft nicht, wie der brave Bürger in der nächtlichen Großstadt. Gefordert ist der ›Möglichkeitssinn‹, der sich auf die Suche macht, die beständige aufmerksame Beobachtung für das, was ›läuft‹, marktgünstig ist, nachgefragt wird, aber noch nicht vorhanden ist. Selbstbeobachtung erfolgt hier in der Perspektive des Konsums der potentiellen ›Konsumenten‹, Nachfrager der eigenen Person. Es kommt darauf an, Differenz zu anderen zu markieren und sich exzentrisch zu präsentieren, ohne sich zu verkalkulieren – und auf der übertriebenen Exzentrik sitzen zu bleiben:

»Erforderlich ist eine marktförmige Exzentrik, eine unternehmerische Chancenspekulation, die versucht, über Markt- und Selbstbeobachtung herauszufinden, in welcher Hinsicht sich eine in der Nachfrage prämierte Differenz entwickeln lässt.« (Ebd.: 520)

In dieser unternehmerischen Haltung eines in gewisser Weise *exzentrischen Subjekts* kommt ein Paradox zum Ausdruck: Einerseits präsentiert es sich in seiner nicht austauschbaren Individualität als Marke, zugleich aber muss es als solche(s) angeschlossen sein an die Marktförmigkeit des Austauschs, der es ausgesetzt ist. Seine Authentizität unterliegt den Marktgesetzen und fordert vom sich marktförmig präsentierenden Subjekt immer den anschlussfähig-komparativen, auswählenden Blick.

3. Subjektive Selbstreferentialität

In der Gegenwartsgesellschaft bilden sich verstreute Komplexe von Technologien des Selbst, deren Gemeinsamkeit eine *subjektive Selbstreferentialität* ist. Konstitutiver Bestandteil dieser Selbsttechnologien ist es, primär *eine Beziehung zu sich selbst* herzustellen. Zentrales Kennzeichen ist die Experimentier- und Stilisierungsfähigkeit im Umgang mit sich selbst. Es handelt sich um die »kulturelle Form eines experimentellen Subjekts, das sich selbst nicht als gegeben, sondern immer wieder als hervorzubringendes betrachtet und sich darin trainiert, mit diversen Repräsentationen und Sinneswahrnehmungen ergebnisoffen zu hantieren – mit der Semiotik von Konsumobjekten wie auch den Bedeutungen der eigenen Konsumwünsche; mit den Elementen einer virtuellen Realität; mit den Empfindungsmöglichkeiten des Körpers« (Reckwitz 2006: 556).

Hier werden Selbsttechnologien in den Bereichen gesundheitsorientierter und ästhetischer Körperpraktiken mit lebensstilorientierten Konsumpraktiken und medialen Routinen kombiniert. Sie produzieren ein Subjekt, das eine Reihe ästhetisches Dispositionen entwickelt und miteinander verknüpft:

> »Es ist ein Subjekt, das sich in der aktiven, ›kreativen‹ Gestaltung seiner selbst trainiert, das sich in semiotischer Kompetenz beim Arrangement eines individuellen Stils, in der Fähigkeit zur routinisierten Wahl und Entscheidung (die bei der Auswahl zwischen Konsumobjekten, aber auch und gerade im ›click-fetishism‹ des Computers geformt wird) und in der Steuerung seiner Körperzustände übt. Schließlich handelt es sich um die Form eines sich stilisierenden Subjekts, das sich seiner sozialen Umwelt als Ausdruck einer individuellen, das heißt, gegenüber anderen differenten Expressivität präsentiert: wiederum in der Verwendung von Accessoires des Konsums wie in der performance des wohlgestalteten Körpers, auch in der textuellen Präsentation des Selbst unter körperlich Anwesenden in der digitalen Kommunikation.« (Ebd.: 556)

Die Selbstmodellierung des Subjekts erfolgt unter dem Aspekt, Zustände hervorzurufen, die körperlich, mental und emotional ein Optimum an Erfahrung und Erleben gewährleisten, unter anderem durch individualästhetische Konsum- und Körperpraktiken, aber auch im Bereich digital generierter Praktiken.

Vorbildliches Subjektmodell ist dasjenige, das individuelle Selbststilisierung und ästhetische Selbstmodellierung mit der erfolgreichen Demonstration differenter Individualität und digitaler Präsentation kombiniert. Auf diese Weise etablieren sich Subjektdispositionen, die am ästhetischen Konsum und am spielerisch-experimentellen Umgang mit semiotischen Items orientiert sind.

Dem korrespondieren ein gesteigertes Interesse an entsprechenden Praktiken ästhetisierter Körperlichkeit und selbstreferentieller Routinen. Konsumiert werden weniger Objekte als vielmehr ganze Environments, stilvoll arrangierte Erlebniswelten, Wellness-Oasen, die den subjektiven Genuss und das eigene, spielerische (Stil-)Begehren öffentlich ausstellen.

Hervorgegangen aus der semiotischen Arbeit am Selbst und seiner Performance, ist das »Gesamtkunstwerk Ich« (Beck 1998: 637) bemüht, soziale Attraktivität mit Genussfähigkeit, anerkannte Authentizität und inneres Erleben zu verbinden. Unterschiedliche stilistische Versatzstücke kombinieren sich zum Individualstil; Stillosigkeit erscheint als Zeichen mangelnder Individualität, die nun nach außen sichtbar wird, kombinatorisch chiffriert ist und, ausgestattet mit semiotischer Kompetenz, entsprechend vieldeutig dechiffriert wird. Selbststilisierung setzt semiotische Kompetenzen voraus, die sich in Stilexperimenten am eigenen Selbst und an seiner Performanz manifestieren.

»Die Besonderheit des Stils und damit der Individualität des Selbst ist im kombinatorischen Arrangement vorhandener Optionen von Selbst-Performances zu suchen, die gleichzeitig Optionen eines subjektiven Selbstgefühls darstellen.« (Reckwitz 2006: 564)

In selbstreferentiellen Körperpraktiken und Körpertechniken, die auf eine umfassende psychophysische Gestaltung des Körpers abzielen, kristallisiert sich die visuelle Manifestation des wohlgeformten Subjekts nach außen heraus. Sie ist ablesbar an der sichtbaren körperliche Sorge und einer körperbewussten Erfahrungserweiterung. Der Körper unterliegt nun, wie zuvor das nicht eindeutig erschließbare Innere des Subjekts, der rationalen Durcharbeitung und ästhetischen Präsentation. Er eröffnet Zugang zum inneren Erleben, das sich nach außen ästhetisch ausweist. Das Rationale, der gesunde Körper und körperliche Fitness, sind nun zugleich ästhetisch. Bürgerliche Körpervergessenheit wandelt sich in Selbsttechnologien attraktiver Körpervisualisierung und *flow*-orientierter Innenorientierung; Fitness wird zum Nachfolgemodell bürgerlicher Selbstmoderierung, die den Körper gezielt in Bewegung setzt, ihn ansonsten aber in seiner überschießenden Beweglichkeit eher eindämmt, beherrscht. Dagegen wird der Körper gegenwärtig zur fragilen Einheit ästhetischer Attraktion und körperbewusster Erfahrungserweiterung.

»Die scheinbar einheitliche Fokussierung der Körperlichkeit spätmoderner Subjektivität lässt sich damit als eine dreifache Überstülpung kultureller Codes entziffern: ein Code des authentischen, erlebbaren Leibes; ein Code der visuell attraktiven und stilisierbaren Körperoberfläche; ein Code der souveränen Selbstregierung des Körpers.« (Ebd.: 569)

Körperliche Expressivität und souveräne Selbstregierung des Körpers werden von seiner Stilisierung überlagert und transformieren ihn zu einem Projekt.

Der Umgang mit Medien technischer Reproduzierbarkeit im Kontext einer visuellen und digitalisierten (Medien-)Kultur bildet zwar einen eigenständigen Komplex selbstreferentieller Technologien und Routinen, aber diese verschränken sich im Subjekt als Schnittstelle von ökonomisch-marktförmigen, ästhetisch-experimentellen und optional-elektiven Dispositionen. Das ›Computer-Subjekt‹ trainiert sich im Habitus eines *Users*, der in der Fülle symbolischer Items navigiert, jederzeit ›ins Geschehen eingreift‹, sich spielerisch für Kombinationsmöglichkeiten entscheidet und sich singuläre semiotische Sequenzen und Strukturen zusammenstellt. Entscheidend für diesen Charakter der Computer-Praktiken als Technologien des Selbst ist zum einen die digitale Struktur der Hypertextualität und der Interaktivität im Verhältnis von *User* und Computer, zum anderen die Steigerung des Möglichkeitssinns und Kontingenzbewusstseins durch die Haltung experimentellen Handelns in einer simulierten Umgebung (vgl. dazu ausführlicher Reckwitz 2006: 574ff.).

Dennoch ergeben sich *Bruchstellen* dieser experimentellen Form der Selbstbemächtigung, nämlich dort, wo es um marktförmige Anschlussfähigkeit und soziale Akzeptanz seiner ästhetischen Individualitäts-Performance geht, aber auch um innere Stimmigkeit und Authentizität dessen, ›was ankommt‹. Zudem überlagern sich diese Bruchstellen mit den Spannungen, die aus der Zerstreuung von Subjektdispositionen hervorgehen; denn bei allem in den medialen Artefakten des Computers und Internets angelegten Experimentalismus setzen die *Dezentrierung heterogener Subjektdispositionen* und die scheinbar unendliche, spielerische Kombinatorik von Erlebnisstilen und semiotischen Praktiken »ein *Ensemble von zentrierenden Dispositionen* postbürgerlicher Souveränität voraus, die dem Subjekt erst seine geschätzte experimentelle ›Virtuosität‹ verleihen« (ebd.: 587; Hervorhebung durch die Autorin). Eingebaut in die verstreuten Komplexe von Selbsttechnologien ist daher eine *»prozedurale Selbstkontrolle«,* die das Subjekt immer wieder ›erdet‹ (ebd.; Hervorhebung durch die Autorin).

Subjektmodellierung bewegt sich so in der Spannung von Selbstkreation und marktförmig organisierter Konstellation sozialer Aufmerksamkeit, Akzeptanz und Anerkennung. Das Subjekt konsumiert seinerseits also nicht nur Objekte, sondern stellt sich selbst als Konsumobjekt aus, das sich am Markt orientiert und anbietet. Es ist ein Objekt der Wahl und der ›Konsumtion‹ durch andere. Damit findet eine Generalisierung des ökonomischen Codes statt; ästhetische und ökonomische Codes stellen »sich komplementär, einander ergänzend und sich gegenseitig verstärkend dar« (ebd.: 599). Dieses Doppelarrangement ökonomischer und ästhetischer Dispositionen durchzieht sämtliche Praktiken des Subjekts. »Souveräne

Selbstregierung« bedeutet nun, alle Ressourcen, expressive, ästhetisch-imaginative und ökonomische zu nutzen, um individuelle Selbstbefriedigung und -zufriedenheit und Marktakzeptanz immer wieder zu ermöglichen. Hier geht es um die Kombination von Selbstregierung mit marktförmigen Modellen und ästhetisch-expressiven Subjektdispositionen. Sie bewegen sich in der permanenten potentiellen Spannung von Innenorientierung im Sinne der Selbstmodellierung als Selbstkreation und deren Ausrichtung an einer sozial nachgefragten Selbstdarstellung, die zugleich individuelle Differenz markiert. Marktgerechtes Verhalten bedeutet auf der Ebene von Selbsttechnologien und entsprechenden Dispositionen nicht Anpassung an vorgegebene Konventionen, auch nicht die Konstruktion eines Normalsubjekts als sozial integriertes (Gruppen-)Subjekt, sondern es geht darum, gelungene Individualitätseffekte zu produzieren, die ›ankommen‹. Gefordert ist eine publikumswirksame, theatrale Form der Selbstpräsentation, die sich ›auszahlt‹.

4. Theatralität des Selbst: Selbstentfaltung durch Selbstpräsentation

Theatralität – verstanden »als Bündelung von Wahrnehmung, Körperlichkeit, Inszenierung und kultureller Performance« (Klein/Friedrich 2003: 150) – bildet nicht nur unter Bedingungen einer flexibilisierten Moderne einen integralen Bestandteil sozialer Praxis. Sie impliziert die Selbstinszenierung der handelnden Subjekte.

Eng im Zusammenhang mit Theatralität steht daher die Betonung der Inszenierung und Performanz, der Materialität und Medialität und der interaktiven Prozesshaftigkeit kultureller Handlungen. Inszenierung und – theatrale – Performanz sind eng miteinander und wesentlich gebunden an das szenische Arrangement des Vollzugs. Indem die theatrale Aufführung auf ein Spektrum an kulturellen Semantiken zurückgreift, diese im performativen Auftritt (von Zeichen) semantisch und ästhetisch re-inszeniert und sie aus ihren ›ursprünglichen‹ Kontexten und Zirkulationsbedingungen herauslöst, bringt sie sie neu und anders zur Erscheinung, ordnet sie im Modus der Zeichenverwendung neu an und gibt ihnen eine andere Bedeutung.[5]

Das Theatralitätsmodell und mit ihm das Inszenierungskonzept sind, in welcher Form auch immer, gebunden an eine »Semantik der Selbstentfaltung« (Früchtl/Zimmermann 2001: 15), die in den unterschied-

5 Früchtl/Zimmermann gehen davon aus, dass das Theatralitätsmodell als sozial- und kulturwissenschaftliches Erklärungsmodell nur fruchtbar ist, wenn es durch andere Konzepte ergänzt wird; vgl. dies. 2001: 13.

lichsten Theorieansätzen eine herausragende Bedeutung einnimmt. Hierzu gehört nicht nur Sennetts Verfallsgeschichte des öffentlichen Lebens (1986) und Riesmans These von der ›einsamen Masse‹ (1958), sondern auch die kulturtheoretisch ausgewiesene Lebensstilanalyse Pierre Bourdieus und mit ihr der Begriff der sozialen *Distinktion* (*Die feinen Unterschiede* 1984), Becks Analyse der *Risikogesellschaft* (1986), in deren Zentrum die Pluralisierung der Lebensstile und der Begriff der Individualisierung stehen, ebenso wie die kultursoziologische Studie der Erlebnisgesellschaft von Gerhard Schulz, die mit dem ›Erlebnishunger‹ auch seine Steigerung (nicht etwa seine Befriedigung) als zentralen Modus (post-)moderner Selbstinszenierung betrachtet.

Diese Inszenierungen sind Teil einer sozialen Praxis, in der Praktiken der Selbstgestaltung an spezifische material-technische Apparaturen und mediale Formen der Verkörperung gebunden sind, mit denen, wie Schulze annimmt, »Menschen sich selbst wirklich machen, indem sie sich in Szene setzen« (Schulze 1999: 111). Die in medialen Austauschprozessen freigesetzten und transportierten Dynamiken der Selbstdarstellung entpuppen sich so als Dynamiken der Selbstfindung und Selbstvergewisserung, die die bloße Unterwerfung des Subjekts unter bestimmte Machtformationen durch Ausbildung spezifischer Selbstverhältnisse unterminieren und als Prozesse der Herstellung, nicht der bloß abbildenden Repräsentation einer schon vorhandenen Wirklichkeit gelesen werden müssen. Daher ist es auch nicht sinnvoll, sie als bloße Anzeichen einer Täuschung oder eines Wirklichkeitsverlusts, als bloße Fiktion oder ›Scheinwirklichkeit‹ zu deklarieren. Sie verweisen vielmehr auf die performative – medial inszenierte – Ereignishaftigkeit des Herstellens subjektiver – und sozialer – Wirklichkeiten. Außer Kraft gesetzt wird damit die Annahme, es gäbe zwei Realitäten, eine ›echte‹ und eine mediale, wobei letztere einen Bedeutungszuwachs erfahren habe.[6] Vielmehr zeichnet sich die inszenierte soziale Wirklichkeit, die das inszenierte Selbst einschließt, dadurch aus, dass sie weniger Sein und Schein als vielmehr zwischen glaubwürdiger und misslungener Authentizität unterscheidet. Das Selbst als gleichsam ›szenisches Kunstwerk‹ ver-

6 Der Medienwissenschaftler Hartmut Winkler macht den Unterschied der ›zwei Welten‹ allerdings zum zentralen Unterscheidungsmerkmal von Medien und dreidimensionaler Wirklichkeit; vgl. dazu Winkler 2008: 62. Dass diese Unterscheidung ebenso wie ihre Gegenposition der berechtigten Kritik unterzogen werden kann, ist wohl keine Frage und wird auch von Winkler konzediert, was ihn zu einer Definition von Medien bringt, die in einer spezifischen Funktion der medialen Sphäre des Symbolischen ihr wesentliches Merkmal sieht, nämlich im ›symbolischen Probehandeln‹; denn hier kann, gleichsam wie auf der Bühne, alles wieder rückgängig gemacht, gelöscht werden, was einmal in Kraft gesetzt wurde.

dankt sich medial hergestellter und prozessierter, sozialer Anschlussfähigkeit; es artikuliert sich auf der theatralen Bühne des Operierens und Handelns, womit dieses zugleich immer auch – reversibles – Probehandeln bleibt (vgl. auch Winkler 2004: 215f., 2008: 62).[7]

Dabei bildet Selbstinszenierung einen Modus, nicht den Gegenpol zu Individualisierung. Individualisierung befördert Selbstinszenierung. Diese erfolgt über die Dramatisierung von Individualität, die sich auf globalisierten Märkten anbietet und mit dem eigenen Körper als Visitenkarte »Mehr-Wert« schaffen will (vgl. Klein/Friedrich 2003: 145). An die Stelle des »originären Selbstausdrucks« (ebd.) und der reflektierten Selbsterkenntnis tritt die »Fabrikation von Subjektivitätsschemata« (Schulze 1999: 12), die sich in technologisch produzierten Bildern und medialen Verzeichnissen spiegeln und in denen sich die Fähigkeit artikuliert, sich immer wieder in neuen sozialen Kontexten anzubieten und zu verorten.

Die Realität des Selbst baut auf einer Vielzahl von Inszenierungstechniken auf, deren Ziel die gelungene Inszenierung von Authentizität ist.

Das Spiel mit einer Pluralität von kontextgebundenen Identitäten fördert die performative Inszenierung von Selbstbildern. Entscheidend ist die wiederholte Inszenierung von Identitäten zum Zwecke der Identitätssicherung und die »Akzeptanz wechselnder Außensteuerung durch plurale Codes im Sinne von *self fashioning* oder *life styling*« (Zimmermann 2001: 122).

Daraus ergibt sich eine Ästhetik der Inszenierung, die, kulturkritisch gewendet, als »Überzuckerung des Realen mit ästhetischem Flair« (Welsch 1992: 15) erscheint. Ob Körper, Lebensweise oder Selbst – alles wird, folgt man dieser Einschätzung, nach virtuellen Modellen modifiziert und umgebaut. Es geht darum, ›anzukommen‹, zu gefallen oder besser noch, aufzufallen:

> »In immer mehr Sphären der ›Privatsphäre‹ bestehen Zwänge oder jedenfalls starke Motive, sich als ›Mensch‹ interessant und gefällig zu machen, sich zu distinguieren und zu idealisieren, das ›Outfit zu stilisieren, den ›body‹ zu bilden, Individualität […] zu dramatisieren und anderes mehr für ›gute Eindrücke‹ zu tun.« (Willems 1998: 56)

7 Winkler definiert die Medien geradezu dadurch, »dass sie ein symbolisches Probehandeln erlauben« (Winkler 2008: 63). »Medien etablieren« demnach, so Winkler, »innerhalb der Gesellschaft einen Raum, der die Besonderheit hat, dass er von tatsächlichen Konsequenzen weitgehend entkoppelt ist. Handlungen in diesem Raum sind – im Gegensatz zu tatsächlichen Handlungen – reversibel.« (Ebd.)

Diese Selbstinszenierung ist, als Element einer sozialen Praxis, nicht nur Ausdruck der Individualisierung, sondern auch Ausdruck neuer Formen von Vergemeinschaftung, die permanent soziale Anschlussfähigkeit einfordern. »Um sich sozial anschlussfähig zu machen, ist der Einzelne aufgefordert, seine kulturellen, sozialen, sexuellen oder politischen Dimensionen zu markieren.« (Klein/Friedrich 2003: 146)

5. Performanz und Performativität

Die Perspektive der Theatralität und der Performanz sozialen Handelns und subjektiver Lebensformen verweist auf die produktive Kraft des Performativen. Als zeitlich situiertes Ereignis und als Performanz im Sinne einer ›Aufführung‹ beschrieben, ist das Performative konstitutiv für die ›Herstellung‹ von Subjekten. Im Zusammenspiel des Konzepts des Performativen, der körperlichen Materialisierung und technisch-medialen Realisierung, mit dem Konzept der Iterabilität, das heißt der zitierenden Wiederholung performativer (Sprech-)Akte und dem Konzept der Performanz, der theatralen, ästhetischen Verkörperung der Inszenierung, zeigt sich dessen subjektkonstitutive Funktion.

Die produktive Kraft des Performativen wirkt dabei nicht nur in der ständigen Umschrift, sondern auch in der Bestätigung zitierter kultureller Semantiken. In der zitierenden Wiederholung bewirkt Performativität immer wieder erneute Aktualisierung kultureller Semantiken und Konventionen, aber auch immer mögliche Neuschöpfungen. Wichtig ist hier das Verhältnis von vorgegebenem Muster, Struktur, Regelwerk auf der einen, Anwendung, Aktualisierung und situativer Realisierung auf der anderen Seite. Performative Handlungen sind selbstreferentiell, indem sie das, was sie benennen, hervorbringen, in Kraft setzen, erzeugen, was sie bezeichnen. Sie bringen soziale Wirklichkeiten hervor, bestätigen oder verändern diese.

Damit ist ein weiterer Aspekt angesprochen, der zentral ist für den Begriff und das Konzept des Performativen: Performative Handlungen verbinden sich nicht mit zentralen Steuerungsmechanismen oder geplanten Strukturprozessen, sondern mit emergenten Prozessen, das heißt mit Abläufen, die sich weitgehend bewusster Planung und Kontrolle entziehen. Performative Prozesse drücken ja etwas Vorgängiges nicht lediglich aus oder repräsentieren eine der Zeichenordnung vorgängige Ordnung der Dinge, sondern sie bringen das, was in/mit ihnen in Erscheinung tritt, erst hervor. Darin aber sind es Prozesse, die nicht vollkommen planbar sind und sich insofern letztlich der vollständigen Verfügbarkeit entziehen. Diese ›Unberechenbarkeit‹ performativer Prozesse verweist auf die Ereignishaftigkeit des Performativen, die der kulturellen Performanz des Subjekts und seinen Selbsttechnologien einen – immer wieder wechselnden – Rahmen im Sinne der Ermöglichung, aber auch Begrenzung der (Selbst-)Präsentation vorgibt.

Permanente Verschiebungen im Verhältnis von kulturellem Archiv und aktualisierter Re-Inszenierung können daher als temporäre, transformatorische Effekte von Prozessen verstanden werden, die sich zum einen der Materialität und Medialität der Kommunikation verdanken, zum anderen möglicherweise als ›Überschuss‹ gegenüber vorgegebenen Mustern aufzufassen sind, die, kontingente Effekte der Ereignishaftigkeit und Offenheit des Performativen, das Muster im szenischen Vollzug der Performanz immer wieder verändern oder unterminieren, sie über- oder umschreiben und auf diese Weise performativ immer wieder (de-) stabilisieren. Damit rücken sowohl die Umbrüche medialer Kommunikation als auch der Ereignischarakter von Formen kultureller Performanz und Selbstpräsentation ins Bild.

Dabei werden Formen der Selbstinszenierung und -präsentation in verschiedenen medialen Verzeichnissen vorgestellt, die sich zum einen als Orte der ›Passagen zwischen Intimität und Öffentlichkeit‹ entpuppen, zum anderen Formen der Selbstpräsentation zeigen, in denen Selbsterfindung und Selbstvergewisserung im Abgleich mit Formen der Selbstadjustierung, -normalisierung und -optimierung vorgeführt werden.

V. Öffentliche Manifestation des Subjekts in medialen Verzeichnissen (I): Therapeutik des Alles-Sagens

Im Folgenden wird eine spezifische mediale Form der (Re-)Präsentation von Selbsttechnologien vorgestellt, die Bruchstellen im Selbstkonzept prekärer Subjekte deutlich macht – und diese auf der Folie kulturell produzierter Normalsubjekte spiegelt. Beispielhaft zeigt sich in der Telefon-Talkshow *Domian*[1], wie Selbstbekenntnisse, in denen sich die prekären Abweichungen von einer Norm artikulieren, einerseits den Unterhaltungswert des Sendeformats ausmachen, andererseits dabei aber zugleich zum Material einer doppelten ›Überführung‹ werden:

Zum einen wird das Schweigen, das sich über das Ungeordnete und Unmoralische, das Gewöhnliche und Fehlerhafte, die Illusionen und misslungenen Entwürfe ausbreitet, gebrochen. Das Geheimnis der wirren Gedanken und der ungewissen Existenz wird gelüftet und in ein un-

1 Dieses Radio-/TV-Talkformat, im WDR Fernsehen sowie im Radio auf WDR Eins Live ausgestrahlt von Montag bis Freitag von ein bis zwei Uhr nachts, steht hier beispielhaft für andere mediale Formate, in denen Bekenntnispraktiken den Inhalt der Sendung bestimmen. Das Sendeformat ist auf eine Minimalform medialer Kommunikation beschränkt; es gibt keine aufwendige Ausstattung des Studios, hier gibt es nur einen kleinen Raum, eine Person mit Kopfhörern im Spot, die Anrufe entgegennimmt und beantwortet. Vorher vom Mitarbeiterstab ausgewählte, anonyme Anrufer (deren Vorname und Alter jeweils genannt werden) äußern sich telefonisch live in der Sendung, wobei durch Nachfragen von Domian immer delikatere Details an die anonyme Öffentlichkeit gelangen. Die Live-Sendung ist verknüpft mit skurrilen Geschichten, die in ihrer Überschreitung konventioneller Muster Spannung und Unterhaltung mit einer medialen Bekenntniskultur verbinden.

gefiltertes Reden überführt, das in seinem Redefluss nur durch die Sendezeit begrenzt wird und nur an den Einwürfen des Talkmasters Domian, der zugleich als Zuhörer und Ratgeber fungiert, Halt findet.[2]

Zum anderen wird mit dem Reden auch das ›unvernünftige‹ in ein ›vernünftiges‹ Subjekt überführt, das sich und anderen seine Gefühle und seine Lebensführung transparent und damit veränderbar macht. Im Rahmen dieses medialen Formats manifestiert sich ein Register des ›Unmoralischen‹, der körperlichen und seelischen Abweichungen. Es öffnet sich einer sie aufschließenden Vernunft, wenn »vernünftig sein heißt, sich einem Diskursprinzip zu unterwerfen, das einen Schnitt in die möglichen Redeformen bringt, einige als wahre, richtige, schickliche zulässt, andere als falsch, unlogisch, unschicklich abweist« (Foucault, zitiert nach Böhme/Böhme 1983: 12).

Das Unbewusste und Unvertraute, die »Nachtseite des Seelenlebens« (Bronfen 2008: 121), wird im Zuge der ausführlichen Schilderung individuell-privater Geschichten einem medial angeordneten Aufsichtsorgan unterstellt, das in Gestalt des Moderators der Sendung und seines Expertenteams zum Sprechen bringt. Vorausgesetzt, es handelt sich um ein glaubwürdiges Überbringen verlässlicher Nachrichten aus dem unergründlichen Denkraum des Imaginären, mündet der überzeugend inszenierte Leidensdruck in eine Haltung moralischen Zweifels oder Skrupels und in die – unausgesprochene – Bitte nach bewusstem Zugriff ordnender Interventionsstrategien. Ziel ist, neben dem Zerstreuungs-, Unterhaltungs- und Wiedererkennungswert, dass die Anrufer sich der therapeutisch Rat gebenden Hilfsorgane wieder entledigen und die eigenen Gefühlsregungen wieder souverän überwachen bzw. die Aufsicht im Kern ihres eigenen Ich installieren. Die Kränkung, nicht Herr im eigenen Haus, sprich: in der Ökonomie des eigenen Seelenhaushalts zu sein, wird auf diese Weise durch (Re-)Installation des Souveräns im eigenen Haus bereinigt. Neben dem kathartischen Effekt der Selbstreinigung durch verbale Abfuhr der beichtenden Subjekte geht es zweifellos um Ordnungsstiftung, die die unberechenbare Seite des menschlichen Daseins wieder zum Schweigen bringt oder, wo das vorübergehend nicht möglich ist, diszipliniert, pathologisiert und einsperrt.[3]

2 Für therapeutische Hinweise, auch Hilfestellung zu Interventionspraktiken und beratenden Institutionen aller Art hat der ›Lebensphilosoph‹ ›seine Psychologen‹, sein Expertenteam, das ›im Hintergrund‹ der Sendung arbeitet.

3 Es geht hier nicht darum, das Konzepts dieses Sendeformats anzuprangern oder zu desavouieren, sondern es geht lediglich darum, die Struktur aufzuzeigen, entlang der Domian ›Zeichen setzt‹, die zugleich Markierungen bilden, an denen entlang das Gesagte sich frei sprechender Subjekte hervorgebracht, eingeordnet und bewertet wird und in den Kreis derjenigen

Das mediale Sendeformat *Domian* steht, als Element eines medialen Dispositivs, für die Expansion medialer »Ausdrucksarchive für Innerlichkeiten« (Maasen 1998: 465), in denen alles gesagt werden und ein Selbst simuliert werden kann. Aber im Unterschied zu klassischen autobiografischen Projekten der – literarischen – Selbstthematisierung, die der Suggestion der Selbstaufklärung unterliegen, wird hier nicht die Illusion verbreitet, dass das Subjekt Herr seines Schicksals sei. Dennoch findet sich auch hier der Ritus der veröffentlichten Selbstentblößung eingebunden in das Projekt einer Überführung des sich selbst täuschenden in das aufgeklärte, der Vernunft unterworfene Subjekt. Dieses Projekt ist, als Gegenstand einer normierenden Disziplin, eingebunden in (Selbst-)Kontrolle und (Selbst-)Beherrschung. Hier geht es darum, die sprechenden Subjekte, die sich dem medial inszenierten Beichtzwang des Alles-Sagens unterwerfen, umzubilden. Das mediale Programm der Selbstsorge, das in der Problematisierung der offengelegten Lebensumstände und Innenwelten darauf abzielt, die sich artikulierenden Subjekte zu verbessern und sie einer Selbsttherapeutik zu unterwerfen, folgt allerdings nicht frei gewählten Maßstäben. Vielmehr folgt sie einer Form von Menschenführung, die mit der Maßgabe, zumindest während der Sendezeit den Eindruck selbstgeführter und selbstkontrollierter Subjekte zu produzieren, normierend, normativ und normalistisch eingeschränkt ist.[4]

Subjekte, deren Lebensformen prekär und gefährdet erscheinen, eingeschlossen wird. So werden Grenzen des Sagbaren markiert, indem Domian zur Ordnung ruft und dadurch subjektives Fühlen, Denken und Handeln begrenzt und normativ einschränkt, ja, als verwerflich klassifiziert, obwohl es doch so scheint, als würde er nur zuhören.

4 Im Falle der Normierung geht es darum, individuelle Subjekte an fixen, vorgegebenen Normen auszurichten und sie bei Abweichungen korrigierenden Maßnahmen zu unterwerfen. Dieses Verfahren sorgt sowohl dafür, dass die einzelnen Individuen in ihren Unterschieden vergleichbar gemacht und damit differenziert als auch hierarchisch in einer Rangordnung angeordnet werden können; sie werden individualisiert und gemäß individuellen Fertig- und Fähigkeiten klassifiziert und eingestuft, als auch durch Angleichung an eine Norm homogenisiert. Normalisierung ordnet Subjekte dagegen in einem Spektrum des Normalen an und normalisiert sie, indem sie sie an den empirischen Dynamiken sich verändernder Norm(alität)en ausrichtet. Grundmuster kultureller Normalität bilden hier Häufigkeitsverteilungen statistischer Daten nach dem Muster der Gaußschen Normalverteilung. Im Unterschied zur Normierung steht hier nicht die Sozialdisziplinierung der Individuen im Sinne ihrer Anpassung an fixe Normen im Vordergrund, sondern ihre mehr oder weniger lockere, flexible Ausrichtung »an die Kalküle von Massenverteilungen, Durchschnitten, Grenzwerten und Normalspektren« (Link 2009: 245).

›Normalisierung‹ entpuppt sich hier als normativ eingeforderte Normierung. De-Normalisierung erscheint hier, im Sendeformat wie in der übrigen Gesellschaft bis auf wenige exzentrisch-exotische Ausnahmen, die partikular unschädlich sind, als Gefährdung der Sozialität und der selbstverantwortlichen Führung des eigenen Ich. Völlig konträr zur Normalität des Unvorhersehbaren und der Krise, die die moderne Gesellschaft und das in ihm Fahrt aufnehmende selbstgesteuerte Subjekt regieren, wird hier auf unhinterfragte Normierung und die Einhaltung von Normen und Werten gepocht, die normalistisch fragwürdig, wenn nicht überholt erscheinen. Hier ist, konträr zur sozial eingeforderten Wirklichkeit, der integere, mit sich identische, intakte Mensch auf Sendung.

In Differenz zu Technologien der Selbstführung selbstreferentieller Subjekte, die sich permanent in Feedback-Schleifen mit anderen kurzschließen und auf diese Weise ihrer Anschlussfähigkeit versichern, manifestieren sich hier Subjekte nicht primär in den Dimensionen ökonomisch-marktförmiger und ästhetisch-kreativer Varianten unterschiedlicher Lebensstile. Vielmehr artikulieren sich im Rahmen der Sendung, neben zweifellos exhibitionistischen Formen der Aufmerksamkeitssuche, möglicherweise auch der Aufmerksamkeitssucht, im überwiegenden Teil der Fälle Authentifizierungsversuche der – eigenen – Lebensführung, deren von einer unterstellten Norm(alität) abweichende Kontur geradezu Bedingung für den Zugang zur Sendung ist.[5] Präsentiert wird in vielen Fällen, dass und wie das eigene Lebenskonzept – aufgrund chronischer, oft nicht adäquat erkannter und behandelter Krankheiten, biografischer psychischer Belastungen (durch Gewalt- oder Missbrauchserfahrungen seit frühester Kindheit etc.) oder einschneidender, unvorhergesehener Ereignisse im eigenen Lebenslauf – misslingt oder scheitert. In der – dramatisch oder ab und zu geradezu sensationell – aufbereiteten Zurschaustellung von Gesehenem, Geschehenem, Erlebtem, Gefühltem und Erlittenem manifestieren sich Formen der Selbstthematisierung, die sich des eigenen Selbst als eines vergewissern, das hilfsbedürftig ist und, wenn nicht professionelle Unterstützung, so doch wenigstens den Zuspruch eines ganzen Sendeteams braucht. Sie demonstrieren, wie das Leben, zumindest zeitweise, massiv aus dem Ruder läuft und alleine nur höchst unzureichend bewältigt werden kann.

5 Nur in wenigen Fällen geht es nur darum, einfach ein besonderes Ereignis zu erzählen; in den meisten Fällen werden im Telefongespräch Probleme zutage gefördert. So ist auch zu erklären, dass einer der wenigen Anrufer mit den Worten beginnt: »Die meisten rufen ja an, weil sie Probleme haben, bei mir ist das anders, ich rufe an, weil ich sagen wollte, dass es mir genügt, was ich habe…«

Damit aber stehen sie allgegenwärtigen sozialen Erwartungen an selbstverantwortliche und eigenständige Formen der Lebensführung und Konfliktlösung gegenüber.

Suchtphänomene wie Alkohol- und Drogenabhängigkeit oder Spielsucht bilden ebenso wie die wachsende Ausbreitung von Erschöpfungssyndromen und Depressionen die paradoxe Kehrseite einer Befreiung des Subjekts aus traditionellen Bindungen, das sich den ›unbegrenzten Möglichkeiten‹ gegenüber als unzulänglich erweist und auf die eigenen Grenzen, aber auch auf die Geschlossenheit der Märkte und der materiellen Lebensbedingungen stößt: Die Exklusion und Abkoppelung eines Teils der Bevölkerung bestätigt nur, was das prekäre, nicht umstandslos anschlussfähige Subjekt längst ahnt: Es besteht eine Überforderung durch die Devise ›alles ist möglich‹ und die propagierten Anforderungen, sein Leben selbst zu wählen und zu gestalten, wobei die daraus entstehende Unsicherheit der Identität und die Unfähigkeit, aus den zahllosen Optionen auszuwählen, nicht von der Hand zu weisen ist und dennoch die unabweisbare Notwendigkeit bestehen bleibt, persönlich Initiative zu zeigen und eigenständig zu handeln. Und doch bleibt die persönliche Initiative der einzige Ausweg aus diesem Dilemma; sie »ist für das Individuum notwendig, um gesellschaftsfähig zu bleiben« (Ehrenberg 2004: 272).

Möglicherweise stellt das »erschöpfte Selbst« ebenso wie das sozial isolierte und depressive Subjekt die – pathologische – Signatur einer Ökonomie dar, die den ganzen Menschen, vor allem aber das sich authentisch präsentierende, immer auf kommunikativen Anschluss bedachte Selbst zur Produktivkraft macht. In der gegenwärtigen Gesellschaft wird dem Psychischen eine völlig neue gesellschaftliche und persönliche Dimension zugewiesen: Es besteht eine ungeschriebene Regel, eine Individualität zu erzeugen, die selbstständig handelt, sich fortwährend der gesellschaftlichen Dynamik entsprechend verändert und sich dabei auf die eigens zu diesem Zweck produzierten inneren Antriebe stützt.

Der Grenzenlosigkeit der Bearbeitung der Ökonomie des Inneren von einem ökonomischen Außen begegnet der unzulängliche Mensch mit »depressiver Implosion« und »Explosion in der Sucht« (Ehrenberg 2004: 278). Die Depression erscheint so als ›das Geländer des führungslosen Menschen‹, sie bildet das Gegenstück zur – pausenlosen – Entfaltung seiner Energie in andauernder Kommunikation und immer neuen Projekten.

»Depression und Sucht sind die Namen, die dem Unbeherrschbaren gegeben werden, wenn es nicht mehr darum geht, seine Freiheit zu erkämpfen, sondern darum, man selbst zu werden und die Initiative zu ergreifen.« (Ehrenberg 2004: 278)

Im Rahmen des Sendeformats *Domian* verdoppelt sich das depressive, süchtige Subjekt in eines, das sich hilfesuchend, (von) sich sprechend in die Sendung einschaltet und sich – innerlich – transformiert. In der »Therapeutisierung des alles Sagens« (Maasen 1998: 456) konstituiert sich ein Subjekt der Rede (dem das zuhörende Subjekt gegenübersteht, auch dieses wieder verdoppelt in Talkmaster und zuhörendes Publikum an den Radiogeräten und vor den Bildschirmen), das sich in seiner Selbstdarstellung an der Darstellung (s)einer psychischen Realität orientiert. Aus Mangel an denkwürdigen äußeren Ereignissen findet diese – zwanghafte – rückhaltlose Selbstentäußerung und Selbstentblößung des sprechenden Subjekts Halt an der Veröffentlichung seiner innersten Regungen sowie an dem psychologischen und pädagogischen Rat derer, die für die Sendung verantwortlich sind. Zum anderen konstituiert sich ein therapiebedürftiges und (selbst-)›therapiertes‹ Subjekt, dessen Bekenntnis und Selbstentblößung, wie in der Beichte, nicht nur Entlastung durch das Reden mit sich bringt, sondern auch bewirken soll, dass die – anonyme – Öffentlichkeit, von der angenommen wird, dass um deren Inneres es nicht besser bestellt sein kann als um das eigene, dem prekären Subjekt ›vergibt‹ und ihm damit Zugehörigkeit zur soziale Gemeinschaft sichert. Dabei verwandelt sich die mediale Öffentlichkeit in eine Art ›Selbsterfahrungsgruppe‹, die, auch wenn sie schweigt, neben ihrer Entlastungsfunktion zugleich die Funktion der Steigerung von Individualität übernimmt. Denn sie bietet das öffentliche Forum, das es dem Subjekt ermöglicht, sich durch mediale Formen der Selbststilisierung und durch Preisgabe seiner Innerlichkeit im Rahmen einer medialen Öffentlichkeit als solches zu konstituieren. In der rückhaltlosen Entäußerung seines (Seelen-)Lebens vergewissert es sich des Anderen – und rechtfertigt sich vor ihm.

Es stellt sich zweifellos die Frage, warum sich die Subjekte dieser öffentlichen Selbsttherapie, die im Rahmen der vorliegenden Ausführungen zugleich als Konstitutionsakt des Subjekts und Herstellung des Selbst vorgestellt wird, unterwerfen. Das Subjekt konstituiert sich in der Unterwerfung durch andere, durch Konventionen und Normen zugleich als auf andere und sich selbst bezogenes. Diese Konstitution ist, ebenso wenig wie die mediale Anordnung der Sendung, nicht das Gegenüber disziplinierender und normalisierender Diskurse und Praktiken; sondern hier verschränken sich Selbstpraxis und Zwangspraxis miteinander: »›Selbstpraxis‹ und ›Zwangspraxis‹ stellen nicht zwei historisch entkoppelte Formen der Selbstbezüglichkeit dar; beide Modi sind Bestandteile jedweder Selbstbeschreibung.« (Maasen 1998: 466)

Im Anschluss an die Ausführungen von Butler zur öffentlichen Manifestation des Selbst in der Beichte, verstanden als Praxis des sich sprachlich bekennenden Subjekts, lässt sich festhalten, dass das Subjekt gar nicht anders kann, als sich im Rahmen der öffentlichen Konventionen und Regeln hervorzubringen. Das Subjekt ist dem institutionellen Apparat unterworfen, der es in seiner sozialen Existenz erst hervorbringt, es diszipliniert und (re-)normalisiert, es aber in seiner Selbstkonstitution und Selbstbeziehung, wie Butler annimmt, nicht determiniert.

So konstatiert auch Sabine Maasen, dass in die institutionellen Zwangsapparate eine persönliche Differenz eingetragen werden kann, die allerdings selbst noch vom Disziplinarischen gekennzeichnet ist:

»Auch wenn die persönliche Ordnung der Selbstherstellung nicht aus disziplinarischen Apparaten auszutreten vermag, so kann sie dennoch eine persönliche Differenz beitragen – eine Differenz, die freilich selbst noch diszipliniert ist.« (Ebd.)

In diesem Kontext verweist Maasen auf Deleuze, der die Verdoppelung der Unterwerfungspraktiken des Subjekts auf der Ebene der Macht und des Subjekts ins Spiel bringt:

»Die eine besteht darin, uns den Anforderungen der Macht gemäß zu individualisieren, die andere besteht darin, jedes Individuum an eine anerkannte und bekannte, ein für allemal festgelegte Identität zu knüpfen. Der Kampf um die Subjektivität zeigt sich also als Recht auf die Differenz, Recht auf die Variation, auf die Metamorphose.« (Deleuze 1987: 148)

Diese ständige Veränderung des Selbst ist der Antrieb, sich einzuschalten in das Getriebe der Disziplinarapparaturen, die zudem, im Falle des therapeutisierten Selbst, temporär einen Mangel beheben und die Vervollständigung des Selbst in Aussicht stellen, auch wenn diese erneut in den Mangel mündet, der es wieder antreibt, sich auszusetzen.

Die Genealogie der medialen Selbstoffenbarung und Selbstentblößung liest sich so als kontinuierliche Herstellung des Selbst im Forum einer Öffentlichkeit, die selbst betroffen ist und um die Probleme weiß, die sich im nächtlichen Bekenntniszwang artikulieren.

Domian ist als mediales Format zuständig für die Teilhabe des Subjekts an den (Massen-)Rhetoriken des Selbst und der Selbsterfindung. Diese sind eingebunden in die Psychohygiene eines Subjekts, das sich selbst zu nah ist, als dass es das Tohuwabohu seiner Verstrickungen und das Wirrwarr seiner Gefühle entziffern und entzerren könnte. Dazu bedarf es vielmehr der medialen Spiegelung und der Vergewisserung der anderen und seines Selbst im anonymen medialen Kanal.

1. Gegenseitige Durchdringung von Intimität und Öffentlichkeit – Intimität im Zwielicht einer anonymen Öffentlichkeit

Exkurs: Talkradio als ›säkulare Beichte‹ – Domian

Was geschieht ist: Jemand erzählt seine Geschichte am Telefon. Die Situation ist eine mediale Nachstellung einer bewährten Versuchsanordnung, eine mediale Version des Beichtstuhls, die zum Sprechen bringt. Ein junger Mann (Jürgen Domian) hört zu. Nachts zwischen ein und zwei Uhr empfängt er – vorher angemeldete und geprüfte Telefonanrufe – von Hörerinnen und Hörern, inzwischen, seit das Fernsehen zugeschaltet ist, auch von Fernsehzuschauerinnen und -zuschauern.

Worin liegt das Besondere dieser medialen Situation?

Im Zentrum steht die Rekonstruktion einer *Geschichte*, deren Wahrheitsgehalt hinter der Produktion einer authentischen Geschichte zurücktritt. Auch wenn die Wahrheit und Wahrhaftigkeit der Bekenntnisse immer wieder angezweifelt werden: Es ist der ›authentische Imperativ‹, dem jeder Anrufer, jede Anruferin sich verpflichtet. Das Subjekt konstituiert sich hier als Subjekt der autobiografischen Rede, das sich gegenüber den gleichgestellten Zuhörer/-innen auf die wahrhaftige, detaillierte und vollständige Entäußerung seines Innersten verpflichtet.

Jede Geschichte hat ein Thema; in den meisten Fällen ist es ein Problem, das den Mittelpunkt einer Leidensgeschichte bildet und die, indem sie dem ›Beichtvater‹ Domian erzählt wird, zugleich auch einer anonymen Öffentlichkeit zugänglich ist. Selten geht es um die bloße Narration eines Erlebnisses, das als un- oder außergewöhnlich für mitteilenswert erachtet wird. Häufig handelt es sich um ›unglaubliche‹ Geschichten, die umso glaubhafter wirken, je ungewöhnlicher und schockierender sie sind und je exzentrischer sie erscheinen. Im Zentrum dieser medialen Anordnung einer öffentlichen Beichte, in der die intimsten Gefühlsregungen und Gedanken einem anonymen Publikum gegenüber geöffnet werden, steht mit der dialogisch organisierten Erzählstruktur die Rekonstruktion einer möglichst spannenden, unkonventionellen Geschichte. Wer die Besonderheit seiner Geschichte oder Bedeutsamkeit seiner Person nicht angemessen überbringen kann, wird gar nicht erst zur Livesendung ›vorgelassen‹ – im Hintergrund der Sendung gibt es, wie im Kafka'schen Schloss, Türhüter, die über den Zutritt – zur Livesendung –

entscheiden und diejenigen aussortieren, die nicht ins Konzept passen. Wer Zutritt zur Sendung und damit zum Live-Sprechen erhält, verspricht sich davon, sich aus der ›Masse‹ der Zuhörer und Zuschauer abzuheben. Wer es nicht schafft, verbleibt in ihr – und damit zugleich in seinem Alltagstrott und in individueller Einsamkeit. Entsprechend beglückt reagieren die Anrufer/-innen, wenn sie ›durchkommen‹ – nicht wenige beglückwünschen Domian zu seiner Sendung und bitten um ein Autogramm, das er in den meisten Fällen, geschmeichelt, gewährt.

Eine wichtige Funktion der oft umständlichen, chronologisch wie an Erlebnissen detailreichen Erzählungen eines solchermaßen öffentlich verfügbaren Selbst besteht für die, die sich und ihre intimsten Erlebnisse sprechend exponieren, ganz offensichtlich darin, *sich zu ›zeigen‹*, indem sie gehört werden. Indem man sich selbst zum öffentlichen Gegenstand macht und sich öffentlich wirksam artikuliert, gelingt es, sich seiner sozialen Existenz und zugleich seiner Einzigartigkeit zu vergewissern. Und die Unverwechselbarkeit zeigt sich hier, wie schon in der christlichen Form der Beichte, gerade in der Unvollkommenheit des Ich, das die eigenen Verfehlungen hier, im standardisierten Sendeformat, allerdings nicht unbedingt zerknirscht und reuig, sondern durchaus lustvoll bekennt. Herausragende Bedeutung gewinnt man hier vor allem durch skandalöse Inszenierung des eigenen Selbst, nicht durch Selbstdarstellungen als ›Normalbürger‹ oder ›Gutmensch‹.

Dabei ist die exhibitionistische und voyeuristische Anordnung gewollt: Sowohl die exhibitionistischen Bekenntnisrituale der Sprecher/-innen am Telefon als auch die voyeuristische Anteilnahme der unzähligen Zuhörer/-innen an den heimischen Radioempfängern und den Zuschauer/-innen an den TV-Geräten ist bewusst in Kauf genommener Bestandteil des Sendeformats. Alle Beteiligten fühlen sich offensichtlich als Teil einer anonymen, amorphen Masse, die vom Moderator Domian als personifiziertes Ganzes (»Hallo, Ihr Lieben!«) angesprochen wird.

Gelegentlich fragt Domian, der die Sendung moderiert und beratend eingreift, nach, versucht, Details zu klären, die Chronologie der Ereignisse zu rekonstruieren, was den Fluss der Geschichte jedes Mal unterbricht, oft auch stört. Diese Brüche aber sind es, die – zeitliche – Kontinuität stiften, den Ablauf der Geschichte erhellen und die gegenwärtigen Konstellationen der Erzähler verdeutlichen sollen, sie in Wirklichkeit aber in ein komplexes Gefüge aus Nachfragen und Bewertungen einbetten. Dabei steht die Frage der – schuldhaften – Verstrickung ebenso wie die der (Selbst-)Vergebung und Befreiung von Schuld und damit die seelische Entlastung und Befreiung der Anrufer/-innen von moralischen, unlösbar scheinenden Konflikten und belastenden Selbstquälereien am Ende jeder (Leidens-)Geschichte. Darin besteht der kathartischtherapeutische, psychotechnische Aspekt des Sendeformats, das im Zwischenraum, gewissermaßen auf der Schwelle zur Nacht angeordnet ist.

Die Zeit des Gesprächs ist die Nacht. Die Nacht ist die Schattenseite des Tages, ein – freier – Raum, der Erinnerungen wachruft, Beklemmendes, aber auch Begierden zum Vorschein bringt, die sich jenseits des Tages einer narrativen Situation öffnen und möglicherweise bei Tageslicht wieder verschwinden.

Exkurs: Die Nacht als Ort der Passagen von Intimität und Öffentlichkeit

Die Nacht ist, wie Elisabeth Bronfen in ihrer »Kulturgeschichte der Nacht« (2008) zeigt, kulturhistorisch das Andere der Vernunft, die Kehrseite des Lichts und des Lichtblicks, den der Verstand ins ›Dunkel‹ des Begehrens und der Gefühle bringen soll. Erscheint die Metapher des Lichts als Inbegriff des Glücks, das den Gesetzen der ›erhabenen Vernunft‹ entströmt, so bildet die Nacht den Raum der Wunsch- und Alpträume, der Bedrängnisse und des Unglücks wie überhaupt der Gefühle, soweit sie nicht mit den herrschenden moralischen und sittlichen Normen konform sind. Ihn bevölkern die bei Tag verdrängten Ängste und Sehnsüchte, das Chaos, die Täuschungen und irrationalen Gedanken, Figuren, die wie das Dunkel, unheimlich wirken. Hier, im Dunkel der Nacht, zeichnen sich die Schatten der unbewussten Dynamiken und die Verdrängungen des Subjekts, die Kosten des Vernunft-Ich ab, die Freuds Psychoanalyse zu Tage gefördert hat. Hier zeigen sich die Körper und die Lüste, zeigt sich Sexualität in ihren vielfältigen – pornografischen – Spielarten, die in den eingefahrenen Bahnen des Alltags ein Nischendasein im Schatten der Devianz fristen und das Gegenstück zur normativ eingekreisten Sexualität bilden. Daran zeigt sich: Das Dunkel der Nacht wirkt nicht nur unheimlich und beklemmend, sondern auch verheißungsvoll. Es hüllt ein in einen Fluss der Ereignisse und Gedanken. In der Nacht erwacht eine eigene Welt, sie ist das Tor zum Verbotenen und Vergessenen. Es schlägt die Stunde der Erscheinungen, der Verwandlungen, der Übertretungen, die gegen Morgen wieder dem Lichtblick der Vernunft und deren Gesetzmäßigkeiten, dem Tagesgeschäft des als vernünftig geltenden, autonomen Subjekts und seinen ›vernünftig‹ geregelten Lebenszusammenhängen weichen (vgl. dazu Bublitz 1992: 62ff.). Es ist der ›Traum der Vernunft‹, der, von ihr erst erzeugt, sich hier Durchbruch verschafft und dem eine Stimme verleiht, was sonst keine hat: der Dunkelheit, der Irrationalität, der Kehrseite der Disziplin, die, nicht mehr nur von außen abverlangt, institutionell erzwungen, sondern längst zur Selbstdisziplin geworden ist (vgl. Böhme/Böhme 1985: 10.).

Elisabeth Bronfen zeigt in ihrer »Kulturgeschichte der Nacht« (2008), dass das Hauptmerkmal der Nacht ihre Ambivalenz ist: Sie löst Furcht und Faszination aus, verbirgt und verhüllt, aber offenbart, enthüllt und erhellt zugleich auch.[6] Die Nacht zeigt sich so als beunruhigende Bühne und Kehrseite des Tages, spiegelt und kommentiert sie einerseits das Tagesgeschehen und setzt es bis in die Träume fort, so setzt sie frei, was tagsüber verborgen bleibt oder verdrängt wird. Der Tag ist die Zeit der Vernunft, doch in der Nacht lebt sich aus, was mit dem Verstand nicht zu fassen ist. In der Beziehung zwischen scheinbar vom Verstand gelenktem, routiniertem Tagesgeschehen und ins Unbewusste Verdrängtem, das nachts zum Vorschein kommt, zeigen sich die Bruchkanten zwischen beidem, Tag und Nacht.

Bestimmend für diese Lesart der Nacht bei Elisabeth Bronfen ist der Foucault'sche Begriff der Heterotopie, eines vom Alltagsleben unterschiedenen Ortes, an dem dieses jedoch repräsentiert, bestritten, suspendiert oder umgekehrt wird. Die Nacht ist demnach ein anderer Zeitraum, ein Raum in der Zeit, der sich – paradoxerweise – nicht verändert und doch nie der Gleiche ist. Elisabeth Bronfen spricht von »zeitlicher Heterotopie«. Denselben Raum bei Tag und bei Nacht gibt es nicht. Die Zeit ist die vierte Dimension des Raumes. Menschen verändern sich, wenn sie diesen Zeitraum betreten, sie werden andere.

Ob man die Nacht nun, wie Bronfen, »als Gegenstück zu uns selbst« und als Raum einer »psychische(n) Umnachtung« sehen und davon ausgehen kann, dass das, was sich hier präsentiert und offenbart, »ein anderes Selbst« ist, als dasjenige, das sich bei Tag präsentiert, nämlich ein Selbst, das von der »Nachtseite des Seelenlebens«, den unbewussten Triebregungen und Affekten, dominiert wird (vgl. Bronfen 2008: 121ff.), wäre gesondert zu überprüfen. Auf jeden Fall aber kann man Bronfen, so denke ich, zustimmen, wenn sie annimmt, dass die Nacht jenen Raum der »Verfinsterung« darstellt, der auch im übertragenen Sinne das Andere eines souveränen Subjekts und mit ihm einer »geordnete(n) Helligkeit« (ebd.: 121) darstellt.

Um diese Nacht im Subjekt kreist ja auch die aufklärerische Philosophie: Demnach handelt es sich hierbei um eine dunkle Stelle, die, bestenfalls zwielichtig, im Schatten einer von der Vernunft erhellten Karte

6 Bronfen zeigt diese Ambivalenz an vielen historischen, literarischen, musikalischen und filmischen Beispielen der Kulturgeschichte. Überdeutlich wird diese Ambivalenz unter anderem an Arthur Schnitzlers »Traumnovelle« und Stanley Kubricks Film »Eyes Wide Shut« (vgl. Bronfen 2008: 396ff.).

steht. Sie untersteht dem Aufsichtsorgan, das das ›souveräne‹ Subjekt im Kern seines Inneren geschaffen hat, um die unkontrollierten Triebregungen zu überwachen. Der Schatten, den das Unbewusste auf die Souveränität eines mit sich in Einklang befindlichen Subjekts wirft, bildet gewissermaßen den Nullpunkt des cartesianischen Selbstzweifels, der sich zum (Alp-)Traum der Vernunft ausweitet und dem, bei Descartes, am Ende nur das eigene Denken bleibt, dem bei Freud aber auch die Vernunft, zumindest im Geschehen selbst, zunächst ziemlich hilflos gegenübersteht. Die Nacht erscheint so im Grunde als ›Dunkelkammer des Unbewussten‹, des Verdrängten und Triebhaften. Sie avanciert bei Freud zum Kern des Subjekts, der sich dem bewussten Teil des Seelenlebens entzieht und dessen Entstehung das bewusste Ich nicht erfahren, sondern allenfalls nachträglich rekonstruieren und bewusst machen kann. Bronfens Studie umkreist ein historisches Paradigma, nämlich das von Aufklärung und Verdrängung als desjenigen von Tag und Nacht, die sie als konfliktträchtige Wechselbeziehung interessiert: Frei von Nöten und Träumen, die sich besonders nachts bemerkbar machen, ist aber auch der Tag nicht, der scheinbar alles verdrängt und als Ort des Verdrängungsgeschehens wiederum die Voraussetzung der Nacht und mit ihr des spärlich beleuchteten Unbewussten bildet, denn ohne Licht sähe man ja die Nacht vor lauter Dunkel nicht.

Sicher ist mit Bronfen auch davon auszugehen, dass es nachts eine Tendenz zur Offenheit und Überschreitung gibt. »Das ist nicht so dramatisch wie in der Schauerliteratur, wo alle biederen Menschen auf einmal zu kleinen lüsternen Dämonen werden, aber eindeutig gibt es eine Tendenz zur Enthemmung.«[7] Diese ›Enthemmungslust‹ hat aber eine geradezu erkenntnisnotwendige Seite, von der die Psychoanalyse systematisch Gebrauch macht: Wer Dunkelheit und Desorientierung durchschreitet, die Angst vor der Nachtseite des eigenen Lebens und seiner widersprüchlichen Phantasien überwindet, hat die Möglichkeit zu tieferer, heilender Erkenntnis, zu Erleuchtung und Offenbarung.

Die Nacht ist aber nicht nur die Stunde der Wahrheit und des letzten Gerichts, sondern was im Dunkel an Ängsten und Begierden schlummert, zeigt sich als Darkroom lustvoller und hasserfüllter Begierden. Aber auch Formen lust- und leidvollen Doppellebens treten zutage. Im Grunde ist menschliches Dasein, so legt Bronfens Kulturgeschichte der

7 www.3sat.de/3sat.php?www.3sat.de/kulturzeit/lesezeit/119681/index.html. Elisabeth Bronfen möchte demnach mit ihrem Buch »die Leute dazu bringen, bei Dingen, von denen sie meinen, das kennen sie, das ist so unglaublich vertraut, da muss man keinen weiteren Gedanken darüber verschwenden, noch mal genauer hinzusehen. Genauer hinsehen heißt, Vertrautes wieder unvertraut machen.«

Nacht nahe, angeschlossen an unsichtbare Kräfte und regiert vom unvorhersehbaren Zufall der Ereignisse, die die Menschen in ihrem Schicksal weit mehr bestimmen als planvolles Handeln und kalkulierende Vernunft. Daher kann der eine oder andere glücklich werden, kann partikular etwas Ungerechtigkeit wieder gutgemacht werden, aber grundsätzlich gilt, dass die Menschen ihrem Schicksal nicht entgehen können. Was sich bei Bronfen zweifellos artikuliert, ist die Auffassung, dass die Menschen in ihrem Dasein im Grunde zum Scheitern verurteilt sind. Diesen Fatalismus durchbricht das mediale Format der Talksendung *Domian* vom Konzept her. Seine Devise ist, die Schicksalsergebenheit derer, die sich in ihre Alltagsroutine und den gewohnten Gang der Dinge – ein bereits seit längerer Zeit geführtes Doppelleben, Rückzug aus der Gesellschaft, soziale Einsamkeit und Isolation, Tabubrüche und ›unmoralische‹ Lebensweisen – eingerichtet haben, aufzubrechen. Das Konzept hat einen geradezu aufklärerisch-kritischen Impetus: Das Schicksal wenden, ›ein anderer werden als man ist‹, könnte, mit Einschränkungen, die Devise dieses Sendeformats lauten. Auf diesem Hintergrund ist es dann nicht mehr so erstaunlich, dass das Modell des selbstkontrollierten Subjekts zu so später Stunde bemüht wird, um das verzagte, an sich selbst zweifelnde oder von sich übermäßig eingenommene Subjekt medial zu spiegeln.

Allerdings lohnt es sich, das standardisierte Muster re-normalisierender und -sozialisierender Interventionspraktiken, das der Ratgeberinstanz Domian – und seinem psychologischen Expertenteam – zugrundeliegt, im Detail am konkreten Material nachzuvollziehen und kritisch auch zu hinterfragen, welche Subjektformen und -modelle hier medial jeweils gespiegelt werden.

Zwei kritische Einwände vorab:

Erstens wird die Nacht hier lediglich zum medial in Szene gesetzten Durchgangsraum durch die unbewussten Dynamiken des Subjekts, zum (Zeit-)Raum, in dem das öffentlich nicht Sagbare zur Sprache kommt. Die Lüste und Begierden, die bei Tag als Defekte der Persönlichkeit erscheinen, werden hier, als Fetisch verkleidet, vorzeigbar. Was sich im anonymen Raum des Mediums in nächtlichen Bekenntnissen äußert, wird im Detail ausgeleuchtet und erscheint, wie die öffentlichen Plätze, von denen Sennett spricht, wenn er den ›Verfall des öffentlichen Lebens‹ beklagt, als Durchgangsraum, der sich der anonymen Öffentlichkeit aufschließt, der jederzeit betreten und wieder verlassen werden kann. In der inquisitorischen Entzifferung des Phantastischen kann man sich eine Weile aufhalten, aber dann geht es weiter, ins Tagesgeschäft, hier will man sich nicht niederlassen und einrichten. Vielmehr sind es phantastische Räume, die durchquert werden, in denen aber nicht gelebt wird, die nicht mit Leben gefüllt und als Orte der Geselligkeit gestaltet werden. Am Ende des Tunnels (der Nacht) können alle, die eingeschaltet und gesprochen haben, und auch diejenigen, die die Erzählungen derer durchquert haben, die sich zum Sprechen brachten oder gar zwangen, wieder weitermachen, weiterschlafen, vom Wachzustand in den Schlaf, von der Nacht in den Tag hinüber gleiten. Beruhigt oder beunruhigt darüber, dass es anderen genauso oder ähnlich, besser aber noch, viel schlimmer ergeht als ihnen selbst, ist man sich seiner Identität wieder für eine Weile gewiss. Der ›Wahnsinn‹, der nun wieder zum Schweigen gebracht wird, geht über in den ›Wahnsinn der Normalität‹ wie die Nacht in den Tag.

Zweitens: Domian erteilt Ratschläge, wie man sein Leben ändern kann, gibt – gemeinsam mit seinem Expertenteam, das ›im Hintergrund‹ arbeitet – Beratung an die Hand, appelliert an Aktivität, Ehrlichkeit und Beziehungsklärung, wo immer es Probleme und psychische Belastungen gibt. Und er bestärkt diejenigen, die zu erkennen geben, dass sie, auch nach großen Entbehrungen und Verlusten, erneut »Herr im eigenen Haus«, im seelischen Haushalt wie auch in der eigenen Lebensführung sind oder sich darum bemühen. Das standardisierte Sendeformat ist Element eines Dispositivs von Beratungsinstanzen und (halb-)professionellen therapeutischen Angeboten, das die »Omnipräsenz des therapeutischen Blicks« (Maasen 1998: 51) an die Stelle heteronomer disziplinärer Kontrolle rückt. Die Inflationierung therapeutischer Angebote führt zu einer Steigerungsform des individualisierten, selbstkontrollierten Subjekts, das der zwar ›sanften‹, aber gleichwohl regulierenden Kontrolle von Experten unterstellt wird und zu permanenter Selbstkontrolle und -regulierung angehalten wird. Dabei hat sich das Blatt historisch durchaus gewendet:

»Denn während es Ende der sechziger Jahre noch hieß: Du bist krank, weil die Gesellschaft krank ist, also mußt du die Gesellschaft ändern, kehrte sich Anfang der siebziger Jahre die Botschaft um: Die Gesellschaft ist krank, weil du krank bist, also musst du dich verändern.« (Michel 1985, zitiert nach Maasen 1998: 53.)

Das Sendeformat *Domian* gibt Hilfestellung und therapeutischen Rat mit auf den Weg zur Selbstveränderung. Im Zwischenraum zwischen Tag und Nacht, von Intimität und Öffentlichkeit wird das aufgeklärte und sich selbst transparente Subjekt sichtbar. Was sich hier abzeichnet, ist ein alles sagendes, ›therapeutisiertes‹ Subjekt, das sich sprechend seiner Verfehlungen oder Verletzungen bewusst geworden, die Bemühung erkennen lässt, das Eingeständnis seiner Schuld oder das erfahrene Leiden umzusetzen in die kontinuierliche Arbeit am Selbst.

Kathartischer Effekt dieser (Selbst-)Reinigungsprozedur ist das sich selbst transparente Subjekt, das im Medium einer anonymen medialen Öffentlichkeit spricht und sich damit im Normalisierungsfeld psychotechnischer Subjektkonstruktionen positioniert. Qua Sprechakt gelingt es dem medial angehörten Subjekt, sich immer wieder neu zu (re-)konstituieren.

Indem die mediale Beichte das Intimste öffentlich sagbar macht und es im standardisierten Format verortet, verhandelbar, aber auch austauschbar macht, kommen Verfahren der Selbstinszenierung in den Blick, die das Subjekt mit Hilfe von Psychotechniken als eines konstituieren, das sich der Anteilnahme und des Mitgefühls einer anonymen Öffentlichkeit versichert und deren heilsame Effekte ins neu entstandene Selbst integriert. Was sich im Dunkel der Nacht artikuliert, wird in die schwach ausgeleuchtete Zone der Normalität überführt. Als das Dunkle des vernünftig geregelten Subjekts, seine Devianz und ›krankhafte‹ Zwanghaftigkeit darf es sich aussprechen im nächtlichen Gespräch und die Neugier auf das Exotische, Ungewöhnliche befriedigen. Das bereitwillig über sein Leben und seine intimsten Regungen Auskunft gebende Subjekt dient aber, ebenso wie das aufgeregte, verwirrte und wirr sprechende Subjekt, letztlich nur als Folie einer kulturell produzierten Normalität. Sie erstrahlt umso heller, je weniger sich das in der Telefonleitung angeschlossene Subjekt seiner Ausleuchtung entzieht. Individualität ist hier auf beiden Seiten der Leitung gesichert.

2. Intime Geständnisse und säkulare Beichte. Theatralische Inszenierung von – wahren – Geschichten

Es geht um – nicht ganz – alltägliche Geschichten, in denen sich un- oder außergewöhnliche Erfahrungen, häufig (Beziehungs-)Probleme, sexuelle Vorlieben oder exzentrische sexuelle Praktiken sowie Lebensläufe, in denen sich die Katastrophen oder tragische Umstände häufen, präsentieren. In »Themennächten« werden Erfahrungen mit Betrug, Gewalt, Hinterlist, Missbrauch, Schuld und Untreue thematisiert. Selten geht es um Normalität, vielmehr hat man den Eindruck, in den hier präsentierten Geschichten versammeln sich die sieben Todsünden, wie »Eitelkeit und Ehrgeiz«, »Hochstapelei« und »Blendung« ebenso wie »moralische Konflikte«, »Schicksalsschläge« und »Schattenseiten der Liebe«, »Selbsttötung(sversuche)«, und kämpferischer Einsatz (»Für diesen

Erfolg habe ich gekämpft«). Woche um Woche wird hier Exzessives und Schockierendes, Belastendes und Misslungenes, Traumatisches und Groteskes, werden ungewöhnliche und kuriose Ereignisse thematisiert, aber auch alltägliche Themen wie »Hotel Mama« oder »Erlebnisse in Schwimmbad und Sauna« behandelt.

Es ist keineswegs nur das sexuelle Begehren, das immer wieder im Zentrum individueller Geschichte(n) um aufregende Liebesspiele oder »verhängnisvollen Sex« steht, sondern ebenso ist es das Begehren nach Normalität und individueller Freiheit, sind es Themen wie die »Angst vorm Älterwerden«, »Gewissensentscheidungen«, »diese Entscheidung habe ich nie bereut« oder »Ich habe es geschafft«, die im Zentrum des Storytelling stehen.

Marktförmige Selbstentfaltung und -optimierung werden hier allenfalls unter dem Aspekt von Selbsttechniken thematisiert, durch die das Selbst sich und sein Verhalten zwar erfolgreich modifiziert, dies aber erst nach langwierigen K(r)ämpfen. Im Vordergrund aber steht zweifellos das Begehren nach Zugehörigkeit und Anschlussfähigkeit, sozialer Anerkennung und Entlastung von psychischem Leidensdruck. Problematisiert wird dabei das Verhältnis zu sich und anderen, um eine Lösung zu finden, für ein Problem, das sonst weder sprachlichen Ausdruck noch Zuhörer/-innen findet.

Während andere publikumswirksame Formen der Selbstpräsentation primär auf die Markierung individueller Differenz und erfolgreich bewältigten Konkurrenzdruck abheben, aber auch permanente Selbstmodifikation eingefordert wird, steht im Vordergrund der hier (selbst-) therapeutisch ausgerichteten Selbstexploration die ebenso diffuse wie plastische Darstellung der eigenen Geschichte. Im Medium einer anonymen Öffentlichkeit zur Sprache gebracht, fällt Licht auf das, was sonst im Dunklen bleibt.

Dabei wird Subjektivität als jenes fragile Konstrukt sichtbar, das der ständigen Selbstvergewisserung bedarf. Diese ist unter individualisierten Bedingungen moderner Gesellschaften kaum mehr über familiäre und freundschaftliche Nahbeziehungen zu haben, weil sie entweder fehlen, selbst gestört sind oder aber mit individuellen Problemen nicht belastet werden können. Zunehmend erfolgt Selbstvergewisserung über mediale Formen kommunikativer Selbstpräsentation, aber auch über regulierte und regulierende ›Verständigungsprozeduren‹ nach therapeutischem Muster und professionellen Beistand, die sich auch in medialen Verzeichnissen finden.

Das Talkradio *Domian* ist so ein Verzeichnis. Hier verbinden sich moralische Konventionen und standardisierte Muster eines aufgeklärt-selbstkontrollierten Subjekts mit rigiden Kontrolltechniken und renormalisierenden Interventionspraktiken bzw. -empfehlungen. Psychisches Leiden erscheint als Abweichung von einer Norm, die, an den subjektiven Bedürfnissen gemessen, zumindest vordergründig durchaus flexibel gehandhabt und über die Hilfe zur Selbsthilfe in Technologien der (Selbst-)Kontrolle und -sorge umgemünzt wird.

Im Kern aber regiert hier die Norm individueller Autonomie und Selbststeuerung, die sich an unermüdlicher Selbstinitiative und Ausschöpfung sämtlicher Handlungsoptionen ausweist und sich vom Oblomow'schen Prokrustesbett der Versorgung durch andere – auch des Staates – zur Souveränität von Arbeit, Selbstverantwortung und Selbstsorge erhebt.

Auch Unentschlossenheit, Entscheidungsunfähigkeit und Skrupel, gegen die Erwartungen der anderen für die eigenen Gefühle einzustehen, bilden die Negativfolie eines auf eigenverantwortlichem Handeln begründeten Subjektmodells. Sie zählen, wie falsche Scham, zu jenen Eigenschaften, deren Spuren während des Gesprächs eines Subjekts, das mit sich selbst uneins ist, möglichst getilgt werden sollen.

An dem folgenden Beispiel wird deutlich, dass das willentlich handelnde, souveräne Subjekt, das sich und seine Gefühle im Griff hat und jeder Gefühlsschwäche mit Disziplin und Stärke begegnet, die Techniken der Psychohygiene – und den Wunsch des Moderators, der als Beichtvater, ›Therapeut‹ und (lebens-)praktischer Philosoph fungiert – leitet. In der Verschränkung von Beobachtung und Selbstbeobachtung konstituiert sich so das normalisierte Subjekt, das sich, (selbst-)therapeutisch angeleitet, seiner Angst und seiner Schuldgefühle entledigt.

Verbotene Liebe

Derea (22 Jahre) ruft an und erzählt von einer »verbotenen Beziehung« zu einer Frau, die sie mit ihrer Liebe quasi ›überfallen‹ hat und nun nicht mehr in Ruhe lässt. Aufgewachsen in einer »konservativen türkischen Familie« sucht sie sich, obwohl von ihren Eltern nicht gern gesehen, während der Schulzeit einen »Nebenjob«, denn »ich wollte unabhängig sein«. Während dieser Arbeit kommt es zu einer Annäherung an eine Frau, von der sie nicht weiß, ob sie sie liebt, weil sie das Gefühl nicht kennt: »Ich hatte schon 'ne Bindung zu ihr aufgebaut, aber ob es Liebe war, weiß ich nicht, ich hab Liebe ja noch nicht erlebt.« Sie verlässt ihre Arbeitsstelle wegen dieser Frau und studiert Sozialwissenschaften. Aber der Kontakt kommt wieder zustande, »sie hat mich überfallen, körperlich, geküsst«. Dieser körperliche Kontakt wiederholt sich öfter, auch sexuell. Auf Domians Nachfrage, ob sie noch Kontakt zu dieser Frau hat, sagt sie: »Das ist ja das Problem. Wenn ich entscheiden könnte, ohne dieser Person weh tun zu müssen, würde ich den Kontakt abbrechen.« Auf Domians Standardfrage, ob sie sich sicher sei, dass sie nicht lesbisch ist, reagiert sie ahnungslos: »Ja, ich weiß es ja nicht, ich kenne es ja nicht.« Die Frage, ob der Körperkontakt sie erregt hat, kann sie nicht beantworten. Domians Ursachenforschung nach ihren Gefühlen läuft ins Leere. Seine Frage, ob sie sich selbst befriedigt, beantwortet sie mit »nein« und auf seinen erstaunten Einwurf »warum denn nicht?« antwortet sie: »Also, es fühlt sich falsch an, es ist falsch.« Daraufhin versucht Domian, sie verständnisvoll aufzuklären und von Schuld zu entlasten. Er gibt ihr zu verstehen, dass er nachvollziehen kann, dass sie so funktioniert, sagt aber schließlich: »Ich finde nicht, dass es etwas Unrechtes ist. Gott hat uns die Sexualität gegeben und es ist nichts Schlimmes, die Sexualität zu leben, auch mit sich selbst. Auch wenn man es von einem gläubigen Standpunkt heraus sieht.«

Der Fortgang des Gesprächs zeigt, dass Derea die Beziehung zu dieser Frau jederzeit abbrechen würde, aber aus Angst, sie zu verletzen, ja, wie sich herausstellt, aus Angst, dass diese sich etwas antut, davon absieht: »Ich möchte sie doch nicht verletzen, die Frau ist so labil.« An dieser Stelle reagiert Domian ungehalten und bekräftigt mit Nachdruck ihr Recht auf persönliche Freiheit: »Diesen Satz müssen wir aufgreifen: Jeder Mensch ist für seine eigenen Taten verantwortlich. Die Frau hat ja auch die Unerfahrenheit sehr ausgenützt – auch, wenn es für diese Person auch schmerzlich ist, wenn du sagst, ›Nein, das möchte ich nicht‹, vielleicht hättest du's schon früher machen müssen, aber ich finde, dieses Recht hast du wirklich.« Woraufhin Derea antwortet: »Ja, ich bekomm immer noch jeden Tag SMS, dass ich geliebt werde und dass ich das eigentlich auch möchte, dass ich das unbewusst alles doch möchte.«

Das folgende therapeutische Gespräch fördert zutage, dass anstelle von Liebe »ein schuldiges Gefühl, Traurigkeit – nach dem Motto ›was hab ich angestellt, das geht doch nicht‹« vorhanden ist, woraufhin Domian sie beschwichtigt und ihr empfiehlt, zu handeln: »Und dann sagst du eben verspätet noch nein. Diese Frau verhält sich doch verantwortungslos, indem sie dich immer wieder bedrängt und dir sagt, dass du sie ja eigentlich doch liebst und sie brauchst. Das darf sie nicht. Also darfst du ihr auch eine Grenze aufzeigen und wenn diese Grenze für sie schmerzlich ist, ja, dann ist es so.« Noch einmal rühren sich bei Derea Schuldgefühle und (Selbst-)Zweifel, die an den möglicherweise negativen Folgen ihres Handelns festgemacht sind: »Und wenn ich am nächsten Morgen dann aufwache und diese Person hat sich was angetan, dann könnt ich so nicht leben, dann hätt ich ihr Leben auf dem Gewissen [...], ja, sie hat mir schon erzählt, dass sie mit den Tabletten auf dem Tisch dasitzt und sich überlegt hat, ob sie die Tabletten nehmen soll.« Darauf hin explodiert Domian: »Das macht mich eher wütend als dass ich Mitleid empfinde. So geht man nicht mit einem Menschen um, den man liebt, so setzt man jemand nicht unter Druck, so bedrängt man niemand. Du bist ein eigenständiger Mensch und hast ein Recht darauf, deinen Gefühlen gemäß zu leben – und wenn deine Gefühle nicht so stark sind, dann ist es so. Und diesen Gedanken, die wird sich etwas tun, würde ich gar nicht durchspielen.« – »Also, soll ich den Gedanken gar nicht zulassen…? Und wenn ich sie auf der Straße treffe, dann soll ich ihr wie meinem Feind begegnen?« – »Ja, das wirst du auch überwinden.« Schließlich kommt Derea selbst zu der Einsicht: »Ja, besser als erpresst zu werden.«

Diese Selbsterkenntnis am Ende des nächtlichen Gesprächs tilgt die Verstrickung der Anruferin in Schuldgefühlen und Selbstzweifeln, die sich auflöst in die aufrechnende Wahl des kleineren Übels, das sich ausweist am Modell individueller Selbstentfaltung. Transparenz und Akzeptanz der eigenen Gefühle sind ebenso wie die an der Verbesserung des Selbst ausgerichtete abwägende Entscheidung Elemente eines Subjekts, das sich selbst durchsichtig ist. Im Vordergrund steht das ›autonome‹ Subjekt, das Verantwortung für sein Handeln und seine Taten trägt und sein Leben auf der Basis sozialer Aufrichtigkeit führt. In der Kombination einer Haltung der Selbstsorge und Tugenden wie Vertrauen, Ehrlichkeit und (Selbst-)Respekt geht es darum, eine ›gute‹ Lebenshaltung einzunehmen, indem man zu dem steht, was man getan hat, Entscheidungen trifft, ehrlich zu sich und anderen ist, aufgeklärte Beziehungen führt, was bedeutet, dass Toleranz ihre Grenze am Unglück des Partners findet und Beziehungsprobleme offen angesprochen und möglichst umfassend geklärt werden, Untreue dem Partner ›gebeichtet‹ wird, damit dieser eine Chance hat, eine freie Entscheidung – für oder gegen die betreffende Partnerschaft – zu treffen.

Offenheit ist die Devise, Ehrlichkeit und Treue sind die obersten Maxime dieser medialen Sprechanordnung, die individuelle mediale Entäußerung, Selbstadjustierung und -regulierung mit dem klerikaltherapeutischen Arrangement der Beichte kombiniert, um zu einer sozial anerkannten und sanktionierten Form der Subjektivität zu gelangen. Talkmaster und medialer ›Beichtvater‹ Domian ist der Mittler zwischen dem überindividuellen Medium, wozu auch das kollektive Unbewusste des anonymen Publikums gehört und denjenigen, die in einer umfassenden Selbstexploration ihre innersten Gefühle und konfliktreiche Konstellationen in ihrem Leben ausleuchten.

Die ganze Anordnung funktioniert über soziale, medial inszenierte Rituale, die den Rahmen dieser (re-)normalisierenden Selbsthilfemaßnahme bilden: Dabei bildet Domian gleichsam einen medialen Spiegel, in dem die sprechenden wie auch zuhörenden Subjekte ihre Abweichungen vom Standard der gesellschaftlichen Normalität spiegeln und ihr eigenes Profil erkennen. Es handelt sich also nicht um bloße ›Widerspiegelung‹ ihrer Leiden, sondern die mediale Spiegelung gibt ihnen, flankiert von professionellen, psychologischen Einsichten und institutionellen Angeboten, das Format einer Selbsttherapeutik zu erkennen. Mithilfe eines Feedback erfolgt schließlich im Rahmen von Rückkoppelungsschleifen die selbstnormalisierende Umsetzung der Beurteilungen, Wertungen und Empfehlungen in ›freier‹ Entscheidung seitens der Anrufer. Sie entscheiden selbst, ob sie ihr Leben ändern oder in der Abweichung von der Norm und ihrem – immer wieder verdrängten – Leiden ›verharren‹ wollen. Diskursiv-therapeutisch angeleitete Kommunikationsstrategien und Interventionsvorschläge zielen auf Selbststeuerung nach dem Muster der Selbsttherapie, die psychische Konflikte in selbstgesteuertes, scheinbar autonomes Handeln überführt, das sich primär am psychischen Wohlbefinden der Betroffenen orientiert, sich allerdings nie auf Kosten anderer einstellen, gleichwohl aber auch nicht der Bedürfnisbefriedigung anderer geopfert werden soll.

Anders im folgenden Beispiel, in dem es um Sexualität und Untreue geht, das nur kurz umrissen wird; denn in diesem Fall war Domian, verärgert, kurz angebunden. Ein LKW-Fahrer ruft von unterwegs an – und ›beichtet‹, dass er neben seiner Freundin/Frau, die er über alles liebt, noch eine Freundin hat, die er ab und zu trifft. Eigentlich sei alles nur freundschaftlich gemeint gewesen, er hätte es seiner Frau auch schon erzählt, dann sei die Beziehung zu ihr wieder in Ordnung gewesen. Danach aber sei der Kontakt zur Freundin wieder aufgenommen worden und es sei wieder zu »sexuellen Fehltritten« gekommen. Inzwischen sei »sein Verhältnis« schwanger. Domian reagiert aufgebracht: »Wie alt bist du?!« Auf die Antwort, dass der Mann Ende 20 sei, reagiert Domian wütend: »Wie kann das dann passieren?!« Der Selbstbericht verstößt zu offensichtlich gegen das hier medial transportierte Konzept aufgeklärter Sexualität und Partnerschaft. Unüberhörbar reagiert Domian zurechtweisend und tadelnd. Ungeschützter Sex gehört, neben nicht offengelegter Untreue, zu den Themen, für die der ›Beichtvater‹ Domian nur wenig oder gar kein Verständnis zeigt, und auf die er meist schroff reagiert. Abweisung und Ausschluss aus der Gemeinschaft der Einsichtigen für diejenigen, die sich als unbelehrbar erweisen, bilden die Kehrseite pädagogisch-therapeutischer Lerneffekte, die Subjektivierung als aufgeklärtes Handeln und verantwortungsbewusstes Verhalten leiten sollen.

3. Passagen von Normalität und Abweichung

Späte Freiheit – richtig oder falsch?

Hildegard (81) ruft an. Domian ist ganz offensichtlich freudig überrascht, dass eine Frau dieses Alters nachts bei ihm anruft. Es verspricht, eine interessante Geschichte zu werden: »Hildegard ist hier. Hildegard ist 81, ich freu mich sehr«, begrüßt er sie. Hildegard beginnt mit Komplimenten an Domian. Dann erzählt sie ihre Geschichte: »Ich hab mich getrennt vor anderthalb Jahren, nach 37 Jahren Ehe, er ist jetzt 76, damals war er 74 – und er hat jetzt 'ne Freundin, die hab ich ihm auch noch besorgt, quasi, halb und halb. Aber ich bin alleine und ich bin glücklich alleine.« Domian ist erstaunt, lacht, ja reagiert fast verzückt angesichts des mutigen Schritts der 81-jährigen Hildegard. Er äußert sich bewundernd und beglückwünscht Hildegard zu ihrem, wie er findet, außergewöhnlichen Schritt. Auf seine Nachfrage, was denn der Hauptgrund war, warum sie sich getrennt hat, gibt Hildegard bereitwillig Auskunft: »Der Hauptgrund war, dass das ganze Zusammenleben, also wir haben wie Bruder und Schwester gelebt, auch nicht mal mehr wie Bruder und Schwester, es war gar nichts mehr da. Es war kein Kontakt mehr richtig da. Einer wollte links, der andre rechts. Er hat auch getrunken und er hat sich sexuell pervers befriedigt.« Domian fragt nach und realisiert damit die Neugierde der Öffentlichkeit: »Was war denn, wenn du's sagen magst, was hat er gemacht?« Hildegard antwortet: »Also ich war mal zwei Stunden weg beim Arzt und dann hab ich gesehen, dass er hinter der Garage sich so'n Gestell gemacht hat mit Latten und sich da sexuell befriedigt hat. Und da bin ich zu ihm hin und hab' gesagt: ›Was machst du denn hier?‹ Und da hat er gesagt, er könnte machen, was er wollte. Und da sag ich: ›Ja, kann er auch, aber nicht in der Öffentlichkeit.‹ Und das konnte jeder sehen.« Darauf Domian: »Und er hat sich mit dem Lattenrost verlustigt da?« – »Ja, und er hat vom Staubsauger, das Rohr war plötzlich weg und das war mit Lappen umwickelt und lauter Pornohefte unterm Bett und auch Überzieher, alles voll! Dabei hat er gar keinen mehr hochgekriegt.« Wieder lacht Domian und sagt: »Alles für dich äußerst unangenehm?« – »Aber noch mehr als unangenehm«, antwortet Hildegard. Standardmäßig fragt er nach, ob es auch Gewalt gab, worauf Hildegard mit »nein« antwortet. Dann fragt er, ob es in diesen 37 Jahren Ehe nicht auch gute Jahre gab, worauf sie antwortet: »Ja! Natürlich.« Auf die Frage, ob es Liebe war, antwortet Hildegard: »Ja, ich weiß nicht, ob das Liebe war – ich war damals alleine, drei Jahre nach der Scheidung. Mein erster Mann war sehr ernst und dieser Mann konnte lachen, er konnte mal Witze erzählen.«

Domian kehrt zum Anlass ihres Anrufs zurück: »Ja, verstehe, nach all diesen Misslichkeiten, die du erwähnt hast, hast du ihn vor die Tür gesetzt – was ist jetzt dein Problem?« Hildegard sagt: »Ja, ich weiß nicht, ob das richtig oder normal war, sein Sexverhalten.« Domian stellt die Gegenfrage: »Was ist normal?« – »Na, ja, normal ist zumindest, wenn man's gemeinsam macht. Auch wenn der Mann sich mal befriedigt, alleine, das kann er auch. Aber diese vielen Gestelle, ob Gießkannen oder Wäschekörbe, es war alles kaputt! Und da hab ich das gesehen, der hat ein Mordsgestell, ich weiß nicht, was der gemacht hat.« Domian fällt ihr, leicht ungehalten, ins Wort: »Was genau ist deine Frage?« – »Ob ich das richtig gemacht habe, mich von ihm getrennt zu haben, das belastet mich, denn die Leute reden.« Domian fragt: »Ob du's richtig gemacht hast, dich von ihm getrennt zu haben?« – »Ja, weil die Leute mich 'n bisschen verurteilen, er macht nach außen einen ganz guten Eindruck.« Ohne zu zögern, bestärkt Domian sie: »Also Hildegard, natürlich hast du's richtig gemacht! Ich finde, ich bewunder das, wenn man in diesem Alter noch die Entschiedenheit hat, zu sagen: ›Nee, diese Beziehung ist tot, die lebt nicht mehr, und dieser Mann macht Sachen, die mich anwidern‹ – finde ich völlig in Ordnung, zieh' ich auch den Hut vor dir, dass du's gemacht hast!« Hildegard ist erleichtert und setzt nach. Es ist, als wolle sie sich in ihrer Entscheidung, sich von ihrem Mann zu trennen, noch bestärken: »Ach ja, das war auch noch ein Grund: Er hat mir kein Geld mehr gegeben, wie ein Demenzkranker.« Schließlich erzählt sie in aller Ausführlichkeit, dass die Beziehung zu ihrem Exmann auch wieder besser sei, sie ihn und seine Freundin besuche, wenn er Geburtstag hat. Es sei nur so, dass einige Leute reden und deshalb rufe sie an, weil es sie belaste. Als Domian nachfragt, ob ihr Mann denn ›richtig böse‹ auf sie war, sagt sie: »Doch, doch, er kam hier jeden Tag an und hat Krawall gemacht. Er ist ja auch durchgedreht.« Dann erzählt sie, dass sie aus (Für-)Sorge um ihren Mann eine Annonce aufgegeben und eine Freundin für ihn gesucht hat, aber das habe ihr Mann schon selbst besorgt, er habe eine kennengelernt, die im Haus wohnt. »Na, ja, die passt ja auch besser zu ihm.« Und: »Die zwei sind mir so treu und lieb – und wenn ich jemand zum Rasenmähen brauche, dann kommt er auch – der ist froh, wenn er Beschäftigung hat.« Vor allem aber, so betont sie am Ende des Gesprächs, fühle sie sich jetzt befreit: »Ich fühl' mich zum ersten Mal in meinem Leben, fühl ich mich frei – und ich schreib jetzt auch meine Erinnerungen auf und ich genieße wirklich jeden Tag.« Darin bestärkt Domian sie.

Hildegard konstituiert sich als aktives, sich selbst veränderndes Subjekt; sie präsentiert sich als jemand, der Unerträgliches selbst beendet. Das schlägt positiv zu Buche im Archiv des Begehrens und der Vergehen. Das Problem besteht hier lediglich in der fehlenden Selbstvergewisserung, die großzügig gewährt wird. Rückkoppelung zu geben in der Frage, ob ihr Handeln richtig war, ob sie das Recht hatte, sich von ihrem Mann, dessen – sexuelles – Verhalten ihr mehr als unangenehm war, zu trennen, das ist die leichteste Übung für Ratgeber Domian und sein Psychologenteam. Hildegard braucht Gewissheit über sich und andere, ihre Vorstellungen von Normalität, und die der anderen, dies, zumal »die Leute reden«. Das Problem sind die anderen, nicht primär sie selbst, ist die Norm(alität) und der Druck, der dadurch entsteht, dass soziale Anerkennung vorenthalten wird. Sie bewirken den Selbstzweifel, der sich medial – im Sendeformat und im Beichtvater Domian – spiegelt, um sich dann im Gefühl der Befreiung und persönlichen Freiheit aufzulösen. In diesem Fall bestärkt Domian die Anruferin in ihrer Selbstsorge. Die Überschreitung der Konvention orientiert sich hier am Subjektmodell der Persönlichkeits- und Selbstentfaltung. Überführung in eine andere als subjektive Normalität ist nicht notwendig; der Imperativ des aufgeklärten Subjekts ›sich selbst gehören‹ geht für die Beratungsinstanz Domian vor Freiheitsberaubung und Unterdrückung durch andere, durch die soziale Norm oder statistisch gesicherte Normalität. Aber dies erfolgt hier auf dem Hintergrund der sexuellen ›Abweichung‹ des Ehemannes, dessen Verhalten hier allerdings nicht an einer gesellschaftlichen Norm von Sexualität, sondern am subjektiven Wohlbefinden von Hildegard gemessen wird: Ihre Geschichte erscheint als ein Beispiel für gelungene Selbstsorge.

Das folgende Beispiel ist geprägt vom Bekenntnisdrang, der Reue und dem Willen zur Wiedergutmachung des Anrufers. Er präsentiert sich als Subjekt, das sich Rechenschaft ablegt und sein bisheriges Leben problematisiert. In der Gesprächsführung zeigt sich, dass es auch für die mediale Beichte nicht wichtig ist, welches Fehlverhalten vorliegt, sondern dass der Anrufer sich als reuiger Sünder bekennt und Abbitte leistet; so zeigt er sich als lernfähiges, veränderbares Subjekt, so kann ihm geholfen werden.

Sehr stark abweichend von einer Idealvorstellung

Christian (25 Jahre) ruft an. Sein Thema: Sein leiblicher Vater – ein bevorstehendes Treffen mit ihm und seine Scham, sich ihm als Sohn zu präsentieren, der keine Erfolge vorzuweisen hat und »von dem er wohl andere Vorstellungen hatte«. Auf Domians Frage: »Was bist du denn für'n Sohn? Was war denn deine größte Scheiße?« antwortet er überzeugend: »Na, ja, das war alles gleich große Scheiße«, woraufhin er erklärt, dass er die Berufsausbildung nicht abgeschlossen hat, seiner Mutter jahrelang ganz schön zugesetzt hat, Drogen- und Alkoholkonsum einschließlich krimineller Delikte und eines kurzen Gefängnisaufenthalts vorzuweisen hat usw.; »alles«, so meint er, »sehr stark abweichend von einer Idealvorstellung«. Was hier zum Ausdruck kommt, ist die Sorge, vom leiblichen Vater, der ihn nicht kennt, abgelehnt zu werden. Domian zerstreut diese Sorge, indem er an sein Selbstvertrauen und sein für sich selbst verantwortliches Handeln appelliert: »Dennoch, Christian, dennoch, ich meine, du bist 25 Jahre alt und wenn du sagst, dein Leben ist Mist gelaufen, dann sage ich, dass du eine sehr große Chance hast, genau in diesem Alter das Ruder rumzureißen«, was Christian durch Bezug auf schon Geleistetes verstärkt: »Ja, mit dem Alkohol hab ich aufgehört, Drogen, hab ich alles hinter mir gelassen.« – »Ja, du, das ist doch schon ganz gut.« Indem Christian sich selbst aus der antizipierten Perspektive seines Vaters betrachtet, kommt er zu der Auffassung, dass es keineswegs ausreicht, sein Leben zu ändern, sondern – sich und ihm – Rechenschaft abzulegen: »Ja, aber trotzdem, muss ich doch meinem Vater erzählen, ›was hast du bisher gemacht, was hast du erreicht?‹« Domian hakt nach: »Was sind denn deine Pläne?« – »Vor allen Dingen, mich erst mal, erst mal Job, Ausbildung, Führerschein«, während Domian, um ihn zu bestärken und zu motivieren, weiterzumachen, zunächst auf das schon Erreichte hinweist: »An Erfolgen kannst du vorweisen, dass du von den Drogen, vom Alkohol weg bist«, fragt aber sicherheitshalber noch einmal nach: »Was waren das für Drogen?« – »Nichts Hartes, Cannabis, Designerdrogen.« Nach diesen und weiteren Versicherungen, sein Leben ändern und in die Hand nehmen zu wollen, besteht Domian darauf, dass alles möglich ist: »So. Und du sagst, du willst was Befriedigendes für dich erreichen. So!« – »Ja, und Realschulabschluss will ich machen, im Prinzip 'n Hauptschulabschluss, und Drogen, Alkohol, will ich nicht auf mir sitzen lassen.« – »So. Und was kann man da machen? Im Prinzip find ich es gut, dass du deinen Vater treffen willst. Vielleicht wird nichts draus, vielleicht wird aber auch 'ne gute Beziehung draus. So!« Und dann folgt der entscheidende therapeutische Satz: »Und zu 'ner guten Lebenshaltung gehört, dass man zu dem steht, was man getan hat. Da is' nun wenig Erfreuliches bisher passiert bei dir, aber du hast ja jetzt 'nen neuen Weg eingeschlagen und hast gelernt aus dem, das find' ich schon mal toll! Ich hoffe, dass dein Vater das genauso sieht. Natürlich würde der sich freuen, wenn's anders gelaufen wär', aber nun isses so gelaufen und es ist nun mal so wie es ist. Jetzt muss man die Gegenwart sehn und die Zukunft. Und vor allem deinen Standpunkt. Und den Standpunkt find' ich gut.«

Christian, zu weiterer Selbstanalyse motiviert, setzt nach und will seine Vergangenheit keineswegs verleugnen; schließlich ist sie ein Teil von ihm und macht ihn aus. Dennoch hat er Zweifel, ob er seinem Vater damit kommen kann: »Na, ja, also das, was ich durchgemacht hab und womit ich aufgehört hab, das gehört alles so'n bisschen zu meiner Vergangenheit. Und meine Mutter akzeptiert das und respektiert das. Und gibt mir auch sehr viel Lob. Aber jetzt stell' dir mal vor, der, der dich erzeugt hat … – und dem kannst du nichts erzähl'n, der hat diesen Leidensweg nicht miterlebt […].« Domian greift ein, indem er Christians Position relativiert und seinen Lebensweg nicht nur ins Verhältnis setzt zu einer anderen Zukunft, sondern auch zur Vergangenheit seines leiblichen Vaters: »Okay, Christian, der hat sich ja auch nicht mit Ruhm überschüttet, der hat dich ja auch all die Jahre alleine gelassen und sich nicht um dich gekümmert.« – »Das sagt meine Mutter auch immer, ich hab meine Mutter auch schon oft darauf angesprochen, ja, was is' denn, wenn mein Vater sagt, nachdem ich ihm alles erzählt hab: ›Hey, das soll mein Sohn sein?‹« – Domian lacht, räumt die Skrupel und Zweifel Christians aus dem Weg und erteilt die Absolution: »Christian, ich würd' mir da jetzt gar nicht so'n großen Kopf machen. Was wichtig ist, ist, dass du da mit Ehrlichkeit auftrittst. Und dann find' ich das gut. Ich finde das toll, dass ihr euch trefft. Geh da mit offenen Karten ran. Man muss halt zu dem stehen, was man getan hat.«

Bekenntnis, explorative Introspektion und Selbsterkenntnis bilden hier, wie im ›Hirte-Herde-Modell‹ der christlichen Beichte, die Voraussetzung für einen komplexen Austausch zwischen dem ›Hirten‹ und dem ›Schäflein‹, Beichtvater und bekennendem Subjekt, über dessen Verfehlungen jener die Oberaufsicht hat. Dabei bildet die umfassende ›Zirkulation von Sünden und Verdiensten‹ die Basis für – professionellen – Beistand und therapeutischen Diskurs. Die Grundlage dieser medialen Selbstentfaltungskultur bildet daher, wie in der Beichte, das Eingestehen und die Akzeptanz der eigenen Fehlbarkeit, gekoppelt mit der Absichtsbekundung, das eigene Leben in Selbstinitiative zu formen und zu verändern. Dies geschieht im Abgleich mit einem medialen Gegenüber, der in das Selbstverhältnis eingeschaltet ist und zwischen sich und Selbstanalyse kontrollierend ›vermittelt‹, also die Instanz ist, die Distanz zu sich und den eigenen unkontrollierten Gefühlen und Handlungen erst herstellt.

Dabei (re)präsentiert der ›mediale Beichtvater‹ sich sowohl als Sprachrohr des anonymen Publikums wie auch als Repräsentant einer selbsttherapeutisch ausgerichteten Expertenmeinung. Er wird zum Steuerungsinstrument der Selbstdemonstration derer, die sich einer anonymen Öffentlichkeit als fehlbare Individuen präsentieren und sich als bekennende Subjekte sprachlich artikulieren, aber auch derer, die sich in den authentisch in Szene gesetzten Geschichten bekennender Subjekte spiegeln.

Die mediale ›Beichte‹ wird so zum Ort des ›Erscheinens‹ von Subjekten, die sich im Rahmen des medialen Formats des Radiotalks auf den Akt einer ausführlichen Selbstaussprache einlassen und sich qua Sprechakt öffentlich machen. Im Rahmen dieser medial inszenierten Bekenntnispraktiken und ihrer Spiegelung in den Auslassungen ihres ›Beichtvaters‹ Domian, aber auch den Statements der sprechenden Subjekte, die wiederum Spiegelobjekte für das anonyme Publikum bilden – (re)konstituieren sie sich, bezogen auf diese anderen, immer wieder neu.

Eine derart öffentlich gemachte Selbstprüfung und uneingeschränkte Selbsterkenntnis, die in Beziehung gesetzt wird zu generalisierten Normen und Konventionen und deren subjektiv kritisch prüfender Nachvollzug, mündet in der medialen Anordnung der nächtlichen Talkshow allerdings immer wieder in das Modell eines Subjekts, welches mit sich, seinen Absichten und seinem Begehren in Einklang ist und sich die uneingeschränkte Verantwortung für sein Handeln zuschreiben kann.

Eine solche Sichtweise aber, die die vollständige (Selbst-)Transparenz handelnder Subjekte und ihrer sozialen Beziehungen anstrebt und sich zu diesem Zweck mit entsprechenden (selbst-)therapeutischen und – normalisierenden Praktiken verbindet, fügt dem Subjekt, wie Butler zu Recht annimmt, unerträglichen Zwang zu. Hier wird zudem an einem emphatischen Subjektmodell festgehalten, dessen Entfaltung eines authentischen und Subjektivitätskerns an moralische Imperative des ehrlichen, guten und richtigen Handelns und der individuellen Integrität ausgerichtet ist. Das entspricht dem Modus einer Vergesellschaftungsform, die sich in kritischer Reflexion vorgegebenen Normen nähert und sich an eigenen Maßstäben und zugleich normativen Erwartungen anderer ausrichtet. Einer schrankenlosen Selbstverwirklichung werden hier bewusst normativ abgesicherte Grenzen gesetzt.

Dieses explorative Modell der Selbsterkenntnis weist sich durch die Aufklärung ambivalenter Gefühlsstrukturen wie auch durch Selbstzweifel und Schuldbewusstsein bezwingende ›Selbstkontrolle‹ aus. Dahinter steht das Ideal des offen und rational argumentierenden Menschen, der seine Gefühle beherrscht und auf Perfektionierung seines Selbst ausgerichtet ist. Kritische Selbstprüfung und Vernunftgebrauch bilden das Maß aller Dinge, dem auch das Verhältnis zu eigenen Gefühlsregungen unterworfen wird.

Zugleich ist das sich selbst prüfende Subjekt unweigerlich in die mit anderen geteilten Konventionen eingebunden. In der öffentlich-medialen Form der Selbstbeobachtung und Selbstthematisierung führt die medial inszenierte Suche nach Aufmerksamkeit, in der die Veröffentlichung intimster Regungen an die gesteigerte (Selbst-)Beobachtung und (Selbst-) Kontrolle gebunden ist, zu gesteigerter Individualität und ›Autonomie‹.

Medien werden so nicht nur zu Archiven des – abweichenden – Begehrens, sondern zu Archiven historischer (Selbst-)Verhältnisse und Selbstbezüge sowie eines gesteigerten Begehrens nach Aufmerksamkeit, Zuwendung und Individualität. In der medialen Anordnung (re)konstituiert sich, was vorgegeben scheint, in der medialen Repräsentation wird erst hervorgebracht, worüber gesprochen wird: das Subjekt und seine öffentlich tabuisierten, privaten Geheimnisse, die sich medial artikulieren und programmatisch in ein mediales Verzeichnis einschreiben.

Was in mediale Verzeichnisse eingeschrieben ist und sich performativ artikuliert, ist gleichwohl in der unmittelbar öffentlichen Aussprache tabuisiert – und tritt deshalb anonym und zu nächtlicher Stunde im medialen Arrangement einer anonymen Öffentlichkeit in Erscheinung. Es ist als Tabuisiertes jedoch nicht Ausdruck einer Innerlichkeit, sondern vollzieht sich als solches erst in der Äußerlichkeit der auf andere bezogenen Kommunikation, die ihm im Kontext von Konventionen und intersubjektiven Übereinkünften den Status des Tabuisierten erst zuschreiben und sein Erscheinen regeln. Das Tabu, das auf einem spezifischen Begehren und dem bekennenden Subjekt lastet und Selbstzweifel sowie -vorwürfe bewirkt, verdankt sich gesellschaftlichen Übereinkünften, die auch den Selbstbezug regeln.

Der Konstitutionsvorgang des Sich-selbst-Sprechens befreit davon; er ist an das Erscheinen in der Öffentlichkeit, das Sich-öffentlich-Machen gebunden. Denn erst dieses öffentliche Auftreten und Darstellen ermöglicht dem Subjekt, sich in der Selbst-Aussprache und öffentlich gemachten Selbstprüfung performativ zu formen und zu transformieren. Das Subjekt ist als soziales Individuum an die öffentliche Repräsentation seines Selbst, der es sich verdankt, gebunden. Es bezieht sich dabei unweigerlich immer auf soziale Zwänge. Diese wirken nicht deterministisch auf das sprechende Subjekt ein, sondern bilden lediglich den begrenzenden und ermöglichenden Rahmen für Selbsttechnologien, der immer subjektiv durchbrochen werden kann.

In Domians Talkshow wird die Verbindung von Kommunikationsfähigkeit und Selbstdisziplin trainiert – und zwar bei denjenigen, die beides offenbar nicht hinreichend – spielerisch – beherrschen und in Einklang bringen. Kreiert wird damit auch auf dieser Ebene nicht nur ein Subjekt, das an sich arbeitet – und auf diesem Wege sein Selbst beständig immer wieder neu und anders entfaltet, sondern eines, das in Selbsterkenntnis und Selbsteinsicht sein Leben produziert und der ständigen Selbstkontrolle unterwirft.

Dabei konstituiert sich kommunikative und soziale Anschlussfähigkeit des Subjekts über die extreme Abweichung, das Exzentrische, immer wieder eingebunden in eine Dynamik der Normalisierung. Was sich dem entzieht und aus der Standardabweichung der Normalverteilung heraus fällt, wird als auffällige Abweichung beleuchtet – und einem voyeuristischen Blick ausgesetzt, vorausgesetzt, es kommt niemand zu Schaden und die Gesellschaft wird nicht gefährdet. Auch dazu dient dieses Sendeformat. Hier geht es um – extreme – Abweichungen und persönliche Differenzen, die, ›voyeuristisch‹ ›beleuchtet‹, soweit es möglich ist, in den Bereich der Norm(alität) verschoben werden, Menschen, die – im doppelten Sinne des Wortes – als nicht anschlussfähig erscheinen und damit herausfallen aus der ›zwielichtigen‹ Zone der Normalität, sich aber, zumindest verbal, ihrer Re-Integration öffnen. Dabei bleibt im Dunkeln, unsichtbar, dass die Realisierung von Vernunft und Normalität die Abweichung und Differenz erst mitproduziert.

Süchte

Mein Freund ist süchtig

Lisa (22 Jahre) ruft an, weil ihr Freund, von dem sie sich inzwischen getrennt hat, »schwer kokainabhängig« ist und ihr die Schuld daran gibt, dass er nicht davon loskommt. Sie sagt: »Es is' schwer, wir haben jeden Tag Kontakt und er setzt mich schon 'n bisschen unter Druck, dass ich wieder zurückkommen und das gerät momentan alles aus den Fugen, sag' ich mal.« Domian fragt: »Wie lange wart ihr 'n Paar?« Lisa: »Vier Jahre.« – »Du sagst, er ist schwer kokainabhängig – was heißt ›schwer kokainabhängig‹?« – »Das heißt, dass er fast jeden Tag sich was durch die Nase zieht.« Domian: »Wie finanziert er das? Kokain ist teuer?« – »Er macht krumme Dinger, er macht Einbrüche, er klaut was, die Woche knapp 1500 Euro.« – »Hat er noch einen Beruf?« – »Nein.« – »Das heißt, es dreht sich alles um die Droge? Und das war so die ganzen vier Jahre?« Lisa: »Nein. Erst war es harmlos: Ecstasy, Anabolika – 'ne Weile hab ich's auch genommen, jetzt nicht mehr.« Darauf Domian: »War das der Grund der Trennung, dass du's nicht mehr aushältst, mit so einem zusammen zu sein?« Lisa: »Er hat mich immer angelogen [...], es war auch so, dass er sehr laut geworden ist [...].«

Dann geht es hin und her über Persönlichkeitsveränderungen durch die Droge. Schließlich kommt Domian auf den Konflikt zu sprechen, in dem sich Lisa aufgrund der »krummen Dinger« befinden müsse. Lisa geht nicht direkt darauf ein:

»Also, es ist immer dasselbe, es kommen immer Versprechungen und es kommt nix dabei 'rum.« Da Lisas Versuche, ihren Freund dazu zu bewegen, einen Arzt oder eine Klinik zur Behandlung der Drogensucht aufzusuchen, immer wieder scheitern und er schließlich ihr die Schuld gibt, dass er immer weiter drogenabhängig bleibt, trennt sie sich von ihm und stellt sich die Frage: »[...] was er hier will – wenn er doch nich' aufhört. Und er gibt mir die Schuld.« Eindringlich beschwört Domian sie: »Lass dir um Himmels Willen nicht so was einreden. Der is' selbst dafür verantwortlich. Ich finde deine Reaktion, dich von ihm zu trennen, nach so einer langen Zeit sehr verständlich – aber du machst es nicht konsequent. Du musst es konsequenter machen«, worauf Lisa einwendet: »Ich will ihn nicht verlieren [...].« Domian versucht ihr klarzumachen, dass sie ihm nur helfen kann, wenn sie »ihn radikal von sich stößt« und ihm sagt, dass er sich ein halbes Jahr nicht mehr blicken lassen soll.

»Helfen kann er nur sich selbst, wenn er durch ein Ereignis wachgerüttelt wird – und sich entschließt, für ein paar Wochen in 'ne Klinik zu gehen«. »Aber«, so wendet Domian ein, »er ist ja noch sehr weit davon entfernt, überhaupt so 'ne Selbstanalyse hinzulegen, dass er gefährdet ist.«

Schließlich greift Domian zur Radikalkur und empfiehlt ihr »Hilfe zur Selbsthilfe« und ihrem Freund eine institutionalisierte Suchttherapie: »Es wäre vielleicht sehr fair, wenn du ihm sagst, dass du ihn liebst – und dass du mit 'nem cleanen Mann wieder zusammen sein willst. Pass auf, sag ihm, du liebst ihn, aber du willst ihn ein halbes Jahr nicht sehen.« Und er schärft ihr ein: »Du musst alles unternehmen, was in deiner Macht steht.« Da verlässt Lisa der Mut: »Ja, das sagt sich alles so leicht, aber er terrorisiert mich.« – »Dann musst du die Polizei holen, das geht nicht, das ist ja Erpressung, die der da macht, ich glaub, du bist schon so in dem System drin, dass dir gar nicht mehr auffällt, was der da macht. Der hat dich voll in der Hand und schon mit reingezogen in die Sache.«

Und da jetzt der Punkt erreicht ist, wo seine Mittel erschöpft sind, greift Domian zum Expertengespräch: »Jetzt möchte ich aber auch, dass du noch 'n paar Worte mit meinem Psychologen sprichst [...] und du kannst auch noch die Einschätzung von meinem Psychologen hören.« – »Letztendlich aber«, da ist Domian sich sicher, »ist es zusammenzufassen in zwei Worten: ›Härte zeigen‹«.

Ziel dieser Intervention ist zweifellos die selbstbestimmte und planvoll in Szene gesetzte Gestaltung eigener Ansprüche und die Zurückweisung von unerfüllbaren Anforderungen, auch Schuldgefühlen, verursacht durch den Druck, den der Freund auf Lisa ausübt. Letztlich geht es darum, alles von sich zu weisen, was die eigene Persönlichkeitsentfaltung infrage stellt. Deutlich wird in diesem Beispiel aber auch, dass hier eine Art ›Therapie-Hunger‹ und mit ihm ein dauerhaft therapiertes Subjekt erzeugt wird.

Wenn ›alle Stricke reißen‹ und der Appell an Eigenverantwortung und Selbstveränderung nicht ankommt, erscheinen psychologische Beratung und Therapie als letzter Ausweg. Immer zieht Domian in solchen Fällen die Notbremse und verweist auf sein Expertenteam, die den Weg von der Hilfe zur Selbsthilfe weisen sollen. So auch im folgenden Beispiel:

Internet-Pokersucht

Markus (31 Jahre) ruft an und sagt von sich, dass er unter einer »Internet-Pokersucht« leide. Er sagt: »Ich schätze mich selber als süchtig ein.« Auf Domians Frage, wie lange er spiele, antwortet er: »Am Tag zehn Stunden. Jeden Tag. Knapp zwei Jahre.« Domian: »Wie bitte?! Zwei Jahre, jeden Tag zehn Stunden? Da würd' ich auch von Sucht sprechen.« – »Ja, aber ich hab Glück gehabt, bei mir gibt es noch kein' Verlust, das is' das Gute bei mir. Also, ich guck da schon drauf, dass ich nix verlier'.« Domian fragt nach, ob alles mit rechten Dingen zugeht: »Is' das legal, was du da machst?« – »Ja, das is' legal, es gibt verschiedene Anbieter [...]. In Deutschland is' es noch legal, in Amerika is' es verboten.« Auf die Frage von Domian, was er beruflich macht, antwortet Markus, dass er gelernter Maurer und arbeitslos sei. Und dass er nachts nicht schlafen könne. »Ich spiel' immer nachts. Das Turnier beginnt immer um drei Uhr morgens.« Der Anlass seines Anrufs sei: »Ich will warnen, viele Leute ham sich schon 'nen Strick genommen.«

Domian bestätigt und bestärkt Markus in seiner negativen Einstellung zur Internetsucht und setzt suggestiv den Bekenntniszwang ein: »Nee, so sagst du's, du redest es nicht schön, oder?« – »Nee.« Und damit fährt Markus – unaufgefordert – in der Schilderung seiner Suchtsymptome fort: »Wenn ich bei Freunden bin, um zehn Uhr [abends] muss ich weg, da muss ich vor den PC. Das Problem is': Ich zitter, ich kann nicht schlafen.« Domian: »Wie lange geht das?« – »Bis morgens um acht.« Domian: »Und dann gehst du schlafen?« – »Nee, nee, ich hab nebenher – weil, ich möchte ja nich' dem Staat auf der Tasche liegen [...].« Domians Frage, wann er schläft, beantwortet er mit: »So zwischen fünf und neune, ich schlaf so drei, vier Stunden am Tag.« Dann geht es weiter mit Angaben über sein Gewicht. Markus erzählt in einer Art Selbstanalyse, dass er schon seit seiner Kindheit übergewichtig war und damals schon angefangen habe, am Spielautomaten zu spielen. Selbsttherapeutisch gibt er Auskunft: »Durch die Spielautomaten hab ich mein Selbstbewusstsein gestärkt.« Domians Frage nach Freundin oder Frau wird verneint, aber auch hier kommt ein Problem zum Vorschein, denn er erzählt, er habe einen Sohn, den er seit sieben Jahren nicht mehr gesehen habe. »Damals«, als seine Freundin noch in der Ausbildung war, habe er jeden Tag nach seinem Sohn gesehen und für ihn gesorgt, mit dem Tag der Abschlussprüfung aber sei sie verschwunden, unauffindbar. Domian reagiert voller Mitleid und Empathie: »Das ist aber hart. Das ist aber traurig.«, was Markus veranlasst, noch einen drauf zu setzen: »Da kam jetzt noch dazu, ich hab meine Oma verloren, letztes Jahr, ich hab meine Oma die letzten drei Jahre gepflegt, die war dement.« Nach diesen Schilderungen setzt Domian zur möglichen Intervention an: »Wenn man die Erkenntnis hat, dass man süchtig ist, dann versucht man immer, davon wegzukommen.« Und, nachdem Markus abwinkt und sagt, er habe bei sich im Ort schon eine Suchtberatung aufgesucht, die ihm aber nicht helfen konnten, weil »Internet-Poker kenne die net«, fragt ihn Domian: »Hast du denn mal versucht, an deinem Verhalten eigenständig etwas zu verändern? Hast du schon mal versucht, dir zu sagen: ›Heute Nacht mach ich es nicht‹? Hast du das schon mal versucht?« Woraufhin Markus – ausweichend – antwortet: »Ja, man kann sich sperren lassen.« Domian: »Und dann?« Markus: »Trotzdem. Ich hab mehrere Accounts bei mehreren Anbietern – und dann spielt man trotzdem.« Domians Hinweis, man könne ja das ganze Internet mal ›abklemmen‹, wird mit einem Lachen quittiert und als Domian nachsetzt: »Es gibt viele Menschen, die ohne Internet leben, vor allen Dingen, in einer solchen Notsituation, in der du bist«, wird dies wieder mit einem Lachen und der Auskunft beantwortet: »Ja, es gibt auch Internetcafés.«

Schließlich setzt Domian mit (s)einer Normalisierungsstrategie an, indem er ihm ins Gewissen redet: »Ja, also, natürlich musst du mit allen erdenklichen Mitteln da jetzt vorgehen, weil sonst frisst dich diese Sucht in der Tat auf. Und da hast du jetzt noch großes Glück gehabt, dass du dich nicht verschuldet hast dabei.« Markus antwortet lapidar: »Des isses«, worauf Domian noch einmal ansetzt: »Da wäre eine sehr gezielte, ordentliche psychologische Betreuung angesagt, damit du Strategien entwickelst, dich davor zu schützen.« Worauf Markus antwortet: »Also, ich hoffe halt bloß, dass der deutsche Staat des verbietet, solche Pokerseiten.« Domian: »Gut, aber solange können wir ja nicht warten. Du musst jetzt was unternehmen.« Und er kommt noch einmal darauf zu sprechen, ob er nicht wieder in seinem Beruf, Maurer, arbeiten könne. Markus antwortet »Nee, mein Knie is' kaputt«, woraufhin Domian meint: »Wie ist denn deine Perspektive? Du bist ja noch 'n junger Kerl« und ihm eine Umschulung vorschlägt. »Wenn das so einfach wär', bei uns, die ARGE, da is' ma' bloß 'ne Nummer, da kommt nix.« Aber

Domian lässt sich nicht so leicht abschütteln: »Aber vielleicht, wenn man noch 'n bisschen mehr Elan dahinter hängt.« Daraufhin meint Markus: »Ich hab ja schon abgenommen«, und Domian unternimmt den Versuch, an diese Eigeninitiative anzuknüpfen: »Ja, eben, find ich ja toll, deswegen [...].«

Als Domian nicht mehr weiter weiß, weil Markus immer wieder kontert und Domian sich gegen seine Einwände nicht mehr durchsetzen kann, greift er zum letzten Mittel, das in solchen Fällen immer zum Einsatz kommt: zum psychologischen Expertengespräch. Er schlägt Markus vor, »dass du jetzt mal mit meinem Psychologen redest.«

Markus präsentiert sich als zwar süchtiges, aber letztlich uneinsichtiges Subjekt, eines, das allerdings den Eindruck erweckt, das es sich immer noch im Griff hat und bisher das seiner Meinung nach Schlimmste, nämlich Verschuldung, abwenden konnte. Das Problem der Arbeitslosigkeit und fehlenden beruflichen Anschlussfähigkeit stellt für den Anrufer, anders als für Domian, offenbar kein Problem dar. Dies verstößt gegen das Konzept des Normalsubjekts, das hier, medial transportiert, als sich ›umschulendes‹, arbeitswilliges Subjekt präsentiert wird und in ein Projekt agiler, andauernder Selbstveränderung mündet. Während Markus selbst auf staatlich-gesetzliche Maßnahmen zur Einschränkung des medialen Angebots (von Internet-Poker) und damit zugleich auf eine mediale wie auch auf eine psychosoziale suchterzeugende Quelle verweist, greift das hier medial gespiegelte Modell, die geltend gemachten Hinweise beiseite schiebend, ausschließlich auf das Modell des therapiebedürftigen Subjekts und seine Veränderung zurück. Gewichtsverlust erscheint als sinnvoller Anfang einer Re-Normalisierungsmaßnahme, die von Markus allerdings nicht bereitwillig aufgegriffen und selbstkontrolliert weitergeführt wird. Als einziger Ausweg aus der Sucht, vor allem aber aus der Passivität des uneinsichtigen Verhaltens am anderen Ende der Leitung, erscheint daher die psychologische Beratung durch Experten, die Erfolg auf dem Weg zurück ins ›normale‹ Leben verheißt und womöglich noch weiterführenden Erfolg, durch Therapie zur Wahrheit des Ich zu gelangen, verspricht.

Traumatisches

Im Folgenden werden Rhetoriken des Selbstmanagements vorgestellt, die zeigen, dass und wie Berufliches und Privates so ineinandergreifen, dass ihre Verschränkung durchaus nicht, wie neoliberale Diskurse unterstellen, als kreatives Potential unternehmerisch genutzt werden kann, sondern (selbst-)zerstörerisch wirkt. Sichtbar werden hier Automatismen, eingeschrieben in Wiederholungsmechanismen, die dem Regelkreis selbstkontrollierten Handelns zwar mimetisch verhaftet bleiben, insofern sie keine Unterbrechung zulassen, sich zugleich aber, indem sie Bruch- und Sollstellen produzieren, an denen der Aktionskreis zusammenbricht, vom Regelkreis – selbstgeführten – sozialen Handelns lösen. Das Ergebnis ist nicht Selbstentfaltung, sondern der depressive Zusammenbruch eines Subjekts an den – (selbst) gestellten – Anforderungen, das sich halt- und ratlos medizinisch und psychologisch-psychiatrisch ausgewiesenen Experten sowie einer medialen Beraterinstanz überantwortet.

Schwangerschaftsabbruch: Pausenlose Initiative – reibungsloses Handeln – depressive Implosion

Das Thema von Zora (31 Jahre): Schwangerschaftsabbruch und Depressionen. Sie berichtet, dass sie zweimal abgetrieben hat (»ich habe alles an einem Tag erledigt«) und gibt die Auskunft, dass sie nun völlig verzweifelt und ihrer Situation gegenüber vollkommen hilflos ist. Im Fortgang des Telefongesprächs erzählt sie, dass sie schon zwei Kinder hat und weitere Kinder mit ihrer beruflichen Karriere – Studium der Psychoanalyse und Psychotherapieausbildung – nicht vereinbaren könne, weil sie es nicht schaffe. Nun sei sie aber selbst in psychoanalytischer und psychiatrisch-medikamentöser Behandlung; die Dosis sei in den letzten drei Monaten auf das Dreifache erhöht worden (!) – und sie könne einfach nicht mehr. Nach der zweimaligen Abtreibung könnte sie nun ihren Kindern auch nicht mehr in die Augen sehen.

Nach und nach erzählt sie ihre Geschichte, ab und zu fragt Domian nach: »Ich hab mir 'nen Test geholt, der hat mir gezeigt, dass ich schwanger bin. Bin dann direkt zum Arzt gegangen, hab mir das bestätigen lassen, hab dann auf dem Stuhl gesessen, die Ärztin sagte: ›Sie sind schwanger‹, und das erste, was ich sagte war: ›Weg damit‹! Und die hat dann sofort den Display, also den Monitor 'rumgedreht, und von dort aus bin ich sofort zu Pro Familia gegangen, hab den Schein geholt, den Beratungsschein, bin dann zum Arzt, der den Eingriff vornimmt, bin dann von dort direkt zur Krankenkasse, für die Kostenübernahme, also alles am gleichen Vormittag erledigt, hab nicht eine Sekunde nachgedacht, und das Einzige, was ich nur gedacht hab, war: ›Das schaff ich nicht! Das schaff ich nicht, mit drei Kindern und das Studium, das schaff ich nicht!‹ Bin dann, nachdem ich alles erledigt hab, nach Hause gekommen, ja, und ich hatte Geburtstag, mein Mann kam mit Blumen und was weiß ich, sagte ›Happy birthday‹ und ›Ich hab 'n Geschenk für dich‹, ja, und ich sagte: ›Ich hab auch 'n Geschenk für dich – ich bin schwanger.‹« Zora sprudelt das alles hintereinander staccato-artig heraus. »Und dann guckte er und sagte: ›Und was nun?‹ Und ich hab gesagt: ›Ja, mach dir keine Sorgen, hab schon alles erledigt, das kommt in zehn Tagen weg!‹ Hab dann [sie schnauft schwer], ah, er hat dann nichts mehr weiter dazu gesagt, hab dann den Eingriff vornehmen lassen. Die ersten zwei Tage ging's mir gut damit, hab dann gedacht: ›So, jetzt kannste dich auf dein Studium konzentrieren.‹ Und am dritten Tag bin ich komplett zusammengebrochen, weil dann auf einmal so ein tiefer Schmerz in mir war, so eine Trauer, so eine Leere. Ich konnte meine Kinder, die zu Hause waren, nicht ertragen, ich wollte sie nicht sehen, ich wollte sie nicht hören, ich wollte nicht, dass sie mich anfassen, weil ich mir gesagt hab: ›Ich bin die schlechteste Mutter überhaupt auf der Welt, wie kann ich mein Kind töten und zwei Tage später meine Kinder in die Arme nehmen.‹ Ich hab geweint, ich war verzweifelt und ich war hysterisch, ich war alles! [...] Ich bin nach dieser ersten Abtreibung krank geworden, ich bin in psychoanalytischer Behandlung, ich nehm' Antidepressiva, und dadurch, ich vertrag' die Pille nich', ich hatte fast 'nen Schlaganfall dadurch, ich musste die Pille absetzen und bin dann, leider, wieder schwanger geworden. Und in dem Moment, wo ich gemerkt hab, ich bin schwanger, war ich wieder genau so drauf wie beim ersten Mal, obwohl ich die Erfahrung gemacht hab.« Domian: »Obwohl's dir so schlecht ergangen ist danach, hast du das gleiche Procedere dann wieder durchgezogen?« – »Ja, sofort wieder, alles an einem Tag.« – »Was hat dein Mann denn gesagt zu dieser zweiten Abtreibung?« – »Es war komischerweise an seinem Geburtstag, er kam rein und ich saß wieder da, völlig versteinert. Und er hat gefragt: ›Und was jetzt?‹ Und ich hab wieder gesagt: ›Ja, alles erledigt.‹ Und er hat nur gesagt: ›Magst das auch wirklich noch mal alles durchmachen?‹ Und ich hab gesagt: ›Ich schaff das nicht, ich bin, ich bin krank, ich nehme Antidepressiva in sehr hohen Dosen, ich schaff das nicht, selbst, wenn ich die Tabletten absetzen würde, ich würd' zusammenbrechen. Ich pack das nicht.‹ Und er hat dann nur gesagt: ›Mach, wie du am besten damit klar kommst. Bekomm es oder bekomm es nicht, so, wie du am besten damit klar kommst.‹ Ja, und mehr oder weniger saß ich dann wieder allein da.« An dieser Stelle fragt Domian: »Hör ich da raus [...] einen Vorwurf deinem Mann gegenüber?« – »Ja, [sie schnauft laut] in verzweifelten Stunden oder Sekunden, die ich durchlebe, mach ich ihm schon Vorwürfe. Aber ich kann ihm nicht wirklich 'nen Vorwurf machen.« – »Nee, aber ich muss dir sagen, dass ich auch etwas irritiert bin, ich finde, als Partner hätte ich auch nicht gesagt, ›mach du mal, wie du's für richtig hältst.‹ Ich finde, das muss man gemeinsam dann sehr klar und ernst beraten. Jetzt hast du's das zweite Mal getan, wie fühlst du dich heute?« – »Sehr schlecht. Meine Antidepressiva sind vor zwei Wochen um die dreifache Dosis erhöht worden. Ich bin völlig, ja, ich krieg gar nichts mehr auf die Reihe, es is' ein Schmerz, der is' gar nicht zu beschreiben, eine Leere, ja, ich bin verzweifelt, ich träume schon von diesen Kindern.« Auf Domians Frage: »Is das so, dass du dich um deine anderen Kinder, du hast ja schon zwei, nich' so gut kümmern kannst im Moment?« antwortet Zora: »Ich kann mich kaum um sie kümmern im Moment, auf sie eingehn, also da mach ich mir auch Vorwürfe, dass ich 'ne schlechte Mutter für die bin und das bedrückt mich dann noch mehr ...« – »Wie alt sind die Kinder inzwischen?« – »Sieben und vier« – »Was is' mit deinem Studium?« – »Ja, ich bin mittendrin und ich komm nich' weiter.« – »Was studierst du?« Zora lacht höhnisch und antwortet: »Heilpraktikerin und Psychotherapie.« – »Hm. Du sagst, du nimmst Antidepressiva, bist du in Behandlung bei einem Psychiater oder Psychotherapeuten?« – »Ja auch. [...] Ich steh jetzt kurz davor, weil beide, sowohl der Psychiater als auch die Psychotherapeutin sagen, ich gehöre in eine Klinik.« – »Hast du, bevor du deinen zweiten Eingriff hast vornehmen lassen, hast du dieses mit deiner Psychotherapeutin und dem Psychiater besprochen?« – »Ja, ich bin von der Pro Familia aus, hab ich direkt da angerufen und bin zu ihr gefahren.« – »Und was hat sie dir geraten?« – »Sie hat gesagt, sie kann mir auch nicht sagen, ob ich es tun soll oder nicht, sie kann mir nur aufzeigen, wie ich bei dem ersten Eingriff gelitten habe und was ich da durchgemacht habe und dass es bei dem zweiten auch nicht anders sein wird und ob ich mir das zutraue, ob ich das noch tragen kann.« – »Und was hat der Psychiater gesagt?« – »Der hat nur gesagt: ›Was können Sie denn noch alles tragen? Sie schaffen das nicht.‹« – »Also war eigentlich von beiden so durch die Blume ›lass es sein‹!« – »Richtig.« – »Nimm das Kind.« – »Richtig.«

Dann fragt Domian: »Es sagen beide, sagen jetzt, dass du eigentlich stationär behandelt werden müsstest, warum machst du's nicht?« – »Ja, weil ich mir dann eigentlich, so, das wäre eigentlich für mich so der letzte Rest, dann könnt ich gar nichts mehr tun, ich würd' mir so vorkommen, wie 'ne Versagerin, ich habe versagt, auch bei den Kindern, die jetzt zu Hause sind, ich versuche sie, so gut es geht, zu versorgen, was ich aber nicht schaffe, weil Haushalt, es geht gar nichts, ich bin wie gelähmt, ich sitze zu Hause, ich bin nur noch am Grübeln.« Domian beschwichtigt sie mit dem Hinweis auf die Normalität therapeutischer Versorgung: »Aber man is' doch kein Versager, wenn man die Hilfe in einer Klinik in Anspruch nimmt.« – »Nee, aber das geht vom Gefühl her, das is' vom Gefühl. Und, was ich noch dazu sagen muss: Ich habe mich ja so sehr, nach diesen beiden Eingriffen hab ich mich ja so sehr gehasst, dass ich mich dann, zwei Monate nach dem zweiten Eingriff hab ich mich sterilisieren lassen.« Darauf Domian: »Also, da sind ganz, ganz viele dramatische Dinge passiert in einem Jahr quasi, kann man sagen, die Psychotherapeutin und der Psychiater, sind das beides Personen, die du ernst nimmst? Also, wenn das so ist, würd ich deren Rat sehr respektieren, Zora. Es ist kein Versagen, in eine Klinik zu gehen, es gibt ja so tolle Kliniken! Du bist ja in einer verzweifelten Situation im Moment, Du kommst ja überhaupt nich' weiter. Du drehst dich im Kreis und ich vermute, dass es fast schlimmer wird, täglich oder wöchentlich. Das ist ja bei jeder anderen körperlichen Erkrankung auch so, dass man in eine Klinik geht und sagt, ›Jetzt geh ich mal in eine Klinik und mach es mal so richtig von Grund auf.‹ Was sagt denn jetzt dein Mann, was rät er dir?« – »Ja, der is' auch, der weiß auch nich', was er mit mir anfangen soll, weil ich da sitze, kann nich' mit ihm reden, ohne, dass da gleich die Tränen laufen. Ich sag ihm auch, ich weiß nicht, was ich machen soll, ich fühl nichts mehr, ich bin gefühlstaub, im nächsten Moment bin ich Gefühl pur.« – »Aber sagt er denn auch nicht zu dir, ›Dann organisieren wir das so, dass du mal ein oder zwei Monate in die Klinik gehst‹?« – »Ja, von Klinik hat er jetzt so nich' gesprochen, aber er hat auch gesagt, er hat gesagt, ›Geh zur Kur‹ oder ›Fahr zwei Wochen in Urlaub‹ oder ›Ich nehm' die Kinder, mach was für dich.‹ Er versucht schon, mich zu unterstützen, jetzt konkret Klinik hat er jetzt nicht angesprochen, obwohl ich ihm auch nicht gesagt hab, dass die Ärzte mir so dringlich geraten haben ›Geh in die Klinik‹.«

Dass ihr Mann ihr im Grunde längst die Beziehung aufgekündigt hat, indem er alles ihr überlasst, thematisieren Zora und Domian nicht. Die Beziehung zu ihrem Mann bleibt im Dunkeln; dabei spielt sie möglicherweise in ihrer Selbstbeziehung eine entscheidende Rolle: Misst sich ihre Angst, zu versagen, vielleicht nicht zuletzt an ihrem Mann?

Domian rät ihr als »Außenstehender«, wie er sagt, dringend zu einem Klinikaufenthalt: »Ich habe Sorge, dass du noch weiter abrutscht, wenn das so weitergeht«, worauf Zora erwidert: »Ja, ich halte mich noch so an den letzten Resten meines Lebens fest, wie ich mal war, in der Hoffnung, dass es noch mal aufwärts geht, aber…«

Wieder greift Domian, wie auch in anderen ›schweren‹ Fällen, zu institutionalisiertem therapeutischem Wissen und kommt noch einmal auf den Klinikaufenthalt zu sprechen: »Es gibt wirklich so, so wunderbare Kliniken heutzutage, früher hatte das ja immer so 'nen Beigeschmack, wenn man in eine psychiatrische oder psychosomatische Klinik geht, heute ich das ja gang und gäbe. […] Ich würde dich gerne von meiner Psychologin noch beraten lassen, was vielleicht für 'ne Klinik ganz interessant für dich wäre, dann hast du die Information schon mal an der Hand und kannst es ja mit deinen Fachleuten vielleicht auch noch mal besprechen.« – »Hmm.« – »Ich würd' es dir sehr, sehr dringend raten. Von Herzen alles Gute.«

Hier wird die Normalität therapeutischer Interventionspraktiken medial im gefährdeten Subjekt gespiegelt; das psychische Leiden wird analog einer körperlichen Erkrankung thematisiert, ein Mehr an psychologischer Betreuung eingefordert und unterstützt. Die Betreuung in der totalen Institution der Psychiatrie erscheint Domian nicht nur angemessen, sondern wird geradezu als verlockendes Angebot angepriesen. Es handelt sich demnach quasi um einen Wellness-Aufenthalt für die Seele. Verstärkte psychiatrische Behandlung erscheint als einziger Ausweg aus dem Scheitern individualisierter Lebensvollzüge. Hilfe zur Selbsthilfe führt hier nicht zur Etablierung eines Netzwerks von Freunden und entlastenden sozialen Beziehungen, auch bleibt die eheliche Beziehung unangetastet; *jede/-r trägt das Risiko allein*, eine Strategie individualisierter Vergesellschaftung, die das einzelne Individuum, bei aller Individualisierung und Selbststeuerung, institutionalisierten Kontroll- und Integrationsformen überantwortet. Das spiegelt sich auch hier: So etabliert sich im medialen Hilfsangebot verstärkte institutionelle Kontrolle eines Subjekts, das im institutionellen Rahmen zu sich – und seiner Wahrheit – finden soll.

Diese Geschichte zeigt die »depressive Implosion« eines Menschen als Folge einer – institutionellen und persönlichen – Überforderung, wie Alain Ehrenberg es beschreibt, wodurch sich die Freiheit, dass ›alles möglich ist‹, ins paradoxe Gegenteil persönlicher Freiheit verkehrt. Denn es ist die Freiheit eines Subjekts, das sich zu viel zumutet, sich zunächst reibungslos einfügt in Erwartungen und eigene Zukunftspläne, jenseits des Daseins als Ehefrau und Mutter, dann aber als »erschöpftes Selbst« zusammenbricht, das die eigenen – ausschließlich zugunsten der eigenen Karriere – vollzogenen Entscheidungen gefühlsmäßig nicht mehr nachvollziehen kann und von innen her von ihnen ›aufgefressen‹ und gelähmt, depressiv und handlungsunfähig wird. Gesellschaftliche – und partnerschaftliche – Anforderungen wenden sich als Schuld gegen das eigene Selbst. Unter der Regierung ständiger Selbstkontrolle wendet sich Zora, sobald es sich Bahn bricht und sich zeigt, gegen alles Ungeplante und Unvorhergesehene. Sie schafft beiseite, was den reibungslosen Ablauf ihres Lebens, ihr Karrieremuster stören könnte – und wird so selbst zerstört. Indem sie dem omnipräsenten selbstkontrollierenden Blick unvermittelt und ungefiltert Zugang auf sich eröffnet, erhält auch der therapeutische Blick auf sich die Funktion einer Kontroll- und Ordnungsmacht, der sie sich, allerdings noch zögernd, verzweifelt, absehbar aber vollkommen widerstandslos unterwirft. In ihrer pausenlosen Aktivität, mit ihren Problemen alleingelassen oder besser, sich selbst überlassen, wendet Zora sich, trotz professionellem Beistand, einem anonymen Publikum und Berater zu, wohl, um überhaupt gehört zu werden und sich Ausdruck zu verschaffen. Indem sie sich als Subjekt mit all ihren Schmerzen und ihrer Trauer, die ja so gar nicht ins Schema einer selbstständigen Frau passen, ausspricht, macht sie das sonst Unfassbare greifbar. Hier wird es vorgeführt, die öffentliche Manifestation des Subjekts als Vorgang seines Werdens.

Im medialen Spiegel erscheint dies als Vorgang des ›Abrutschens‹, als Gleiten ins Bodenlose, dem re-normalisierend mit therapeutischer Hilfe entgegengewirkt werden soll. Dass jedes Mal, wenn sie sich ›verrechnet‹ hat, Automatismen des kurzschlüssigen Handelns einsetzen, die das Geschehene möglichst rasch ungeschehen machen sollen, wird im medialen Modell gebrochen durch therapeutisches ›Zwangshandeln‹, das die Verselbstständigung des psychischen Wiederholungszwangs dadurch entselbständigt, dass sie zum ›wahren‹ Ich(-Kern) vordringt.

Schicksalsschläge

Behinderung und Sexualität

Hassan (26 Jahre) ruft an und erzählt, dass er vor sechs Jahren auf einer Party mit Freunden Alkohol getrunken hat und, da er auf dem Fensterbrett saß und ein anderer, der sich auf ihm abgestützt hat und gestolpert ist, aus dem vierten Stock gestürzt ist. Bei diesem Sturz, so erzählt er, habe er sich das Rückgrat gebrochen und ist, seitdem querschnittsgelähmt, ohne Hoffnung auf nochmalige Besserung seines Zustands.

Merkwürdigerweise fragt Domian als erstes nach, wie das mit einer Freundin und dem Sex sei. »Seit dem Unfall hab ich keinen Sex mehr gehabt«, antwortet Hassan und gibt an, dass er lange Zeit keinen Gedanken an Sex hatte, dann merkte, dass kein Gefühl mehr da ist. Domian fragt detailliert nach, wie das genau sei. Er will verstehen, ›was da wie funktioniert‹. Offenbar gilt die Beschädigung der Sexualität Domian als vorrangiges rhetorisch transportiertes Ereignis in der entstandenen Behinderung Hassans.

Ausführlich geht Hassan auf Domians Fragen ein und erläutert im Folgenden detailliert, wie sein sexuelles Begehren nun, nach dem Unfall, funktioniert. Er gibt an, dass sein Penis zwar steif werde, aber kein Orgasmus zustande käme. »Natürlich, das Bedürfnis nach Sexualität, natürlich, ich hab auch Sehnsucht nach einer festen Partnerschaft, natürlich [...]. Ab Hüftbereich, also der obere Schambereich, über meinem Penis, das ist ... Also, die große Problematik, die ich habe, is', dass ich meinen Penis nicht spüre. Also 'ne Erektion, die bekomme ich genau so wie vorher auch, das is' nich', also die Nerven, die dafür zuständig sind, treten aus dem Spinalkanal raus. Da is' alles in Ordnung.« – »Ach so, also wenn du dich selbst befriedigst, kommt es ganz normal zum Samenerguss?« – »Nee, das kann ich eben nich' machen, das is' die Problematik, weil bei mir die Stimulation fehlt, das Empfinden fehlt, da ich meinen Penis nicht spüre. Das ist das Problem. Also ich bekomme 'ne Erektion und wenn ich versuche, mich selbst zu befriedigen, wenn ich mir jetzt irgendwie 'nen erotischen Film anschaue oder so was, bekomm ich halt 'ne Erektion, und wenn ich dann versuche, mich selbst zu befriedigen, spür ich meinen Penis nicht [...], also den Orgasmus würd' ich schon spür'n, das haben mir die Ärzte bestätigt, hab ich noch nicht gespürt, ich komm ja gar nicht soweit, bis zum Höhepunkt, weil das Empfinden fehlt, einfach, ja, dieses Gefühl ist einfach weg, weil ich mein' Penis nicht spüre.« Worauf Domian empfiehlt: »Ja, da würd ich ja spontan sagen, da könntest du dich ja so lange mit dir beschäftigen, bis es vielleicht dann doch zu dem Orgasmus kommt, auch wenn du ihn nicht spürst, den Penis.« – »Ja, das hab ich ja auch schon versucht, aber irgendwann fehlt dann natürlich auch die Lust [...].« – »Aber so im Kopf, die Sehnsucht nach Sexualität, die ist definitiv da?« – »Die ist definitiv da, natürlich. Ich sehne mich auch danach. Ich sehne mich auch nach 'ner festen Partnerschaft. Ja, Erotik und so was, das fehlt mir sehr.« – »Wie is' denn das so in deinem Umfeld, ist der Freundeskreis so bestehen geblieben?« – »Nee, ist nich' mehr da, das is' nich' mehr da. Ich hab vorher schon so mehrere Freunde gehabt, davon is' nur noch einer da.« – »Und die Person, die sich bei dir abgestützt hat, die trägt ja in gewisser Weise die Schuld, dass du abgestürzt bist. Hat die Person sich mal geäußert?« – »Ja natürlich, is' bei mir im Krankenhaus gewesen und hat sich bei mir entschuldigt und ich hab dem auch keinen Vorwurf gemacht, weil des 'ne Reflexsituation gewesen is'. Und ich glaub, da hätte jeder genau so reagiert in der Situation. Also, ich mach ihm da kein' Vorwurf. Wobei, dem fällt das auch sehr, sehr schwer, das zu verarbeiten.« Domians Frage nach der beruflichen Situation vor dem Unfall beantwortet Hassan mit: »Ich bin vorher Filialleiter im Einzelhandel gewesen und den Beruf kann ich jetzt leider nicht mehr ausführ'n. Und jetzt häng ich so'n bisschen in der Luft, ich weiß nicht, was ich machen soll, ob ich studier.« – »Das heißt, es is' 'ne Zeit, ein Jahr is' ja auch nich' viel nach so'm schweren Unfall, du hast es grad ja auch angedeutet, du hast es noch gar nicht richtig verarbeitet, dann hängst du beruflich in der Luft, was Beziehungen, Sexualität, Erotik anbelangt ist auch alles völlig im Nebulösen im Moment ...« – »Ja, es liegt für mich alles in Scherben im Moment.« – »Lebst du alleine?« – »Ich lebe allein, ja, gut, meine Mutter wohnt zwei Straßen von mir entfernt.« – »Kommst du denn jetzt so mit der neuen Situation einigermaßen klar? Da gibt's ja wahrscheinlich tausend Probleme im Alltag.« – »Ja, natürlich, es gibt tausend Probleme im Alltag. Wenn man an den Rollstuhl gefesselt ist, is' es natürlich sehr, sehr schwer, alles dauert viel, viel länger. Anzieh'n dauert viel, viel länger. Oder wenn man Einkaufen geht, das is' natürlich auch alles sehr, sehr schwierig.«

Anschließend werden Details zutage gefördert, die nicht im Dunklen bleiben sollen, alles muss raus, alles muss gesagt werden; Domian will Details der Hygiene und Psychohygiene: »Kannst du alleine zur Toilette?« – »Ja, ich kann alleine zur Toilette, also ich kann mich auf jeden Fall selbst versorgen.« Domian hakt nach: »Hast du da ein Gefühl für, wann du zur Toilette musst?« Gezwungen, mehr zu sagen, *alles* zu sagen, fährt Hassan fort: »Hm, also es ist so, dass sich mein Körper da eingependelt hat. Nee, also es is' so, dass man das im Krankenhaus, während der Rehabilitation, bekommt man das, pendelt sich das dann alles, äh, alles so ein. Also, ich geh jetzt, auf Toilette geh ich alle drei Tage. Natürlich muss ich mich, wenn ich urinieren muss, muss ich mich katheterisieren, nee, das is' klar, aber wenn ich dann mal mein großes Geschäft erledigen muss, dann mach ich das alle zwei bis drei Tage.« – »Aber das machst du, weil der Körper sich so dran gewöhnt hat, du spürst den Drang nicht?« – »Nee, den Drang spür ich nicht.« – »Hm, ja«, antwortet Domian.

Das Obszöne nimmt verschiedene Gesichter an – hier erscheint es als detailfreudige »Exaktifizierung«: »Man treibt die Dinge ins Reale und bezeichnet sie dort mit aller Gewalt. Aber vielleicht sind die Dinge nur dann wirklich ›wahr‹, wenn man sie in ein zu grelles Licht stellt und wenn sie mit dem Siegel übertriebener Originaltreue versehen sind.« (Baudrillard 1985, zitiert nach Maasen 1998: 14)

Domian hakt nach, welche Perspektiven Hassan, der sich kaum spürt, »in Sachen Liebe und Erotik« hat: »Was hast du vor, so perspektivisch in Sachen, ja Liebe und Erotik zu unternehmen, um Frauen kennenzulernen?« Und Hassan antwortet, dass er sich zwingen muss, überhaupt die nötigsten Dinge in seinem Leben zu regeln: »Ich weiß es nicht, es ist momentan so, dass ich mich aus dem Leben immer mehr zurückziehe, nur wenn's nötig ist, gehe ich noch raus, wenn ich einkaufen muss, oder so, dann geh ich halt mal raus, oder wenn ich irgendwelche Behördengänge hab, dann verlass ich nur das Haus. Ansonsten ja, zieh ich mich schon in mein Schneckenhaus zurück hier.«

Sabine Maasen stellt im Anschluss an Foucault fest:

»Während das sexuelle Begehren innerhalb des christlichen Begehrens vor allem Gegenstand der Regulation war, wird es nun zunehmend selbst zum Regulativ. Es schält sich ein ›Dispositiv der Sexualität‹ heraus.« (Maasen 1998: 358) Dieses Sexualitätsdispositiv regelt offensichtlich die Befragung von Domian. Sexualität wird zum Regulativ, das die Beziehung von sich auf andere und die Selbstbeziehung regelt und der Mangel an Sexualität wird hier zum dominanten Motiv für die therapeutische Korrektur. Domians Frage nach psychologischer Betreuung wird verneint; »Es ist mir angeboten worden, aber hab ich alles strikt abgelehnt.« Doch Domian insistiert: »Find' ich eigentlich ganz wichtig, das zu machen, Hassan. Denn das ist so'n Schock und so'n elementarer Einschnitt in dein Leben, da wird wohl kaum einer es so schaffen, damit alleine so zurechtzukommen. Ich würd' dich gleich gerne auch mit meiner Psychologin verbinden, die kann dir einfach 'n paar Sachen mal an Informationen geben, wie, wo und was du machen könntest. Ich wollte grad noch mal 'ne Sache sagen, du hast gesagt, hast gemeint, ›vielleicht studier ich wieder, ja, ich studiere‹.« – »Ja, vielleicht, ja.« – »Das fänd' ich 'ne gute Idee.« – »Ja, ich wollt zum Radio, wollt ich vielleicht was machen, Medienwissenschaften oder irgendwie sowas.« – »Ja, aber Studium, ja, erst mal wegen der Ausbildung, wär's ne tolle Sache und du kommst natürlich dann sofort unter eine Riesenmenge von Menschen und die Chance, dass sich da Kontakte ergeben, wie auch immer, ist natürlich riesig!« – »Ja natürlich, aber die Überwindung is' dann wieder, dann muss ich wieder viele Sachen machen, dann muss ich wieder raus. Dann muss ich ja unter Leute. Und das fällt mir halt sehr schwer. Deswegen häng ich jetzt noch so'n bisschen in der Luft und weiß noch nicht, was ich machen soll.« – »Vielleicht wär' so 'ne Selbsthilfegruppe auch nicht das Schlechteste für dich.« – »Ja, ich hab auch sehr wenig Kontakt zu andern Rollstuhlfahrern. Das hab ich bis jetzt strikt gemieden.« – »Also, wir machen das jetzt so, Hassan, du legst auf, die Sabine ruft dich zurück und die wird dich mal versorgen, einmal mit Selbsthilfegruppen in deiner Umgebung und auch in Sachen Therapie, was du da tun könntest. Und ich glaube, wenn du wieder direkt ins Leben reinkommst und auch das geschafft hast, dass sich bestimmt interessante Dinge für dich ergeben. Es gibt so viel Menschen, die im Rollstuhl sitzen und große Lieben haben und glücklich verbunden sind mit jemand.« – »Ja, wird mir auch immer gesagt.« – »Ja, da bin ich ganz sicher. Ich wünsch es dir von ganzem Herzen, lieber Hassan.« Mit diesen Worten verabschiedet sich Domian von Hassan.

Re-Normalisierung des abweichenden Subjekts erfolgt hier mit Hinweis auf die anderen als Bezugspunkt für eigenes Handeln, auf numerische, statistische Daten der Vielen, die ihr Schicksal wenden: »Es gibt so viele, die im Rollstuhl sitzen ...«

Das begehrende Subjekt, das hier zum Vorschein gebracht wird, erscheint in der christlichen Problematisierung der Sexualität immer als eines, das fehlbar ist. Es konstituiert sich als Defekt, als unvollkommenes, unvollständiges Subjekt. Dieser Defekt liegt hier – schon rein körperlich – auf der Hand; umso mehr wird genauestens und detailliert nachgespürt, was das Begehren ist, wie es vor sich geht, welche körperlichen und psychischen Gebrechen, welche Sehnsüchte und welche Wirklichkeit hier vorliegt. Unterstellt wird eine Normalwirklichkeit, die mit einer bestimmten Häufigkeit praktizierte Selbstbefriedigung und den Orgasmuszwang ebenso umfasst (»sich solange mit sich beschäftigen, bis es zum Orgasmus kommt«) wie andere Elemente einer so genannten Normalbiografie: Beruf, Beziehung, sexuelles Begehren und sexueller Vollzug einer Partnerschaft, Freundeskreis, soziale Beziehungen, soziale Kontakte, Anschluss. Das ist gewissermaßen das *Standardpaket*, das von Domian abgefragt wird und von dem erwartet wird, dass es von einem 26-jährigen jungen Mann, auch und gerade in der Behinderung, vorgewiesen wird, denn die ist, ob körperlich oder psychisch, prinzipiell therapierbar.

Die Re-Normalisierung des ›behinderten‹ Subjekts wird ausgerichtet an traditionellen Lebensformen des bürgerlichen (Arbeits-)Subjekts, das sich nur vollständig weiß in Profession und privater Partnerschaft, die sexuelle Bedürfnisse abdeckt; solange diese fehlt, wird die Sexualisierung des Selbst zur Pflicht.

Auch wird die Frage des Studiums nicht unter dem Aspekt von Interessenorientierung und Wissenserwerb, sondern nur unter dem der Stiftung von Kontakten abgehandelt. Das unvollständige Subjekt wird vollständig erst durch sozialen Anschluss. Sozialität erscheint als fragloser, nicht näher zu begründender Wert. In den Hermeneutiken der Geständnispraktiken des Selbst und seiner Technologien zeigen sich die Umrisse eines kreativen, unternehmerischen Subjekts, das sich einerseits unterscheiden, andererseits aber anschließen muss an die Vielen.

Auffällig, dass und wie das Subjekt funktionieren soll. Psychisches Leiden erscheint auch hier wieder, wie eine körperliche Krankheit, eingeordnet in die Devianz und wird dem Therapiezwang unterworfen. Das Gegenstück des therapeutischen Subjekts bildet das therapeutisierte.

»Hilfe zur Selbsthilfe« stehen auch hier, wie in anderen Fällen, an erster Stelle. Wieder sind auch in diesem Fall Eigeninitiative und Selbsttherapie, begleitend aber auch therapeutische Experten gefragt. Während der Betroffene das physische und psychische Überleben sichern muss, geht Domian davon aus, dass vor allem sexuelle und soziale Anschlussfähigkeit wieder hergestellt werden müssen. Soziale Kontakte erscheinen ihm ebenso so wichtig wie (Aus-)Bildung und Sexualität. Dabei erhält das Soziale einen eigenen Stellenwert. Wie die Sexualität breitet es sich überall hin aus, soziale Beziehungen sind, wie sexuelle, zum

Selbstzweck geworden. Es geht dabei keineswegs um eine abstrakte Sozialität, sondern um eine Sozialität der Annäherung, des Anschlusses, um direkte Kontakte, die wie *Prothesen* wirken, um die körperliche Versehrtheit, aber auch die psychischen Einbrüche und den Rückzug aus der Gesellschaft, wie Hassan es selbst benennt, das Alleinsein, die Einsamkeit und die soziale Isolation zu durchbrechen oder ganz zu unterbinden. Denn beides gefährdet nicht nur den Einzelnen, sondern auch die Gesellschaft und das von ihr verabreichte Standardpaket des Glücks.

Tabubrüche

Diese akribische Therapeutik des Alles-Sagens zeigt sich auch, wenn Tabus zur Sprache kommen, die, wenn es eher um erweiterte Barbesuche wie im Falle des Aufsuchens von Swingerclubs oder Fetischhandlungen geht, die voyeuristische Neugier befriedigen, aber daran gemessen werden, ob sie die Grundfesten des ›Sexualitätsdispositivs‹ erschüttern.[8]

So führt auch die Veröffentlichung beschämender Ereignisse zu forcierter Schilderung und detailgenauer Rekonstruktion einer ›Story‹, deren Wahrheitsgehalt an die Art und den Tonfall der Berichterstattung gebunden wird. Hier werden Authentizitätstests zum Prüfstein der ›Wahrheit‹ des Subjekts und seiner Geschichte.

Ob es sich bei der folgenden Selbstdarstellung um eine Befreiung von belastenden Erlebnissen handelt, mag allerdings bezweifelt werden. Auch Domian zweifelt, wie sich im Fortgang der Geschichte zeigt, ob die Selbstentblößung Ausdruck eines Tabubruchs und einer bedrückenden psychischen Konstellation ist oder sich überhaupt ereignet hat und bloß inszeniert wird. Das Ganze wirkt, zumindest auf dem Hintergrund eines ›authentischen Imperativs‹, dem sich die Sendung verpflichtet fühlt, unglaubwürdig. Das Verhalten der Anruferin steht, wie die erzählte Geschichte und das im Ausdruck ›gezeigte‹ Verhalten, scheinbar im Gegensatz zum ernsthaft bereuenden Subjekt, das sich seiner Verfehlungen bewusst ist, diese problematisiert und ändert; später zeigt es sich, so ›Beichtvater‹ Domian, als Ausdruck von Unsicherheit und Scham. Das

8 Foucault sieht im Sexualitätsdispositiv eine »Ineinanderfügung von Macht und Begehren«, die sich um eine Regelsystem aufbaut, das das Erlaubte und das Verbotene definiert und sich seit dem 18. Jahrhundert in vier strategischen Komplexen entfaltet: der Hysterisierung des weiblichen Körpers, der Pädagogisierung des kindlichen Sexes, vor allem auf oder besser gegen das masturbierende Kind gerichtet, die Sozialisierung des Fortpflanzungsverhaltens und die Psychiatrisierung der perversen Lust; vgl. dazu Foucault 1977: 95ff.

macht das Verhalten wiederum akzeptabel im Kontext eines ethisch begründeten, moralistischen Zugriffs sexueller Aktivitäten der Anruferin, die die Grenzen sozialen Anstands überschreiten.

Affäre mit dem Freund der Mutter

Marina (18 Jahre) ruft an, sagt lachend »Hallo!« und atmet, hörbar, woraus man schließen kann, dass das, was sie jetzt erzählt, sie offensichtlich belastet. Sie beginnt ihre Geschichte mit den Worten: »Ja, also ich, bei mir ist das so: Ich hab mit meinem Stiefvater 'ne Affäre.« – »Stiefvater?« – »Och, ich weiß nicht, der is' auch noch mit meiner Mutter zusammen, die wohnen auch zusammen und alles.« – »Wohnst du auch mit in dem Haus oder in der Wohnung?« – »Nein, ich bin schon ausgezogen.« – »Wie lange schon?« – »Ja, das is' jetzt auch so ein Jahr her. Seitdem ist das auch nich'.« – »Wie alt ist er?« – »Der ist 47.« – »Ja?« – »Ja.« – »Und deine Mama ist mit diesem Mann schon lange zusammen?« – »Ja! Das sind nur so, also was heißt nur so, die sind jetzt drei Jahre zusammen. Ja.« – »Und jetzt hast du eine heimliche Affäre mit ihm. Deine Mutter weiß natürlich nichts.« – »Nee, die weiß es nicht.« – »Wer weiß das?« – »Ja, die einzige Person, die das weiß, ist eigentlich meine beste Freundin, mit der ich darüber rede [...], die hat auch nich' so viel Kontakt mit meiner Familie.« – »Hm. Hm. Wie kam es dazu? Erzähl mal!« – »Oh Gott, das war so, an Neujahr dieses Jahres, also quasi direkt nach Sylvester, nachts, wollt ich meine Mutter besuchen. Hm.« – »Also Neujahr 2008?« – »Ja, dieses Jahr, genau.« – »Du hast gerade gesagt, ein Jahr, dass ihr schon ein Jahr zusammen seid. Nee, das nich'?« – »Ja, ach so! Nee, jetzt hab ich mich vertan! Ich meine, Neujahr letzten Jahres. Ah, ich komm da immer, tut mir leid, durch'nander.« – »Okay, ja, wie war das?« – »Ich wollte meine Mutter besuchen an dem Tag. Ja, und dann hab ich die eigentlich auch erwartet, aber nur er war da. Sie war irgendwie unterwegs. Bei 'ner Freundin, oder, ja. Dann, ich hab mich eigentlich gut mit dem verstanden. Immer wahnsinnig wohlgefühlt, komischerweise. Und dann fing das an mit Angucken. Na, ja, und dann plötzlich auch mit Küssen, also, ja, ham wir angefangen zu küssen und, ja, oh Gott! Und dann ha'm wir halt das erste Mal miteinander geschlafen an dem Tag [sie lacht immer wieder].« – »Stimmt das, was du mir erzählst?« – »Äh, ja [lacht dabei]!« – »Ich hab nämlich den Eindruck, dass das nicht stimmt.« – »Äh, ja, was soll ich dazu sagen [lacht]. Ich ruf an, im Sinne von, dass ich vielleicht 'n Rat kriege oder so [lacht].« – »Du lachst soviel! Du lachst soviel. Und du sagst immer ›oh Gott‹.« – »Weil, ich bin total nervös [lacht dabei wieder]. Ich hab das noch nie gemacht, angerufen.« Domian schwenkt wieder auf die ›Story‹

ein und fährt fort: »Also ging das da von ihm aus?« – »Ja, so kann man das sagen, also es war schon Gegenseitigkeit.« – »Und wie oft triffst du ihn jetzt heimlich?« – »Ja, das is' so ungefähr zwei-, dreimal die Woche. Ja, schon.« – »Und wo trefft ihr Euch?« – »Ja, ich bin ja schon ausgezogen, das ist in meiner Wohnung. Während meine Mutter arbeitet, is' das immer, weil er is' ja arbeitslos.« – »Ja. Bist du in diesen Mann verliebt?« – »Ja, das is' auch so 'ne Sache, das kann ich nicht so genau sagen, also es sind schon Gefühle da. Also, ich bin jetzt nich' so wahnsinnig verliebt, vielleicht is' es eher 'ne Schwärmerei, aber wir schlafen halt miteinander, regelmäßig. Ich würd' das ganz ehrlich eher als 'ne Sexbeziehung betrachten, als Affäre halt. Ich glaub, das ist von seiner Seite auch so.« – »Das glaubst du auch, dass es von seiner Seite auch so ist?« – »Ja! Ich glaub kaum, dass er wirklich Liebe für mich empfindet.« – »Hm. Wie is' denn das Verhältnis zwischen deiner Mutter und ihm?« – »Meiner Mutter und ihm? Ja, also da krieg ich nich' soviel mit. Ja, die sind halt schon drei Jahre zusammen und eigentlich seh' ich die als Paar, ganz normales Paar.« – »Na gut, davon geh ich jetzt aus, dass das 'n Paar is'. Aber, du kriegst doch mit, ob die nun harmonisch miteinander sind oder ob eher distanziert, zerstritten.« – »Ja, nee, Streit gibt's bei denen gar nicht. Und überhaupt ist der auch relativ glücklich, wenn das nich' so wäre.« – »Redest du denn mit ihm über die Problematik?« – »Ja, wir beide reden da eigentlich nich' immer drüber. Also, was heißt, nicht immer, noch nich' mal oft. Wenn, dann immer nur so ›Was machen wir hier?‹, ›Och, was ham' wir wieder gemacht?‹ Und wir wollen das irgendwie ändern, aber wir treffen uns immer wieder.« – »Wie ist denn dein Verhältnis zu deiner Mutter?« – »Ja, meine Mutter, das is' so'n, ich würd' das noch nicht mal als freundschaftliche Beziehung bezeichnen, sondern eher, wir verstehen uns gut. Also, is' jetzt nicht *die* tiefe Mutter-Tochter-Beziehung.« – »Hm. Hm. Bist du Einzelkind?« – »Nee, ich hab 'n älteren Bruder.« – »Ah, ja, hm.« – »Der ist auch schon ausgezogen.« – »Hm. Okay, ich deute jetzt mal dein anfängliches Lachen und das immer wieder ›Oh-Gott-Sagen‹ als Unsicherheit. Und als Scham.« Marina stimmt zu: »Ja, ja, das auf jeden Fall.« – »Und ich glaube dir, was du sagst.« – »Hm.« – »Ähm. Wenn du, wenn du wiederum unterstreichst, dass das Ganze nur eine Sexaffäre ist, find' ich das umso schlimmer, was du da machst.« – »Ja, oh Gott, ich weiß.« – »Wenn da eine große Liebe entstanden wäre zwischen euch beiden, die sogar größer wäre als die zwischen deiner Mutter und ihm, äh, würde man anders noch rangehen. Das ist grundsätzlich ein Drama, wenn man einem Elternteil den Partner ausspannt.« – »Jaaa.« – »Wenn es aber *nur* um Sex geht, du Himmel! Such dir doch irgendwo 'n andern Typ, mit dem du guten Sex haben kannst.« – »Ja, das stimmt. Müsst ich auch machen.« – »Also stell dir bitte mal vor, dieses wird irgendwann mal publik. Wie stehst du vor deiner Mutter da!« – »Das wär' ganz schrecklich.« – Domian bestärkt Marina in dem Gefühl und wiederholt: »Das wär' ganz schrecklich.« – »Auf der andern Seite hab ich auch 'n bisschen Angst, das zu beenden, vor allem, weil ich nicht weiß, wie er reagiert.« – »Na ja, was soll er machen?« – »Ja, die Angst, eigentlich die größte, dass er ihr was sagen würde.« – »Aber warum soll er ihr etwas sagen. Er hat doch genauso viel Dreck am Stecken wie du!« – »Eben. Das denk ich mir dann auch immer. Aber da is' dieser Zweifel, würde er das tun oder nicht?« – »Das, was er tut, ist ja mindestens so schlimm wie das, was du tust! Ich würde die Schuld noch mehr bei ihm gewichten als bei dir! Du bist erst achtzehn, er ist 'n erwachsener Mann von 47 Jahren und geht an die Tochter seiner Frau oder seiner Freundin ran! Das find' ich unter aller Sau! Aber ohne jegliche Diskussion.« – »Ja.« – »Also, ich finde, das ist bitter, dass das ein Jahr schon andauert!« – »Ja.« [Sie scheint zerknirscht, lacht.] – »Sehr bitter, Marina. Du bist erwachsen genug, wenn du jetzt schon da rein geschlittert bist, ›nein‹ zu sagen und da wieder rauszugehen, indem du jetzt einfach sagst: ›Ich kann das nicht, ich will das nicht mehr‹.« – »Ja.« – »Das ist ein permanenter Gewissensdruck, unter dem du stehst.« – »Ja, ich hab schon so oft versucht, mir regelrecht, auf Deutsch gesagt, ›in den Arsch zu treten‹ und das zu machen, aber, oh, das ist so schwer! Ich weiß es nicht.« – »Ich finde das nicht schwer, nein, nein, das ist nich' schwer. Weißt du, wenn du, ich sag' jetzt noch mal, wenn du in den Mann sehr verliebt wärst, dann wär' das sicher sehr schwer. Aber da es nur um Sex geht. Gut, Sex ist 'ne große Macht. Aber das kann man doch kanalisieren. Das kann man doch woanders hinleiten, indem du guten Sex bei jemand anderem findest.« Zögerlich antwortet Marina: »Ja, das stimmt wohl auch.« In dieser keineswegs allzu bereitwilligen Antwort wird offensichtlich, dass hier das Gewissen und mit ihm das Eingeständnis eines sexuellen Fehlverhaltens gegen ein Begehren eingesetzt werden soll, das – gerade in seiner verbotenen Struktur – lustvoll ist und Vergnügen bereitet. Während Domian an der moralischen Norm des Inzestverbots festhält und darauf insistiert, dass Marina ihr sexuelles Begehren kontrollieren und umlenken kann: »Marina, es liegt in deiner Hand, dieses kannst du ganz schnell lösen, indem du aufhörst.« Worauf Marina ganz fest antwortet: »Ja.« (›Ich will.‹) Bekenntnis- und Bußpraktiken liegen nah beieinander. Und dann kommt bei Domian der Seelsorger zum Vorschein, der sich nicht nur um Marinas Seelenheil sorgt, sondern auch noch um das ihrer Mutter: »Und ich mach mir natürlich auch Gedanken darüber, was da in der Beziehung zwischen deiner Mutter und ihm los ist, offensichtlich knackt das da ja auch an allen Enden, dass er so etwas tut.« – »Ja, das stimmt«, antwortet

Marina und lacht wieder, in gewisser Weise erleichtert, entlastet, denn wenn das so wäre, dann läge die Schuld nicht bei ihr. »Was wäre, wenn du es deiner Mutter sagen würdest?« fragt Domian schließlich. – »Oh Gott, wenn ich das meiner Mutter sagen würde? Nee. Ja, das könnt ich sowieso nie. Ich glaub, das würd' ich niemals über die Lippen bringen können.« – »Hm. Hm.« – »Höchstens würde ich das hinter ihrem Rücken, ja, mit ihm halt beenden, das würd ich natürlich noch hinkriegen. [...] Muss ich auch hinkriegen, eigentlich.« – »Ja, ich würde auch gerne deiner Mutter diesen Schmerz ersparen.« – »Ja.« – »Äh, wahrscheinlich is' es auch die richtigste Lösung, dass du so schnell wie möglich, ab morgen, sagst ›vorbei‹ und hoffst, dass sie das nie erfährt. Und wir hoffen, dass er nicht in anderer Weise deine Mutter betrügt.« – »Hm.« – »Wer's einmal macht, macht's auch zweimal, geh ich mal von aus. Aber das ist dann 'n anderes Thema.« – »Ja.« [Sie schnauft.] – »Hm? Also, ich hab dir gesagt, was ich denke, Marina.« – »Okay, ja, ja!« – »Wünsche dir alles Gute.« – »Danke schön«, sagt Marina und lacht.

Tabus werden aufgebrochen, andere errichtet: Liebe als echtes und großes Gefühl wird hier vom ›Beichtvater‹ Domian gegen das bloße Sexbegehren ausgespielt, das zwar, wie er konzediert, »eine große Macht« darstellt, das man aber, offenbar im Gegensatz zu großen Gefühlen wie Liebe, »kanalisieren« und mit jedem beliebigen Partner ausleben kann.

Es scheint, als sei die Selbstdarstellung dieser Anruferin unausweichlich an die Bestätigung des *sündigen, unvollkommenen Selbst*, das Vergebung nur um den Preis der Aufgabe des Sexbegehrens erwarten kann, gebunden. Reuig bekennt sie sich daher auch zu ihrer Sünde und verspricht, allerdings nur als vage ins Auge gefasste Möglichkeit, sich vom Freund ihrer Mutter zu lösen und anders zu orientieren. Wobei zugleich deutlich wird, dass gerade in dieser verbotenen Szenerie der Reiz ihres ›Vergehens‹ liegt und, neben Unsicherheit und Scham, möglicherweise eine weitere Erklärung für das ständige, unsichere, aber auch genüssliche Lachen der Anruferin begründet sein könnte.

Die Anatomie des Sexes wird als bloß ›technische‹ durchsichtig und abgegrenzt von der ›großen Liebe‹, die, personengebunden, von größerer Dauer, als etwas Bleibendes erscheint. Neben der ›Reedukation‹ und Reintegration ins soziale Netz und Normengefüge geht es hier durchaus um Schuldzuweisung und Verurteilung.

Zudem verbindet sich das exhibitionistische Begehren nach Selbstdarstellung hier mit einem Voyeurismus, der sich zumindest vordergründig rigide an moralische Normen bindet, gerade daraus aber seinen Lustgewinn bezieht. Gegenstand des Begehrens ist das tabuisierte Begehren dessen, das einem nicht gehört. Bemerkenswert an diesem Bekenntnisritual ist, dass sich hier – scheinbares – Fehlverhalten und erst recht die so wenig zum Vorschein kommende Zerknirschtheit, die Domian geradezu einfordert, mit ihrer lustvollen Inszenierung verbindet.

Das macht nicht zuletzt den Reiz dieses medialen Formats aus: Der Blick auf das eigene kostbare, unverwechselbare Selbst fällt vom Licht der – scheinbaren – Normalität auf das Dunkel der Unvollkommenheit des sprechenden Subjekts – und bezieht damit die Unvollkommenheit der anderen mit ein, deren Wünsche und Sehnsüchte, aber auch Ängste, sich in der Wahrnehmungsperspektive dieser ›Seelen-Stripperin‹ vermischen. So kommt alles zur Sprache, auch, wenn nicht alles gesagt wird und sagbar ist.

»Nichts scheint mehr tabu, kein Aspekt dessen, was früher als intim galt, bleibt von der öffentlichen Zurschaustellung ausgespart. Indem die Psychoanalyse das Innerste nach außen kehrt, indem sie das Privateste und Intimste sagbar macht, macht sie es verhandelbar, austauschbar, macht sie es zu einer öffentlich inszenierten Intimität.« (Lehnert 1999: 14)

Doch die angenommene Normalität des Tabubruchs ist nur die halbe Wahrheit. Indem das Verborgene zum Vorschein kommt, Tabus ausführlich thematisiert, dadurch aber keineswegs aufgebrochen, sondern gefestigt werden, wird das Feld der extrem auffälligen Abweichung als hinter der Normalität stehende sichtbar wie es dadurch gleichermaßen kontrollierbar wird und normalisiert werden kann. Andererseits ist es gerade das Exzentrische, das die mediale Aufmerksamkeit steuert und großen Teilen der Bevölkerung Zugang zum ›Anormalen‹ gewährt, ohne sie selbst zu gefährden. ›In Verteidigung der Gesellschaft‹ (Foucault 1999) kann der normale Bürger sich, medial vermittelt, mit dem Irrsinn beschäftigen, ohne selbst infiziert zu sein.

Und auch das ›Intimste‹ bleibt weiterhin intim und privat. Ob die Privatsphäre durch solche medialen Bekenntnispraktiken »zum öffentlichen Ort (mutiert), zu dem immer alle Zugang haben und wo niemand allein sein muß oder sich doch wenigstens der Illusion hingeben kann, nicht allein zu sein« (Lehnert 1999: 101) wie Gertrud Lehnert annimmt, ist die Frage. Alle, öffentlich Bekennende und anonyme Voyeure an den Rundfunkgeräten und Bildschirmen kommen irgendwie zu Wort, die einen als sprechendes Subjekt, die anderen im Selbstgespräch. Jeder kann sich einbringen und das Wort ergreifen, auch wenn die Wortergreifung der meisten privat oder imaginär, im Innenleben verborgen bleibt.

»Auf Grund der Besonderheit der häuslichen Rezeptionssituation und des Charakters von Daily Talks, in besonderer Weise Privatheit zu inszenieren, kommt es bei der Rezeption dieser Sendungen zu einer intensiven Auseinandersetzung der Zuschauer mit ihrer eigenen Privatheit und Intimität. Sie werden sozusagen mit ihren ureigenen Einstellungen, Meinungen und Gefühlen als Privatpersonen in einer privaten Situation durch eine öffentlich kommunizierte Privatheit und Intimität getroffen.« (Mikos 2002: 97)

Auf diese Weise können sich, medial vermittelt, Privatheit und Öffentlichkeit gegenseitig durchdringen und je nachdem, können private Dinge öffentlich werden oder privat bleiben, ohne dass es der Normalität des alltäglichen Lebens schadet.

Im medialen Format wird eine Art ›Hyperrealität‹ präsentiert, indem rituell ein standardisiertes Programm in Szene gesetzt wird, um das verwirrte Subjekt aus seinen Verstrickungen zu ›befreien‹ und es im konzentrierten, stets kontrollierten Vorgehen (des Alles-Fragens und Alles-Sagens) zu re-normalisieren, es wieder einzufügen in den ›normalen‹ Gang der Dinge.

Dabei entpuppt sich die simulierte Sozialität als helfende Annäherung; hier zirkulieren Praktiken, mit denen die Faszination der Aufmerksamkeit und des Begehrens des Anderen eingefordert und kultiviert wird (»Schön, dass du da bist«, sagt Domian zur Begrüßung der Anrufer). Simuliert wird der ›nahe‹ Fremde, der im Gespräch eingeschlossen wird in die inquisitorische Entzifferung seines Begehrens, seiner Phantasien, Wünsche und Ängste. Eingehüllt in den exterritorialen Bereich nächtlicher Selbstenthüllungen wird das Verborgene, Unbewusste ins lichte Dunkel gehoben und aus der Exkommunikation sprachlicher Klischees befreit – und in Lichtung einer unsichtbaren Öffentlichkeit befördert. Mithilfe eines standardisierten Arsenals therapeutischer Gesprächstechniken wird die ›Erlösung‹ des Subjekts von Schicksalsschlägen seinen psychischen Lasten medial vorgeführt und zelebriert. Indem sprechende Subjekte sich und ihr Begehren der Öffentlichkeit aussetzen, setzen sie sich auf zweifache Weise in eine Beziehung zu sich selbst: Das anscheinend zwanglose Geplauder am Telefon ist eine experimentell-kontrollierte Anordnung, in der sich das sprechende Subjekt ›erfindet‹. In der quasi (selbst-)therapeutischen Gesprächssituation befreit vom Zwang seines Begehrens und von Ballast seiner Bedrängnisse und Bedrückungen, ist es bemüht, heraus zu finden, was oder wer es selbst ist.

VI. Öffentliche Manifestation des Subjekts (II): Selbstpraktiken im Netzwerk medialer Verzeichnisse

Verfahren der Subjektivierung sind an eine Vielfalt und Vielzahl medialer Netzwerke angeschlossen. Eingebunden in die Dynamiken beweglicher Kommunikationsnetzwerke, deren singuläre Punkte sich auf unvorhersehbare Weise miteinander verketten, ist das Subjekt zu einer unvorhersehbaren ›schöpferischen‹ Kraft geworden, die das soziale Leben und damit auch sein eigenes immer wieder aufs Neue (re-)produziert.

Gebunden an Aufzeichnungs- und Distributionstechniken, an Techniken der medialen (Re-)Produktion erfährt das Subjekt eine umfassende Transformation und performative Neucodierung. Sie erfolgt im Medium der – performativen – Wiederholung, die Individuelles, Singuläres, Einzigartiges an Gleichartigkeit, Typisierbarkeit und marktförmig verwertbare Präsenz bindet.[1] Das Verhältnis von Subjektivität und – neuen – Medien bezeichnet ein interaktives Verhältnis, das Prozesse zur Erscheinung bringt, die nicht ohnehin schon oder *so* noch nicht gegeben sind (vgl. Krämer 2000).

Die vorangegangenen Ausführungen legen nahe, dass Subjektivierung und Selbstdarstellung im Kontext postmoderner, neoliberaler Kon-

1 Zugleich aber verschwindet Singuläres und Individuelles nicht einfach in der wiederholten Aufführung, sondern es entsteht als Singuläres in der Differenz erst im Spiel der Wiederholung, das in der – standardisierten – Inszenierung Differenzen produziert. Das Singuläre entsteht im Spiel von Differenz und Wiederholung. Außerdem aber gibt es eine nicht repräsentierte Singularität und Individualität, die weder im standardisierten Format noch in der Verschiebung (des Wiederholten) in Erscheinung tritt; vgl. dazu Deleuze 2007[3].

trollgesellschaften überwiegend, wenn nicht ausschließlich an Formen der Selbstenthüllung und kreativen Offenlegung seiner innersten Regungen, an Praktiken des Selbstmanagements und der selbstregulierten Vermarktung der eigenen Person gebunden sind, die der Devise folgen: Je individueller, einzigartiger, desto verwertbarer die Inszenierung des – eigenen – Selbst. Dabei wird Individualität zur Marke. Zugleich kann die ›Fabrikation‹ des Subjekts und seine Realisierung als ›authentisches‹ Selbst, das sich zugleich – im Sinne einer echten und unverwechselbaren Person und Persönlichkeit – vom Zwang einer ›authentischen Individualität‹ löst, zurückgeführt werden auf die *Inszenierung seiner Unverwechselbarkeit.*[2] Die fehlende Einmaligkeit seiner Inszenierung – die selbst ja gerade auf Wiederholbarkeit angelegt ist und sich im Netz auch tausendfach wiederholt und wiederholen lässt – ist nicht zu verwechseln mit der fehlenden Einzigartigkeit und Unverwechselbarkeit seiner Inszenierung, auch wenn diese, als Ereignis, einer Struktur der Wiederholung und Wiederholbarkeit unterliegt. Unverwechselbar sein heißt hier nämlich zunächst nur, dass alles auch anders hätte sein können – *individuelle Anordnungen* sind *arbiträr und in diesem Sinne einzigartig*:

»Jede Inszenierung ist ein grundsätzlich *arbiträres Arrangement*, das gerade dadurch bedeutsam wird, dass sich aus vielen, oft unübersehbaren Möglichkeiten gerade diese *Folge von Konstellationen* ergibt. Alles hätte *anders* präsentiert werden können, alles hätte *sich* anders präsentieren können, aber es kommt hier und jetzt gerade *so* daher: Der Sinn von Inszenierungen [...] verdankt sich wesentlich diesem Effekt. Inszenierungen sind Ereignisse eines vorübergehenden, grundsätzlich arbiträren, für die Augen und Ohren eines Publikums dargebotenen Arrangements.« (Seel 2001: 52; Hervorhebungen durch die Autorin.)

Inszenierungen weichen vom natürlichen Gang der Dinge ab, weil sie, wie theatrale Inszenierungen auf einer markierten Bühne, ein *artifizielles, auffälliges Geschehen* bezeichnen, das sich von vorgegebenen, konventionellen Vorgängen unterscheidet. Sie sind komplex, weil sie sich im Rahmen einer Vielfalt von simultan möglichen und gegebenen Vor-

2 Reckwitz spricht im Zusammenhang mit dieser ›Unverwechselbarkeit‹ des postmodernen, hybriden Subjekts von ›marktförmiger Exzentrik‹ und nimmt an, dass dessen Normalisierung demgegenüber zweitrangig sei bzw. in postmodernen Gesellschaften nicht mehr denselben Stellenwert hat wie ›Individualisierung‹, weil es letztlich stärker auf Selbstperformanz und *Selfbranding* ankommt, wenngleich Anschlussfähigkeit dabei eine zentrale Rolle spielt; vgl. Kap. IV.2. in diesem Band; vgl. auch Reckwitz 2006: 520.

gängen vollziehen.[3] Der Sinn dieser Inszenierungen liegt unter anderem in dem Verlangen nach *spürbarer Präsenz* (des Lebens, der eigenen Person). Da jede Inszenierung auch auf einen Raum des Nicht-Inszenierten verweist, ist sie, neben ihrer Einzigartigkeit, gekennzeichnet durch eine *Begrenzung*. Es ist ein – medial – *begrenztes Selbst*, das sich hier präsentiert; aber auch die Inszenierung, mit der sich das Selbst (re-)präsentiert, ist räumlich und zeitlich begrenzt. Das wiederum zeigt, *dass nicht alles im Rahmen einer medialen Inszenierung des Selbst vollständig erfasst wird.*[4] Auch und nicht zuletzt, weil die Repräsentation des Selbst immer auf die *Besonderheit der Auswahl aus einer Fülle von Wahlmöglichkeiten* beschränkt ist und diese sich immer nur als augenblickliche, *gegenwärtige Besonderheit* (der Auswahl aus einer Reihe von symbolischen Dingen und Zeichen) darstellt.[5]

Inszenierungen des Selbst zielen neben den genannten Aspekten vor allem auf die *»öffentliche Herstellung eines vorübergehenden räumlichen Arrangements von Ereignissen, die in ihrer besonderen Gegenwärtigkeit auffällig werden«* (Seel 2001: 55), auf die zeitlich und räumlich *begrenzte Realisierung des Imaginären* ab. Sie dienen im *Medium des Erscheinens* (des Subjekts, des Selbst) zudem der *Repräsentation eines immer fiktiv bleibenden Selbst*, das im Rahmen einer medialen Öffentlichkeit zum Vorschein kommt – und damit auffällig, gegenwärtig, präsent wird. Was öffentlich in Erscheinung tritt, ist ein Selbst, das in seiner imaginären und fiktiven Präsenz in Erscheinung tritt und medial gegenwärtig ist, *sich* damit aber *jeder eindeutigen Verfügbarkeit und Zuordnung* entzieht.[6]

Durch Bindung von Aufmerksamkeit an andere, an die – wenn auch imaginäre – Einbindung ihres Blicks in die eigene Selbstpräsentation und an ihr Feedback, ist das Subjekt, eingebunden in mediale Formen

---

3 Auch die in nachmittäglichen Talkshows präsentierte Normalität ist eine artifiziell inszenierte, die als solche nicht unbedingt wahrgenommen wird, sich aber von der Normalität privater Lebensverhältnisse und dort ausgetragener Anschauungen, in die nicht medial Einblick gewährt wird, unterscheidet.

4 Dies gilt für mediale Inszenierungen, obwohl die Medien die raumzeitliche Begrenzung gerade aufheben und den raumzeitlichen Horizont überschreiten.

5 Diese inszenierte Präsenz des Selbst (in medialen Netzen) kann auch als Widerlager zur ›Gesellschaftsmaschine‹, die über die Köpfe einzelner Subjekte hinweg Prozesse steuert, als unbewusst eingebrachte Zäsur in automatisierte Prozesse interpretiert werden.

6 Seel verweist darauf, dass Inszenierungen etwas in einer phänomenalen Fülle erscheinen lassen und es damit in ein »Spiel von Erscheinungen, das sich einer eindeutigen, begrifflichen oder funktionalen Auffassung und Zuordnung entzieht« (Seel 2001: 56), einbinden.

der Interaktivität, zugleich integriert in Kollektivstrukturen, weniger im Sinn eines politischen Kollektivsubjekts als (viel)mehr im Sinne einer kollektiven Vergegenwärtigung, eines kollektiven Anrührens und ›Anfassens‹, der Herstellung eines Kollektivkörpers im Sinne einer ›beweglichen Mannigfaltigkeit‹ (vgl. Hardt/Negri 2002). Kommunikationsnetzwerke bilden unter diesem Aspekt Darstellungs- und Berührungs-›Maschinen‹, sowohl im Sinne einer theatralen Aufführung, der Performanz, die eine räumlich angeordnete und zeitlich vorübergehende Anordnung von Elementen bezeichnet, als auch im Sinne des Konzepts der Performativität, das nicht nur von der Wirkmächtigkeit und Realisierung des in einer Aufführung Inszenierten, sondern auch von einer in jeder Aufführung immer möglichen Verschiebung, ja, Annullierung des Subjekts ausgeht. In ihnen berührt sich das Einzelne nicht nur mit den Apparaten, sondern, vermittelt über sie, mit dem kollektiven Mannigfaltigen, in das sich das Einzelne, Einzigartige individueller Subjektentwürfe gewissermaßen ›einfühlt‹ und in denen es sich spiegelt.[7]

1. Kommunikative Vernetzung und die Vielzahl von Austauschverhältnissen

Globalisierung bezeichnet nicht nur die weltweite Ausdehnung von Finanzmärkten und transnationalen Unternehmen, die grenzüberschreitende Zirkulation von Geld und Kapital, sondern auch den fast unbegrenzten Austausch von Kommunikation, entsprechenden (Selbst-)Technologien und kulturellen Praktiken. Sie verbinden Selbstentfaltung mit technisch-medial vermittelten Praktiken der Angleichung und Reproduktion, Singularität und Individualität mit der Markierung von Differenz. Damit verbunden ist die Einschreibung der Singularität in globale Kommunikationsstrukturen. Individualisierung und Homogenisierung, Singularität und Gleichartigkeit bilden Organisationsprinzipien der Gegenwartsgesellschaft.

Subjektivierung bedeutet weder völlige Unterwerfung noch vollkommene Freiheit des Individuums oder das Fehlen jeglicher Macht. Die globale Gesellschaft ist vielmehr durch die Ausdehnung der Macht über die strukturellen Orte sozialer Institutionen hinaus gekennzeichnet. Ihr Merkmal ist die Intensivierung der Machtmechanismen und ihrer Ef-

7 Vgl. dazu Benjamin (1938/39), der davon ausgeht, dass die Aura und Originalität des Kunstwerks im Zeitalter der technischen Reproduktion durch die Berührung der Massen (mit den gegenständlichen Apparaturen, der technisch reproduzierbar dargestellten Kunst) ersetzt wird; vgl. auch Bublitz 2005: 48ff.

fekte durch flexible, modulierende Netzwerke. Damit verbunden ist eine ›Konsumtion‹ des Privaten und Unbewussten der Individuen im Rhythmus produktiver Tätigkeiten, deren weitreichende Vergesellschaftung persönliche Dimensionen einbezieht. Aber diese Ausdehnung des sozialen Körpers schränkt das Individuelle nicht primär ein, sondern bringt es extensiv, in gesteigertem Maße erst hervor und stellt es zugleich in den Rahmen einer – weltweit organisierten – gemeinsamen Kommunikation. In der Dynamik von Singularität und Kommunalität liegt die produktive Kraft neuer Subjektivitäten und performativer Kollektive, die keine festen Strukturen haben und ebenso wenig einem Masterplan entspringen, vielmehr Effekte singulärer Kontakte, lokaler Kollektivbildungen und temporärer Synchronisierungen sind.

Die globale Gesellschaft ist maßgeblich bestimmt durch das Fehlen von Grenzziehungen; hier gibt es kein Außen und auch kein Machtzentrum, das die Ströme der Produktion und Zirkulation zentral kanalisiert oder lenkt. Macht ist so organisiert und dadurch definiert, dass sie dezentral operiert. Entscheidend für alle Arten der Selbstfindung und des Selbstmanagements ist daher die Vielzahl von Austauschverhältnissen, organisiert in Netzwerken. An die Stelle der materiellen Arbeit rückt zunehmend nun die immaterielle Arbeit und die symbolisch organisierte, kommunikative Vernetzung der Vielen (vgl. Castells 2003; Hardt/Negri 2002).

Analog bewegen sich auch die Subjektpraktiken ohne zentrale Führung, deterritorialisiert. An die Stelle heteronomer Disziplinarstrategien und Disziplinarinstitutionen treten Formen autonomer Selbststeuerung und verteilte Prozesse; an die Stelle mechanischer Wirkungen tritt eine Vielzahl von Austauschformen, die nicht auf einen Ursprung oder einen Urheber zurückgeführt werden können, sondern Teil einer Struktur bilden, in denen ökonomische Zirkulationsformen, technisch-mediale Strukturen und ästhetische Zeichenrepertoires kommunizieren.

Subjektivierungsweisen verkoppeln spezifische Austausch- und Zirkulationsformen mit spezifischen, panoptischen Blickanordnungen, phantasmatischen Begehrens- und Wunschökonomien, denen die Omnipräsenz schier unbegrenzter Zeichenuniversen und Optionen entspricht, auf die das Subjekt in seiner Selbstpräsentation rekurriert.

Damit rückt das Selbst als massenhaft herstellbares und zugängliches ›Kunstwerk‹, dessen konstitutives Merkmal die Medienpräsenz und der Kampf um Be(ob)achtung bildet, ins Zentrum der Aufmerksamkeit, die sich auf die performative Selbstdarstellung und die kommunikative Anschlussfähigkeit des Subjekts richtet.

Dieses Projekt einer erweiterten Selbstbe(ob)achtung ist unabschließbar, wie Deleuze in seinem »Postskriptum über die Kontrollgesellschaften« (1993) zu recht feststellt. Es erfordert nicht nur die erweiterte Kontrolle des eigenen Ausdrucks, sondern auch dessen nutzbringenden Einsatz als Mittel der Attraktion. Diese wiederum ist der subjektkonstitutive Einsatz und zwar im doppelten Sinne der Aufmerksamkeit, die zum einen dem Betrachterblick und dem vom Betrachter erwünschten Bild des Selbst und zum anderen der Beachtung, die das erfolgreiche Selbstmanagement bei anderen findet, zukommt.

Dabei besteht ein Unterschied zwischen Technologien der Selbstpräsentation in diversen computerbasierten Plattformen im Netz, die mehr oder weniger amateurhaft selbstproduziert und zum Teil selbstgestaltet erfolgen, und Auftritten im Fernsehen, in Talk-, Reality- und Castingshows, deren Performanz vorgegebenen Skripten folgt. In jedem Fall geht es um Formen der Medienpräsenz, in deren Mittelpunkt mediale Formen der Selbstthematisierung und -darstellung stehen, die über die Rekrutierung von Aufmerksamkeit, Feedback-Schleifen und über Rankingverfahren soziale In- oder Exklusion organisieren. Sie bilden Versuchsanordnungen und Testsituationen, in denen Subjektivierungstechniken sowie Diskurse über die Konstitution des Sozialen zu beobachten sind. Als Symbole einer sich vollziehenden Verschiebung innerhalb des soziokulturellen Gefüges der sozialen Ordnung einer Mediengesellschaft, wird hier das Verhältnis zwischen Privatem und Öffentlichem skandalisiert. Zugleich machen mediale (An-)Ordnungen des Blicks Subjektivierungseffekte sichtbar, die, indem sie den privaten Raum öffnen und das Private veröffentlichen, von der Verschiebung der Unterscheidung von Privatheit und Öffentlichkeit zehren, das Subjekt reartikulieren, neu codieren und konstituieren. Zugleich ereignet sich auch hier die Erprobung normalisierender Kriterien und messender Klassifikationsschemata, die Individualität und Singularität mit Angleichung, auffällige Erscheinung und Unverwechselbarkeit mit Stichprobe und Auswahl verrechnen.

Vielversprechender als die Annahme, dass es sich bei diesen medienöffentlichen Formen der Zurschaustellung – von ehemals Privatem – lediglich um die Rekrutierung von Aufmerksamkeit und Be(ob)achtung handelt, wie einige Untersuchungen nahelegen (vgl. unter anderem Groebel 2002; Schroer 2006), ist eine *konstitutionstheoretische Perspektive* auf das Phänomen der medienwirksamen Ausstellung privater Details. Damit stellt sich die Frage, ob die Medienkultur der Selbstpraktiken nicht auf grundlegendere Veränderungen von Subjektivierungsmodi, Selbstverhältnissen und Formen des Selbstmanagements verweisen und inwieweit sich in der zunehmend medienwirksamen öffentlichen Manifestation des Subjekts Dynamiken seiner performativen Neucodierung artikulieren.

Die Annahme ist, dass in der postmodernen, globalisierten Gesellschaft mit dem Aufkommen kommunikativer Netzwerke vorgängige Dispositive der Subjektivierung – und mit ihnen die Aufspaltung in Öffentliches und Privates – zur Disposition gestellt oder durch andere Formen der Subjektivierung und Codierung des Subjekts überlagert werden. Damit verbindet sich die Auffassung, dass Subjektivierungstechniken ihre strukturelle Prägung und Form durch – digitale – Kommunikationsmedien und -technologien erfahren und dabei experimentellen, aber zum anderen das Probehandeln auch strikt einschränkenden Anforderungen der Subjektivierung einen Stellenwert einräumt.[8] Mit anderen Worten: Es geht um neue Medien als strukturbildende Technologien des Subjekts, die sich bis in die Selbsttechnologien hinein ›abbilden‹ bzw. in sie hinein verlängern und Subjektivierungsmodi im Kontext medientechnologischer Formate und Verzeichnisse möglicherweise grundlegend verändern. Mit ihrer Positionierung im Spektrum einer medialen Vervielfältigung heterogener Praxen, die im Kontext der schwindelerregenden Vervielfältigung und Omnipräsenz von Kommunikation einerseits unvorhersehbare, kreative Potentiale freisetzen können und deren Einbettung in panoptische Strukturen der Kontrollgesellschaft andererseits Einschränkungen von Selbsterfindungsstrategien produzieren (können), bewegen sich die Ausführungen zu medialen Selbsttechnologien konträr zu Annahmen, die davon ausgehen, dass Technologien des Selbst entweder frei oder kontrolliert erfolgen oder zwischen (Selbst-)Kontrolle und subversiven Praktiken angesiedelt sind. Demgegenüber wird davon ausgegangen, dass panoptische Strukturen weniger als Beschränkung, sondern geradezu als Ermöglichung und Steigerung individualisierender Formen der Selbstpräsentation wirken.

Mit der Generalisierung vergesellschaftender und individualisierender, sozial differenzierender und integrativer Kommunikationsprozesse entwirft sich das Subjekt als öffentlich sichtbar in Erscheinung tretendes. Zugleich macht es sich zum Subjekt und Objekt von Formen der Dauerkommunikation. Dem entsprechen der unaufhörliche Kommunikations- und Narrationsdrang und die fast unbegrenzte Teilhabe an ›Rhetoriken‹ der Selbst(er)findung. Unweigerlich ist das Subjekt eingebunden in einen strukturellen Kommunikationszwang und im Rekurs auf medienspezifische Inszenierungsmechanismen integriert in den ständigen Pro-

8 Die Frage, die hier aufgeworfen wird, ist, ob nicht das Internet – und selbst Castingshows im Fernsehen zwar die individuelle Handlungsfreiheit der Selbstdarstellung und -präsentation erweitern, gleichzeitig aber nicht nur die (Sende-)Formate, sondern auch und vor allem die Zirkulation kolossaler Datenströme und deren Speicherung kontraproduktiv sind für den experimentellen, medialen Umgang mit dem eigenen Selbst.

zess des »medialen Wortergreifens« (vgl. Jung/Müller-Dohm 1998: 138ff.).

Dies erfolgt auf dem Hintergrund der strukturellen Veränderung von Arbeitswelt, Lebensentwürfen und Konsumverhalten. Die Ökonomie beschränkt sich nicht mehr nur auf die Zurichtung der Produzenten, auf die fabrikmäßige Verausgabung von Arbeitskraft oder die Produktion der Konsumenten durch die Konsumentenindustrie und Werbung. Vielmehr sind Aufmerksamkeit und soziale Attraktivität ökonomische Kategorien geworden, die über digitale Anschlüsse kommuniziert werden – und sich ›auszahlen‹.

Hier entwickelt sich eine »Ökonomie der Aufmerksamkeit« (Franck 1998, 2004[2]), die sich darauf richtet, dass ›*me, myself and I*‹ unablässig wahrgenommen werden. Ziel ist die Anreizung der Wahrnehmung und die Kapitalisierung von Aufmerksamkeit und Beachtung, wobei die – in Clicks messbare – *Aufmerksamkeit* selbst die *Währung* ist, die sich auf der ›Lohnabrechnung‹ findet und auf das Konto mit dem Namen ›*Wertschätzung*‹ eingezahlt wird. Sie schließt die Produktion von Hierarchien, Mechanismen des Ein- und Ausschlusses sowie Subjektivitäten, deren Bedürfnisse, soziale Verhältnisse und Selbsttechnologien mit ein. Die Produktion der Produzenten und Konsumenten impliziert Dispositive der Verknüpfung interaktiver Verhältnisse und sozialer Beziehungen und gibt ihnen eine Ordnung. Über den Modus der Aufnahme des Individuums in die Gesellschaft entscheiden ökonomische Kategorien, aber das *Ökonomische bildet nicht das Zentrum, sondern es interagiert mit dem Symbolischen* und entscheidet im Zusammenschluss unterschiedlicher Ressourcen der Gesamtheit menschlichen Handelns über soziale In- oder Exklusion. Damit verbunden ist die Ausdehnung der Märkte und die Ausbreitung des Ökonomischen auf das gesamte gesellschaftliche Leben (auf das Kulturelle, Individuelle, Organisch-Körperliche etc.) ebenso wie die vollständige Einbeziehung des ehemals Individuellen, Organischen und Affektiven in den ökonomischen Wertschöpfungsprozess, kurz, die marktförmige Optimierung des Menschen, die Individualität nicht als Störfaktor, sondern als Humankapital und Ressource des ›Mehrwerts‹ einfordert. Dabei verlagern sich die Kontrollkreisläufe der Gesellschaft ins individuelle Subjekt, das, immer im Profil der fortwährenden Bewertung und Kontrolle durch andere einer gesteigerten Selbstbeobachtung und -kontrolle, unterworfen und angehalten ist, effizient, ja, optimal mit den eigenen Persönlichkeitsprofilen umzugehen. Und das bedeutet: Gewinnsteigerung und -maximierung auf der Ebene der Selbstdarstellung, die nun unweigerlich an die Akkumulation von Aufmerksamkeit gebunden ist. Selbstpräsentation und -verwirklichung werden so zu ökonomischen Ressourcen. Arbeit und Freizeit fließen ebenso ineinander wie Privates und Öffentliches; denn die ›private‹ Einbindung in den Arbeitsprozess wird durch die Informationstechnologien nachhaltig gesteigert: Nicht nur Informationen können rund um die Uhr empfangen und beantwortet, sondern kommunikative Erreichbarkeit und Kommunikationsansprüche fast grenzenlos ausgeweitet werden. Aber Privates vermischt sich nicht nur auf dieser Ebene mit Arbeit und Öffentlichkeit, sondern paradoxerweise auch als Mittel der Selbstsorge und als Einsatz im Kampf um die Aufmerksamkeit Öffentlichkeit, die letztlich einer Ökonomie folgt, die Präsenz um jeden Preis nachkommt.

Privatheit dient so nicht mehr, wie in der bürgerlichen Gesellschaft, dem Schutz individueller Freiheit und Intimität, zielt sozialisatorisch auch nicht mehr primär auf die Zurichtung öffentlich ausgetragener Konkurrenz, sondern sie wird selbst zur Münze, die auf dem Weg zum ökonomischen Erfolg ins Spiel gebracht wird und eine Steigerung der realen ökonomischen Gewinne bewirkt.

Das *unternehmerische Subjekt* ist eines, das sich mit ›Haut und Haaren‹, also organischen Ausstattungen und privaten Profilen vermarktet und sich einer optimierten Selbstführung unterwirft. Dabei wird der Stil der ›privaten‹ Lebensführung wie die gesamte Persönlichkeit, als ästhetische Oberfläche und umfassende Kompetenz kommuniziert, zum Produktionsfaktor. Dieser steigert nicht nur, wie Bourdieu (1984) annimmt, den Distinktionsgewinn, sondern bewirkt, gleichsam als PR-Maßnahme *eingebunden in einen Komplex von Selbst(aufmerksamkeits)technologien*, auch eine Wertsteigerung der eigenen Selbstentwürfe. Daran zeigt sich aber, dass die Produktion in der globalisierten Gegenwartsgesellschaft »keine rein ökonomische Angelegenheit« mehr ist, sondern »allgemeiner als gesellschaftliche Produktion begriffen werden (muss), heutzutage also die Produktion von Kommunikation, von Beziehungen und Lebensformen« (Hardt/Negri 2004: 11) einschließt.

Hardt/Negri sprechen in diesem Zusammenhang von der »Multitude«, die auf der Grundlage von gemeinsamen Sprachen, Symbolen, Ideen und Beziehungen kommuniziert und als »Subjektivität« aus der Dynamik von Singularität und Kommunalität entsteht. Dabei bedienen sie sich der *Netzwerkmetaphe*r, um die Multitude zu charakterisieren:

> »Ein dezentrales Netzwerk wie das Internet ist dabei ein ganz gutes Bild, eine Art Modell, um die Multitude zu denken, denn erstens bleiben die verschiedenen Knoten ungeachtet ihrer Verbindungen im Netz in ihrer Differenz bestehen und zweitens sind die Ränder des Netzwerks offen, sodass jederzeit neue Knoten und neue Beziehungen hinzukommen können.« (Ebd.: 11)

Die Multitude ist also kein statisches Gebilde, sondern agiert im Sinne eines offenen und dynamischen Netzwerks, dessen singuläre Knotenpunkte produktiv miteinander in Beziehung treten. Durch Kommunizieren und Eintreten in Austauschbeziehungen ist sie in der Lage, Gemeinsames zu produzieren und dennoch die »irreduzible Vielfalt« (ebd.: 123) der Vielheit bestehen zu lassen, diese jederzeit zum Ausdruck zu bringen und sie nicht einer künstlichen Einförmigkeit der Masse unterzuordnen oder sie gar einzuebnen. Auf diese Weise bilden die Vielheit und ökonomische Marktzwänge ein Amalgam, so dass weder das Ökonomische als Subsystem der gesellschaftlichen Produktion noch Kommunikation und symbolische Sphäre, zum Beispiel das mediale Netz, jenseits der Ökonomie funktionieren.

Entscheidende Voraussetzung des Gemeinsamen der Multitude bildet zum einen die Differenz. Zum anderen ist es gerade die dezentrale Struktur, die es ermöglicht, auf kreative Weise in Beziehung zu treten und gemeinsam zu handeln, wobei das Gemeinsame weniger entdeckt als vielmehr produziert wird.

Das Netz ermöglicht eine *›wuchernde Vernetzung‹ der einzelnen Elemente*, wie Deleuze/Guattari im Begriff des *Rhizoms* andeuten. Dessen wesentliche Elemente sind »Heterogenität und Konnexion«, ein Prinzip, das darauf abhebt, dass jeder beliebige Punkt eines wuchernden Netzes mit jedem anderen verbunden werden kann (und muss), wie Deleuze/Guattari (1977: 11f.) hervorheben. Das Rhizom konstituiert sich als Vielheit, es verweist weder auf den einheitlichen Willen eines Subjekts noch ist es einem strukturalen oder generativen Modell verpflichtet, sondern bezieht sich »auf die Vielheit seiner Nervenfasern« (ebd.: 13). Damit steht es ebenso im Gegensatz zu – zentrierten – Systemen der Reproduktion und Differenzierung wie zur binären Logik von Dichotomien. Es eröffnet nicht nur eine maximale Verkettung seiner Elemente, sondern es werden unterschiedliche Zeichensysteme und verschiedene Arten von Sachverhalten ins Spiel gebracht, die sich zu unvorhersehbaren kollektiven Aussagen verketten und reale Verbindungen, Kollektive – ohne vereinheitlichendes Strukturprinzip – generieren, wie dies auch ökonomischen Operationen zugrunde liegt. Gleichzeitig bilden sich ungeplante und unvorhersehbare, emergente Strukturen, entsteht Neues. Dies geschieht zum einen durch Vermehrung der Verkettungen, wodurch sich die Vielheit des Netzwerks automatisch verändert, zum anderen durch transversale Verbindungen, Einschnitte, Bruchstellen. Vor allem ist das Rhizom etwas, was nicht reproduziert, sondern konstruiert, produziert und ständig modifizierbar ist. Deleuze/Guattari bezeichnen es als »Karte« im Gegensatz zur »Kopie«, die immer auf das Gleiche hinausläuft: Während die Kopie immer nur sich selbst reproduziert, hat

»eine Karte [...] mit der Performanz zu tun« (ebd.: 21). Das Netz, das nicht homogen strukturiert ist, sondern in alle Richtungen, Dimensionen zugleich ›wuchert‹ und in dem Knotenpunkte der Mannigfaltigkeit verzeichnet sind, produziert immer wieder etwas Neues: Wünsche, die sich nicht wieder auf ein vorgängiges, geschlossenes Unbewusstes, ein Modell des Stammbaums etc. zurückführen lassen, sondern – durch Anstöße von Außen und andere Operationen – neue Aussagen und andere Wünsche hervorbringen; »das Rhizom ist gerade diese Produktion des Unbewußten [...]« (ebd.: 29); es bezieht sich auf eine »Karte mit vielen Ein- und Ausgängen; man muß sie produzieren und konstruieren, aber immer auch demontieren, anschließen, umkehren und verändern können« (ebd.: 35). Das Rhizom ist »einzig und allein durch die Zirkulation der Zustände definiert«, hier geht es »um ›Werden‹ aller Art« (ebd.).

Diese – wuchernde – Zirkulation und Vernetzung ermöglicht, dass lokales Wissen und Spezialisierungen miteinander in Beziehung gesetzt werden, die einzelnen sozialen Knotenpunkte des Netzwerks mittels komplexer Kommunikationsprozesse ohne den unmittelbaren Einfluss einer hegemonialen Disziplinarmacht miteinander in Austauschbeziehungen treten und ›produktiv‹ werden.

Aufgrund des Bruchs mit einem vertikal-hierarchischen und zentralistischen Machtmodell, an dessen Stelle netzförmig-bewegliche Beziehungen heterogener Subjektivitäts- und Wissensgefüge treten, erscheint das Netz(werk) als Rahmenbedingung der produktiven und kreativen *Ermöglichung* von Austausch und Kommunikation, wenn nicht als Selbst-Ermächtigungsbedingung des Individuums als Element der Vielen gegenüber medialen und ökonomischen Machtstrukturen, allerdings, ohne diese aus dem Blick zu verlieren.[9] Mit Rekurs auf Foucaults Dispositivbegriff muss allerdings darauf insistiert werden, dass das Netz, auch wenn allzu schlichte Vorstellungen von hierarchischen Strukturen und Polaritäten hier entfallen und statt dessen dynamische Netzwerke mit flexiblen Strukturen und die kapillare Ausdehnung von Macht durch mediale Netzwerke die soziale Morphologie gegenwärtiger Gesellschaftsordnungen bilden, sich durch eine spezifische Verschränkung von Wissens-, Macht- und Subjektverhältnissen auszeichnet.[10]

---

9 Der Bruch mit einem schlichten Modell zentraler und hierarchischer Macht bedeutet aber nicht das Fehlen jeglicher Hierarchien im Netz – ohne Frage gibt es, ungeachtet der Vielstimmigkeit, auch im dynamischen (Daten-)Netz Orte mit unterschiedlicher – strategischer – Bedeutung; vgl. zur hierarchischen (An-)Ordnung semantischer Systeme Hall 1991; vgl. auch Winkler 1997: 180.

10 Vgl. zum Zusammenhang von Macht und Subjekt und zum Paradox der Machtförmigkeit von Subjektivierungsweisen auch Butler 2001: 7ff.; Butler geht davon aus, dass die Subjektbildung und seine Formung von Macht

Eingebunden in ein – dezentrales mediales und soziales – Netzwerk von Austauschbeziehungen haben die individuellen Positionen immer auch performative Auswirkungen auf das Netzwerk als Ganzes. Kollektive Kooperation bei gleichzeitiger Anerkennung aller Individualitäten führt zu potenziell intelligentem Verhalten des Kollektivs und widerständigen Aneignungsformen. Die Multitude lässt sich daher durchaus als politischer Entwurf verstehen, wobei nicht so ganz ersichtlich wird, welches genau die Voraussetzungen und Bedingungen für ›subversive‹ Aktionen der Vielheit sind. Es ist anzunehmen, dass diese vor allem auf Kontingenz, auf die unvorhergesehenen Effekte der Akkumulation von Ideen, Wissen sowie auf ›Eigenschaften‹ der immateriellen Arbeit und der Netzwerkstruktur und -kommunikation zurückzuführen ist.

An die Stelle zerbrochener Identitäten treten »Singularitäten, die gemeinsam handeln«, tritt die »Menge«, die »nicht nur eine fragmentierte und zerstreute Vielfalt [ist]«, sondern in der »die einzelnen sozialen Differenzen, die die Multitude konstituieren, [...] jederzeit einen Ausdruck finden und [...] niemals zu Einförmigkeit und Einheitlichkeit, Identität und Indifferenz eingeebnet werden können« (Hardt/Negri 2004: 123). Während bei Hardt/Negri unverkennbar das revolutionäre politische Subjekt der marxistischen Theorie den Hintergrund ihrer Annahmen bildet, ist es eine kontrovers diskutierte Frage, ob die Vielheit der Netzwerknutzer ein neues politisches Subjekt konstituiert oder ob die Handlungsmöglichkeiten der ›Masse‹ der Amateure im Netz durch standardisierte Komponenten der Web-2.0-Technologien nicht vielmehr in ihren Handlungsmöglichkeiten eingeschränkt sind:

»Die Abkehr vom dezentralisierten Web ›sozial isolierter‹ Individuen und die Hinwendung zum sozialen Web sich ›aktiv vernetzender‹ Gemeinschaften hat zu kontroversiell geführten Debatten um den Stellenwert dieser neuen Selbstpraktiken im Netz geführt. Der Web-2.0-Diskurs oszilliert zwischen zwei Argumentationslinien: Der emanzipatorische *Befreiungsdiskurs* erwartet von der Kommunikationskultur internetbasierter Sozialräume eine demokratische Transformation sozialer Beziehungen und produziert Visionen von befreienden virtuellen Erfahrungen. An die Stelle des Nonkonformismus als politische Kategorie des Widerstands rückt im affirmativen Netzdiskurs ein Nonkonformismus der affektiven Selbstermächtigung.« (Reichert 2008: 9f.)[11]

abhängt, die sie als dasjenige begreift, das dem Subjekt erst »seine schiere Daseinsbedingung und die Richtung seines Begehrens gibt« (ebd. 7f.); vgl. dazu auch Bublitz 2002: 98ff.

11 Reichert geht davon aus, dass beide Diskurspositionen, sowohl der Befreiungsdiskurs und mit ihm die »Empowerment-These«, wie sie von Tim Reilly in »What is Web-2.0« (2005) formuliert wurde, als auch die kulturkritische »Polemik gegen die Demokratisierung der digitalen Kommunika-

Sicher sind Verfahren der Subjektkonstitution auf der Basis computerbasierter Techniken der Selbstpräsentation und der Aufmerksamkeitsrekrutierung nicht vergleichbar mit der von Sloterdijk so apostrophierten ›Programmmasse‹ der TV-Zuschauer, von der er annimmt, dass sie in partikularisierte Einzelne zerfällt und einem »gasförmigen Aggregatzustand« gleicht (vgl. Sloterdijk 2000: 18). Die Verwendung der Metapher des ›gasförmigen Aggregatzustands‹ verweist ja in diesem Zusammenhang zweifellos nicht nur auf die fehlende physikalische Materialität, sondern damit zugleich auch auf den fehlenden Subjektstatus der medialen Programmmasse, die sich – physisch und politisch – nicht mehr fassen lässt, sondern nur noch als imaginärer und idealisierter Identifikationsraum für das vereinzelte Individuum dient, um sich als möglichst einzigartiges zu entwerfen. Die unsichtbare Masse ist demnach als – imaginäre – Projektionsfläche für den Einzelnen präsent; sie dient als Folie für die angemessene Inszenierung und Positionierung auf dem Identitätsmarkt mit Wiedererkennungswert, die im Abgleich mit den anderen erfolgt. Dass es dabei zwangsläufig einer Einebnung individueller Besonderheiten unterliegt, steht im Widerspruch dazu, dass es stets darauf aus sein muss, sich als unverwechselbar, von den anderen unterschieden zu präsentieren und zu positionieren.

Sich unterscheiden, ohne dass es einen Unterschied macht, ist Kennzeichen der Anschlussfähigkeit an die Masse bei gleichzeitiger Markierung des Selbst als Marke. Netzwerkartig organisierte Macht besteht nun genau in dieser Anordnung: Sich selbst im Netz so positionieren, dass Anschlüsse möglich und Unterschiede markiert sind. Dabei ist zu berücksichtigen, dass die Einbindung des Subjekts in ein dynamisches Netz aus symbolischen Zeichen, Beziehungen und (Aus-)Tauschverhältnissen unabsehbare Dynamiken hervorbringt: So generiert sie unvorhergesehen singuläre Differenzen, schreibt diese möglicherweise aber auch unvorhersehbaren Wiederholungen von Wissens- und Darstellungsformen ein. Festzuhalten bleibt aber dennoch: Das Subjekt bewegt sich in seiner individuellen Handlungsfähigkeit nicht im Widerspruch zu seiner sozialen Existenz als Elementarteilchen der Masse. Vielmehr konstituiert sich das Individuelle erst über einen Austausch und Abgleich mit den anderen Knotenpunkten innerhalb des sozialen Netzes (vgl. dazu ausführlich Bublitz 2005: 56ff.).

---

tionskultur« (Reichert 2008: 10), wie sie etwa von Andrew Keen in seinem Buch »The Cult of the Amateur« (2007) vorgetragen wird, »versäumen [...], die soziale Alltagspraxis der Amateure zu berücksichtigen« (Reichert 2008: 11) und statt dessen auf einer sehr allgemeinen Ebene argumentieren.

Kommunikative Vernetzung als Produktion des Gemeinsamen setzt als Utopie zweifellos eine aktive Beteiligung auf der Basis einer Many-to-many-Struktur und eine gesteigerte individuelle Nutzungsmöglichkeit voraus.

»Die zunehmende Automatisierung und Standardisierung der Daten- und Informationsverarbeitung im Bereich der multifunktionalen Informations- und Kommunikationsstruktur suggeriert, dass mit der Standardisierung und Normierung der Bedienungsfunktionen den Nutzern/Nutzerinnen zu einem gesteigerten Ideenreichtum verholfen werden kann.« (Reichert 2008: 11)

Damit wird zugleich angenommen, das Netz gewährleiste gewissermaßen die ›freie‹ Entfaltung individualisierender Anwendungen. Damit werden aber nicht nur die Machtverhältnisse, in die die Medien situiert sind und die sich in medialen Verzeichnissen selbst manifestieren, sondern auch die kommerziellen Strategien außer Acht gelassen. Gerade das »Netz der Amateure« kann, so Reichert, »als Prototyp liberaler Regierungstechnologien [und damit verbundener erzwungener Formen der Selbstregulierung] verstanden werden«; es siedelt sich »an der Grauzone von Selbstpraktiken, Herrschaft und Macht an« (Reichert 2008: 13). Wer sich nicht – ›freiwillig‹ – vernetzt, riskiert die »soziale Inexistenz« (ebd.). So freiwillig, wie es scheint, ist die Vernetzung also nicht. Reichert spricht von »Visibilitätszwängen«, die die Frage nach der »*Selbstmächtigkeit* des Individuums gegenüber den Machtstrukturen der Netzöffentlichkeit« zumindest problematisch werden lässt und die »Virtuosen der Netzwerkarbeit« (ebd.) zwingt, ihre Selbstvermarktungsstrategien zu reflektieren. Denn »einerseits wird der ›ungezwungene‹ Zugang zum Netz mit einem missionarischen Eifer von Freiheitstechnologien proklamiert, andererseits schafft der kreative Imperativ neue Abhängigkeiten und Ungleichheiten« (ebd.: 14), neue Formen der – flexiblen – In- und Exklusion in der Netzöffentlichkeit.

Netzwerkförmig organisierte Kommunikation bildet einen – ökonomischen – Produktionsfaktor. Diese Produktivität der kommunikativen Gemeinsamkeit der Vielen stellt, so Hardt/Negri, »den Schlüssel zum Verständnis jeglicher sozialen und ökonomischen Aktivität dar« (Hardt/Negri 2004: 222). Sie ist nicht nur »ein Ausdruck der Globalisierung, sondern organisiert deren Lauf [...], indem sie Verbindungen durch Netzwerke multipliziert und ihnen eine Struktur gibt [...], sie kontrolliert die Bedeutung und die Richtung des Imaginären, das durch die Kommunikationsknoten läuft« (Hardt/Negri 2002: 47). Ihre Organisation erfolgt »in Gestalt des globalen politischen Körpers des Kapitals«, dessen Physiologie und Anatomie sich, folgt man der machtökonomischen Analyse von Hardt/Negri, mithilfe einer »Topologie und Topographie der Ausbeutung« (Hardt/Negri 2004: 213) beschreiben lässt. Aber Medien können verschiedene Vernetzungslogiken in sich vereinigen. Und das bezieht sich nicht nur auf die Überlagerung technisch-medialer Ausstattungen und Akte kommunikativer Nutzung in einem unübersehbaren Geflecht, sondern es geht dabei auch um die fortlaufende Konstruktion und Produktion kommunikativer Netzwerke, die die Topografie einer bloß ökonomischen Kapitallogik ebenso wie die Singularität individualisierter Einzelner überschreiten, sich erweitern und ungeplante Strukturen hervorbringen. Medienformate und -umbrüche produzieren keine unilinearen Darstellungs- und Aneignungslogiken und sie führen auch nicht zu einem homogenen Wahrnehmungsregime. Vielmehr sorgt die performative und subversive Energie sozialer Aneignungspraktiken dafür, »dass die Tektonik technischer Medienumbrüche inhomogen, dystop und divergierend verläuft. Dementsprechend evozieren die Selbstpraktiken und Wissenstechniken der Amateure im Netz unvorhersehbare Bruchstellen, Ambivalenzen und Widerständigkeiten« (Reichert 2008: 18). Auszugehen ist daher von der Konvergenz und Transformation verschiedener Medien- und Subjektpraktiken. Gleichzeitig entsprechen der zunehmenden Erweiterung von Handlungsspielräumen durch digitale Medienformate Einschränkungen, nicht zuletzt durch Formen der (Daten-)Überwachung. Ähnlich verhält es sich mit der Grenze des Öffentlichen und Privaten: Was öffentlich und was privat ist, ist »abhängig von der Struktur der Mediennetze selbst«, die Grenze beider Bereiche wird historisch immer wieder anders und neu definiert. Medien *trennen* und *verbinden* beide Sphären, die öffentliche und die private:

»Beispiel sei das Fernsehen: Es verbindet einen zentralen Sender mit der Intimität des einzelnen Wohnraums. Könnte das Fernsehen in diese Räume *hineinsehen,* wäre das Private nicht mehr privat. Die Talkshow und die Pornographie umgekehrt veröffentlichen das bis dahin ›Private‹.« (Winkler 2008: 32)

Diese medienstrukturelle Verbindung von Öffentlichkeit und Privatsphäre sowie die Anordnung des bis dahin Privaten im Blick einer medialen Öffentlichkeit bestimmen schließlich den Blick auf sich selbst. Er erweitert die ›private‹ Sicht immer schon um den öffentlichen Blick auf das eigene Selbst, das damit einer gesteigerten Selbstbeobachtung und -kontrolle unterworfen wird und letztlich die Unterscheidung von privat und öffentlich hinfällig macht, denn »die Imagination des Blicks der Anderen macht den eigenen ›privaten‹ Raum immer schon zu einem veröffentlichten, so dass die Unterscheidung zwischen öffentlich und privat ihre Selbstverständlichkeit verliert« (Schwering/Stäheli 2000: 8) und die Grenze zwischen beiden neu bestimmt wird.

Die Globalisierung kommunikativer Netzwerke führt zu neuen Kontrollformen und Hierarchien, installiert aber auch dynamische Formen der gemeinsamen Kommunikation und des Zusammenwirkens, die zugleich die Wahrung kultureller und individueller Unterschiede ermöglichen:

»Stark vereinfacht könnte man sagen, dass die Globalisierung zwei Gesichter aufweist. Auf der einen Seite umspannt das Empire mit seinen Netzwerken von Hierarchien und Spaltungen den Globus; sie erlauben es, die Ordnung mittels neuer Mechanismen der Kontrolle und mittels des permanenten Konflikts aufrechtzuerhalten. Andererseits bedeutet Globalisierung aber auch, dass neue Verbindungen des Zusammenwirkens und der Zusammenarbeit entstehen, die sich über Länder und Kontinente hinweg erstrecken und auf zahllosen Interaktionen fußen. Dieses zweite Gesicht der Globalisierung bedeutet nicht die weltweite Angleichung einer und eines jeden; es bietet uns vielmehr die Möglichkeit, unsere Besonderheit zu wahren *und* das Gemeinsame zu entdecken, das es uns erlaubt, miteinander zu kommunizieren und gemeinsam zu handeln.« (Hardt/Negri 2004: 9)

Auf diese Weise regiert eine Vielheit, die nicht auf eine homogene Einheit reduziert werden kann. Sie schließt heterogene Aspekte des gesellschaftlichen Lebens, Kommunikation, Wissen und Affekte ein, in der sich Differenzen ausdrücken, die nicht zu einer künstlichen Einheit synthetisiert werden (vgl. Hardt/Negri 2004: 117f.).

Die pluralen Singularitäten stehen im Gegensatz zu jeder undifferenzierten Einheit, die die Differenzen einebnen und sie in eine Identität überführen. Es handelt sich um ein »Unterschiede aufweisendes, vielfältiges soziales Subjekt, dessen Konstitution und Handeln nicht auf Identität oder Einheit (und noch weniger auf Indifferenz) beruht, sondern darauf, was ihm gemeinsam ist« (Hardt/Negri 2004: 118).

Fremd- und Selbstführung greifen ineinander; die entsprechenden Regierungstechniken der Menschenführung beruhen daher nicht auf einer verbindlichen Einheit und Homogenität für alle, sondern auf immer wieder »abrufbaren Differenzen, für die sich einzelne optional entscheiden können« (Reichert 2008: 25); hier überlagern sich unternehmerisches und kreatives Selbstmanagement.

Auf welche Weise sich diese Vielheit als politisches, (radikal) demokratisches und selbstbestimmtes Subjekt konstituiert, wird von den Autoren Hardt/Negri allerdings nicht einsichtig gemacht oder konkret ausgewiesen, sondern lediglich behauptet. Aber diese nicht eigens begründete Annahme rekurriert zweifellos auf die Instabilität netzwerkförmig organisierter Macht und deren in widersprüchlichen Strukturen und ergebnisoffenen Konfliktkonstellationen verankerter, permanent möglicher Selbstdestabilisierung. Denn weder ist eine hegemoniale Homogenität kultureller Macht noch die Pluralität von Subjektpositionen – im Netz – ein für allemal gegeben, sondern sie ist immer wieder Gegenstand kulturell-symbolischer Kämpfe um legitime Bedeutung und signifikatorische (Selbst-)Praktiken.

»In pluralistisch verfassten Demokratien ist der Kampf um kulturelle Hegemonie in der Öffentlichkeit ein entscheidendes Strukturelement geworden. Im Internet bieten Diskussionsforen, Mailboxen, Newsgruppen und Chats zahlreiche Möglichkeiten, den Kampf um kulturelle Hegemonie auszutragen. *Bedeutungsapparate wie Blogs, Wikis und soziale Netzwerkseiten tragen dazu bei, die am Diskurs des Managements und des Marktes orientierten Selbsttechniken als Selbstverständlichkeiten zu stilisieren.*« (Reichert 2008: 24, vgl. auch 70f.)

Dieser ›Kulturkampf‹ erscheint nicht als Zwangseffekt, sondern als selbstgewollte Teilnahme an sozial verbreiteten Praktiken des Erwerbs erstrebenswerter Subjektpositionen, die ihrerseits auf der Basis fragiler Machtnetzwerke immer umgedeutet und unterwandert werden können.

Seiner sozioökonomischen Bestimmung nach ist es das *Subjekt der Arbeit* und zugleich das *Objekt einer globalisierten Ökonomie*, aus dem diese »den Körper seiner globalen Entwicklung zu machen versucht« (Hardt/Negri 2004: 119). Aber ebenso wie das »kapitalistische Kommando« ein allgegenwärtiger ›Nicht-Ort‹ ist, der die gesamte Gesellschaft umfasst und daher kein Außerhalb der Kapitallogik kennt, operiert die globale kommunikative Vernetzung und Zirkulation der Singularitäten; sie ist allgegenwärtig und unbegrenzt, findet jederzeit und in ihren Effekten unvorhersehbar, statt.

Die technische und symbolische Infrastruktur des Internets bietet als dynamisches Geflecht und als Resonanzraum für Selbstentwürfe, Selbstvergewisserung und Selbstmanagement immer die Option, durch digitale Praktiken neue Verknüpfungen und Beziehungen herzustellen, während andere ›in den Papierkorb‹ wandern oder zumindest temporär still gelegt sind. Selbstpräsentation bewegt sich hier in immer neuen Kontexten, die es dem individualisierten Subjekt ermöglichen, die eigenen gestalterischen Potenziale in Selbstentwürfen und persönlichen Profilen experimentell auszuprobieren und gegebenenfalls zurückzunehmen. Auf diese Weise kann individuelle Differenz in der Partizipation an medialer Kommunikation gewahrt werden, ohne ausgehandelt und im

Konsens bestätigt zu werden. Dennoch sind dem unbegrenzten – ästhetischen – Experimentalismus Grenzen gesetzt. Prüfstein digitaler Praktiken des Computer-Subjekts ist zum einen eine Art »inneres Passungsgefühl«, zum anderen die »sozial akzeptierte und prämierte Individualitäts*performance*« (Reckwitz 2006: 585). Beides unterliegt der performativen Verschiebung und Überschreibung.

Subjektkonstitution und Selbstmanagement manifestieren sich vor dem Hintergrund eines imaginären und anonymen Publikums. Dabei bildet die Anonymität des Netzes geradezu die idealen Bedingungen, um sich immer wieder anders zu präsentieren. Digitale Praktiken bieten ebenso, wie die Selbstpräsentation in verschiedenen TV-Formaten, die Möglichkeit, aus der Unauffälligkeit der Vielen herauszutreten und experimentell zu testen, wie dieser Auftritt ›ankommt‹. Ob etwas ›ankommt‹ oder nicht, kann nicht im Rückgriff auf feste, vorgegebene Normen festgestellt werden, sondern ist auf Testsituationen angewiesen. Nur so können Selbstentwürfe auf ihre soziale Tauglichkeit hin überprüft und in Strategien eines Selbstmanagements integriert werden, bei denen Persönlichkeitsprofile und Marktökonomien ineinandergreifen. »Die Fähigkeit zum *Selbstmanagement* gilt heute als unabdingbare Voraussetzung für das Bestehen in den Arbeits-, Aufmerksamkeits- und Beziehungsmärkten« (Reichert 2008: 20).

Im Fehlen vorgegebener Subjektbilder, die diese Anforderung erfüllen, liegt die Suche und das fortwährende Ringen um Aufmerksamkeit begründet.

2. Selbstfindung und das Begehren nach Kontrolle

Die Medien bilden das zentrale Feld, in dem sich »Virtuosen der Selbstthematisierung und -darstellung« (vgl. Burkart et al. 2006: 313ff.) aufstellen und ›nach allen Regeln der Kunst‹ expressive Selbstdarstellung betreiben.

Eingebunden in die Suche nach und den Kampf um Aufmerksamkeit (vgl. Franck 2004[2], 2005; Schroer 2006), sind – narrative und visuelle – Formen der Selbstthematisierung und -darstellung nicht mehr, wie beim christlich angeleiteten Bekenntniszwang, durch ein übergeordnetes Ziel, etwa die Reflexion der Beziehung des Menschen zu Gott, ausgewiesen, sondern sie verweisen auf sich selbst, sind also selbstrefentiell (vgl. Kap. IV.3. in diesem Buch).

Hier geht es nicht um ein ›nachträgliches‹ Projekt der Selbstbefragung eines Subjekts, das sich introspektiv selbst befragt und überprüft, ob es in seiner Lebensführung gewissen Prinzipien – eines gottgefälligen Lebens oder der methodischen Lebensführung – entspricht oder entsprochen hat. An die Stelle institutionalisierter Formen systematischer Selbstbefragung und -erkundung sowie andauernder Selbstkontrolle, wie sie für die an verinnerlichten Normen orientierte Subjektkonstitution moderner Gesellschaften charakteristisch ist, tritt gegenwärtig eine »spezifische Medienkultur der Selbstpraktiken« die von einem »emphatischen Individualitätskonzept geprägt« (Reichert 2008: 7) ist. Dem entsprechen ausdifferenzierte Formen der Selbststeuerung, »die vielfach die Form von Selbstführung und Bekenntnis, von Buchführung und akribischem Leistungsvergleich, von experimentellem Selbstverhältnis und Selbstinszenierung als ästhetische Praxis annimmt« (ebd.).

Im Vordergrund steht dabei eine »Intensität der Selbstbeziehungen« die sich, wie Foucault es in Bezug auf die Problematisierung des Selbst in der Antike ausführt, darauf richtet, »sich umzubilden, zu verbessern« (Foucault 1989: 59). Wenn sich die medialen Praktiken der Selbstaufmerksamkeit und -beobachtung auch nicht unbedingt darauf richten, sich im religiösen Sinne »zu läutern, sein Heil zu schaffen« (Foucault 1989: 59), so geht es doch auch darum, mittels Technologien des Selbst »Operationen an seinem Körper oder seiner Seele, seinem Denken, seinem Verhalten und seiner Existenzweise vorzunehmen, mit dem Ziel, sich so zu verändern, dass er [der Einzelne] einen Zustand des Glücks [...], der Vollkommenheit [...] erlangt« (Foucault 1993a: 26).

An die Stelle eines perfekten Selbst, das sich am Ideal einer gelungenen Lebensführung ausrichtet, tritt eine – ins Fiktionale – gesteigerte Subjektivität optimierter Selbstentfaltung und Lebensführung, die sich dabei immer zu anderen relationiert, sich des Blickwinkels der anderen versichert, diesen imaginiert und sich insofern auch ›privat‹ immer im ›öffentlichen Raum‹ bewegt. Dabei verändert sich die panoptische Anordnung, indem sich das – exhibitionistische – Begehren, angeblickt und gesehen zu werden mit voyeuristischen Perspektiven des Erblickens und Beobachtens zu einem Dispositiv des Kontrollbegehrens verschränken. Hier geht es nicht darum, sich bedingungslos dem Blick des anderen zu unterwerfen. Der Blick des Anderen erlangt vielmehr dadurch Bedeutung, dass er als – exhibitionistisch-voyeuristische – Attraktion vom Beobachteten begehrt wird. Der »Triumph des Blicks« (Schwering 2000: 140) ist in der »ursprünglichen Begehrensfunktion« des Blicks des anderen begründet, weil nur dadurch eine Repräsentation, eine Existenzbestätigung erfahren wird. Der Blick des Anderen ist, gekoppelt an Ermächtigungsbestrebungen und -phantasien des angeblickten und erblickten Subjekts, konstitutiv für die eigene Selbstoptik und das Selbstverhältnis. Gleichzeitig entzieht sich, gerade dadurch »dass jede Optik durch ein

Moment des Anderen betroffen ist, das mir entgeht, obwohl es mich real angeht« (ebd.: 134) der Blickwinkel des anderen, des Betrachters, aus dem das Objekt-Subjekt des Betrachteten anblickt, dem sehenden Auge; die Situation des Erblickens und Angeblicktwerdens ist durch eine doppelte Kontingenz charakterisiert, die Lacan so formuliert: »Nie erblickst Du mich da, wo ich Dich sehe [...]. Umgekehrt ist das, was ich erblicke, nie das, was ich sehen will.« (Lacan 1987, zitiert nach Schwering 2000: 134) Auf diese Weise entspinnt sich ein Netzwerk des Sichtbaren, aber auch der gegenseitigen Verfehlung, die nur über das Phantasma (des Begehrens) als Ort der Vermittlung (der Blickwinkel des Sehenden und des Betrachters) zu einer gewissen Orientierung führt.[12]

Diese Konstellation liegt auch der öffentlich-medialen Selbstthematisierung und Manifestation des Subjekts zugrunde. Hier ist das Subjekt im medialen Raum angeordnet.

Der damit verknüpfte Zwang, sich in medialen Foren der visuellen Selbstdarstellung aus- und darzustellen, ist darin begründet, dass Normen und Lebensformen nicht mehr fraglos vorgegeben sind und einfach befolgt werden müssen, um sozial integriert zu sein. Zum anderen sind Medien der Ort, an dem (Selbst-)Verortung eingeübt wird, gelernt werden kann und faktisch geschieht. Dabei erweisen sich die Medien als (Test-)Foren sozialen Ein- und Ausschlusses. In ihnen kann geprobt und eingeübt werden, was sozial zugelassen wird. Auf diese Weise entpuppen sich die Medien als symbolische ›Exerzierplätze‹ sozialer Integration und sozialer Kontrolle, in denen fortwährend soziale In- oder Exklusion vorgeführt wird. Selbstthematisierung erfolgt daher nicht zurückgezogen, ohne Publikum, in introspektiver Haltung, im Gegenteil, sie manifestiert sich öffentlich und muss dies tun. Denn: Ein wesentlicher Indikator der sozialen Zugehörigkeit, Marginalität oder des sozialen Ausschlusses bildet die Aufmerksamkeit der anderen oder deren Entzug.

Das setzt die Bereitschaft und Fähigkeit zu medialer Selbstoptik voraus:

»Der allgemeinen Gegenwartstendenz zur Mediatisierung des Alltäglichen kommt die neue Praxis der autobiografischen Selbstthematisierung auf den Aufmerksamkeitsmärkten des Internet entgegen. Sie haben einen Trend gesteigerter Visibilitätszwänge etabliert, der heute jenseits der klassischen Bildungseliten alle Schichten erfasst. Der weitverzweigte Diskurs über Selbst-

12 Im Blick des Anderen konstituieren sich Subjekte also jeweils immer schon als bloße Spiegelbilder, denen das reale Subjekt nachzukommen versucht, aber scheitern muss (weil es den Blickwinkel des Anderen nicht teilt); vgl. zur Unterscheidung von sehendem Auge und Blick auch Angerer 2000².

thematisierung verlangt von jedem einzelnen die *Bereitschaft*, die neuen medialen Formen der Selbstdarstellung zu erlernen, zu beherrschen und weiterzuentwickeln.« (Reichert 2008: 7f.)

Dem entspricht, bei aller Vielfalt und Vervielfältigung der Welt- und Selbstbilder, ein Normalisierungszwang, der zugleich einem sozial eingeforderten Bedarf an ›Exklusivität‹ des eigenen Selbst gegenübersteht. Diese Spannung gilt es beständig auszuloten. Hier geht es um ständiges Austarieren von Einmaligkeit und Wiederholung, Unterscheidung und Übereinstimmung. Hinzu kommt: Soziale Einordnung und Zugehörigkeit gelingt nicht ein für allemal, sondern muss immer wieder hergestellt werden. Das Subjekt, das sich sozioökonomischen Anforderungen entsprechend fortwährend umformt, bildet keine normativ aufgeladene, in sich kohärente und einheitliche Identitätsfigur (mehr), sondern ist in ein Spektrum von allen möglichen ›Selbsten‹ aufgefächert, die nicht länger in einen (ein)stimmigen Subjektentwurf münden, sondern lediglich in Einklang mit sich verändernden gesellschaftlichen und situativen Anforderungen, mit Blick- und Perspektivenwechsel gebracht werden müssen.

Das Anliegen, in der medialen Selbstpräsentation fortwährend Auskunft über sich selbst zu geben und die Aufmerksamkeit der anderen auf sich zu lenken, ist nicht primär in der Aufmerksamkeitssuche selbst begründet, sondern darin, sich durch öffentliche Manifestation des Selbst, dadurch, dass das Selbst sich immer wieder in Szene setzt und – sich – spricht, sich in einem nie abschließbaren Prozess immer wieder seiner selbst und anderer versichert und sich in der globalen ›räumlichen Nähe‹ einer überwiegend kommunizierten, nicht realen, Community im Netz immer wieder neu hervorzubringen.[13] Es geht dabei nicht primär darum, (Dauer-)Bestätigung für die eigene Konstruktion des Selbst und dessen lustvolles Ausleben und In-Szene-setzen einzufahren, sondern angesichts einer schier unüberschaubaren Pluralität an Optionen durch Austausch mit anderen die eigene Unzulänglichkeit zu mindern und sich selbst durch gelungene Selbstpräsentation in medialen Bekenntnisformaten als sozial anschlussfähiges, bedeutsames, aber auch veränderbares Subjekt zu erfahren. Damit gelingt es, die Ungewissheit zu mindern, womöglich herauszufallen aus der schwach beleuchteten Zone der Normalität, die ja nicht vorab als solche markiert ist, sondern immer erst im (Handlungs-)Vollzug kenntlich wird. Zugleich muss gewährleistet sein, dass das Subjekt auch an sich selbst und seine Identität, auch wenn diese einer beständigen Dynamik unterworfen ist, anschließen kann.

13 Hier kommt die Dehnung und Beweglichkeit sozialer Bänder zum Tragen, die durch den Zustand einer raumzeitlichen Konvergenz das Gefühl einer globalen – räumlichen – Nähe erzeugt; vgl. dazu auch Giddens 1995: 85ff.

Selbstfindung und die medial vermittelte Suche nach Aufmerksamkeit bedeuten also nicht, ein ›moralisch hochwertiges‹ Leben zu präsentieren, noch geht es darum, sich selbst als Virtuosen narzisstischer Bestrebungen vorzuführen, sondern sich im – medialen – Spiegel der anderen (rück)zu versichern, ›wo es lang geht‹. Denn der Weg der Subjektivierung und Selbstfindung ist nicht vorgegeben, nicht vorgebahnt oder verordnet. Das multiple, veränderbare und offene Selbst, das sich in einem kontinuierlichen Prozess immer wieder neu hervorbringt, ist angewiesen auf permanente Rückkoppelungsprozesse.

Gelungene expressive und visuelle Selbstdarstellung in medialen (Versuchs-)(An-)Ordnungen des Blicks ist das Mittel, andere und sich selbst von sich zu überzeugen, aber auch der Weg, sich seiner selbst zu vergewissern. Subjektivierungstechniken und -effekte sind an massenmediale Versuchsanordnungen der Erzeugung und der Erprobung idealtypischer Formen von Subjektivität und normalisierender Kriterien und an Klassifikationsschemata gebunden. Sie erfolgen unausweichlich im Blick der anderen, der Medien, eines anonymen Publikums, eines »diffus bleibenden Anderen, an den sich offenbarungssüchtige Testpersonen wenden« (Tholen 2000: 2), in deren Selbstthematisierungen sich das Publikum, die Fernsehzuschauer spiegeln.

Die »schier endlose Lust am Sprechen um des Sprechens willen« (ebd.: 1) scheint keine Grenzen zu kennen. In den emotionalen Bekenntnissen dramatischer Ich-Erzählungen, eingebettet in »phantasmatisch eingerahmte Appelle« von TV-Talkshows, beichtet ein prekäres Selbst im medialen Ereignisraum (der Talkshows) seine Verfehlungen, die im öffentlich-medialen Blick eher wie Trophäen, nicht als Sünden, präsentiert werden. Der Präsenz eines anonymen Publikums entspricht die Form der (Selbst-)Darstellung; sie verleitet das (sich) sprechende Subjekt, ›Abweichungen‹ und ›Verfehlungen‹ als Heldentaten ebenso wie ganz persönliche Erfahrungen als außergewöhnliche Ereignisse im Feld der Normalität zu präsentieren, deren Bestandteil sie ja ohnehin längst sind. In den Bekenntnisprogrammen der TV-Talkshows wird die mediale Öffentlichkeit zum Spiegel, in dem sich das Selbst durch die wesentlichen Merkmale von Daily-Talkshows wie Personalisierung, Emotionalisierung, und authentisch inszenierte Ausstellung seiner Intimität als besonderes und einzigartiges vorführt und in der Aufführung seines eigenen ›Stücks‹, das allerdings durch Regieanweisungen der Moderatoren allererst ein zugespitztes Profil erhält und immer wieder modifiziert wird, konstituiert (vgl. Tholen 2000; auch Weiß 1999).

Bestandteil dieser Anordnung bilden neben der exponierten Stellung der Moderator/-innen, der aktiven Rolle des Saalpublikums, der täglichen Ausstrahlung und der kommerziellen Effektivität der Einschaltquote(n), die soziale und mediale Steuerung der auf zugespitzte Aussagen reduzierten, ›organisierten Individual- und Gruppenbeichte‹ vor einem Massenpublikum. In dieser medialen Anordnung werden Raumgrenzen verschoben oder aufgehoben, die die Manifestation und Re-Präsentation des Subjekts grenzüberschreitend organisieren und in Szene setzen. Dazu gehört auch die strikte Trennung zwischen den Räumen des Öffentlichen und Privaten. »Die einst gültige Unverletzlichkeit der räumlichen Grenzen ist demnach ungültig, denn das Private und Intime wird medial verbreitet und damit öffentlich verhandelt« (Spetsmann-Kunkel 2004: 69). Die Demonstration des Privaten im öffentlichen Raum dient der entgrenzten Zurschaustellung eines öffentlich verfügbaren Selbst, das anders nicht ›zu sich kommt‹ (vgl. dazu auch Weiß 2002). Was aber liegt hier zugrunde? Um was geht es dabei? Ist es das ›Sich-zum-Affen-machen‹ der »heutigen Toren des globalen Fernsehdorfes«, wie Eco die medial inszenierten Figuren in Analogie zu der des Gladiators nennt, »der zur Belustigung der Menge zum Tode verurteilt wird« (Eco 2007: 77) und der nach der Show, wie Eco annimmt, zum »Abschuss freigegeben« wird? Oder ist es, wie Tholen annimmt, die »Faszination der Talkshow-Gäste am ›Als-sie-selber-auftreten‹«, welche die »intermediale Differenz zwischen inszeniertem Talk und krudem Problemalltag markiert« und mit einer Privilegierung der »optisch ausgerichteten Kommunikation« und der Lust an der »Zurschaustellung der ›Materie des Bekennens‹ (M. Foucault)« (Tholen 2000: 7) einhergeht.

Tholen geht davon aus, dass die mediale Serialität des Bekenntniszwangs an die Stelle des »Raums einer lebenslang aufzuzeichnenden Innerlichkeit« tritt, in dem das »popularisierte Selbstbekenntnis zum für jedermann verbindlichen Diskurs der introspektiven ›Herzensschrift‹« wurde. Im Talk-Geschehen wird es zum »Medium seiner tele-visionären Reproduzierbarkeit«, wobei sich die »Serialität des Bekenntniszwangs« auf die »punktuelle und oft disparate Evidenz von *affektbetonten, willkürlich abfolgenden Statements*« (Tholen 2000: 7) reduziert. Ebenso wie die Postmoderne scheint das Reden hier gekennzeichnet durch das beliebige Nebeneinander von Argumenten und Stilen. Der ständigen Kontrastierung und Neukomposition von Lebensstilen entspräche dann der Dauertalk der Talkshows, in dem – unter Missachtung aller Grenzziehungen und Ausschließlichkeitsregeln – alles gesagt wird und werden kann, wenn nur überhaupt etwas gesagt wird.

Damit wäre aber der mediale Sprechakt lediglich der mediale Aufguss einer pluralen, beliebigen Realität, in der alles möglich ist, alles gesagt werden kann. Der Unterhaltungswert dieses Sendeformats bestünde dann vor allem darin, dass man anderen dabei zusieht, wie sie experimentierfreudig und schlagfertig einen Coup nach dem anderen landen, sich dabei möglicherweise aber auch bloßstellen. Letzteres ist sicher ein wichtiger Aspekt, wenn nicht ein wesentlicher Grund für die Beliebtheit dieses medialen Sendeformats: Anderen dabei zuzusehen, wie sie Fehler machen, ist offenbar Entertainment pur.

Aber zugleich funktioniert das ›Als-man-selber-auftreten‹ nicht durch bloß mimetische Nachahmung gesellschaftlicher, größtenteils imaginär bleibender Vorbilder. Angesichts der sozialen Dynamik situativ wechselnder Anforderungen braucht es mehr als die bloß serielle Reproduktion des medialen Auftritts, um sozial sinnvoll zu handeln und anerkannt zu sein. Allem voran ist es gerade nicht der pure Redefluss des Dauertalks, sondern die Fähigkeit, *durch verbale Schlagfertigkeit willkürliche Zäsuren* zu setzen, der treffgenaue, *verbale Schlagabtausch, der Aufmerksamkeit(en) bündelt*: Was zählt, ist der *exzentrische Auftritt Einzelner*, der *Schock, der Normalität durchbricht* – und sie damit gleichzeitig stabilisiert.

Die Codierungsregeln dieser medialen Sprechakte sind kontextuell eingebettet in das komplexe Geflecht eines Blick-Regimes, indem sich das möglichst telegene Sichtbarwerden des Geständnisses bündelt. Geht es zum einen um das Sprechen vor einem – anonymen, imaginierten – Zuschauer, so sind die, die sprechen, zugleich konfrontiert mit einem Präsenzpublikum im Studio, deren Blick neben dem des Moderators zum Garanten der gelingenden oder misslingenden Selbstdarstellung wird. Das Dispositiv des Affekt-Talks garantiert so »in der appellativfordernden Inanspruchnahme« einer triangulären Situation – von Sprechender/m, Moderator und Publikum – die Produktion des Realen, die Loslösung von einer rein imaginären Bilderwelt hin zum Symbolischen, zur sprachlichen Artikulation, wie verkürzt diese auch immer sein mag.

Unter dem Aspekt dezentralisierter, verstreuter Öffentlichkeiten, parzellierter Alltagswelten und deregulierter Sozialisationsmuster bilden die unterschiedlichsten Massenmedien Vergesellschaftungsforen individuierter Einzelner. Ihre Bedeutung für die Ausbildung psychischer Instanzen und Mechanismen, installiert als soziale Instanzen *im* Subjekt, ist bisher noch nicht hinreichend untersucht. Die Vermutung liegt nahe, dass der selbstexplorative und -repräsentative mediale ›Resonanzraum‹, in dem die eigene Persönlichkeits(darstellung) wie im Marktgeschehen immer wieder erneut ausgehandelt wird, dialogische Kommunikationsbeziehungen von konkreten Interaktionspartnern in ihrer individualisierenden und normalisierenden Bedeutung sozialer Ein- und Ausschließung übersteigt. Insofern sind Medien in ihrem »Ritus des seriellen Wiederholens« zweifellos auch mehr als »Surrogat der religiösen Bußpraxis« (Tholen 2000: 9) oder Therapieersatz. Das Private, das sich im öffentlich-medialen Raum (von Talkshows) artikuliert, ist, im Gegensatz zu religiös motivierten Bekenntnisritualen, nicht Ergebnis einer Gewissensprüfung, in der das gläubige Subjekt seine Verfehlungen bekennt und seine individuelle Schuld als Abweichungen von der Norm erkennt und um Vergebung bittet. Es dient, im Rahmen der medialen »Bekenntnistechnologie« artikuliert, vielmehr dazu, sich in einen »Diskurs der Selbstprüfung« (Spetsmann-Kunkel 2004: 92) einzuordnen, der über individuelle Profilierung und grenzüberschreitendes Medienhandelns Subjektivierung erst ermöglicht. Neben der fiktiven Wiedergutmachung narzisstischer Kränkungen durch das mediale »Übertragungsgeschehen« im doppelten Wortsinn ist es vor allem die Selbstprüfung, die in den medialen Inszenierungen der Talkshow zum Tragen kommt. Sie ist darauf ausgerichtet, anders zu sein als alle anderen und zugleich zu sein wie alle auch. Die narzisstische Wiedergutmachung besteht hier in der sozialen Integration bei gleichzeitiger Konfrontation mit der individuellen Andersartigkeit, auch wenn diese das Abbild einer Kopie zu sein scheint. Aber gerade das ist ja erwünscht – und Ziel der unablässig ›gesprochenen‹ Einübung in die Parameter des Wettbewerbs, die spielerisch auf die mediale Bühne gebracht werden und in denen fortgesetzt das »agonale Testieren, Skalieren und Bewerten« (ebd.: 9) eingeübt wird:

»In den Talkshows kann jedermann zum Doppelgänger von jedermann werden: er hat nur zu bekunden, dass er – letztlich – die Übereinstimmung mit sich und den anderen, die der Moderator zu stiften hat, erstrebt.« (Tholen 2000: 9)

Bewertet wird die – gelungene – Selbstdarstellung *als solche*, der *authentische Ausdruck*, nicht seine Originalität im Sinne eines auratischen Originals und seiner Einmaligkeit, wie am Beispiel der Kandidatin einer Talkshow, die sich, mithilfe kosmetischer Chirurgie als perfektes Imitat einer Barbie-Puppe gestylt, in einer Talkshow präsentiert, überdeutlich wird. Die fast mimetische Darstellung eines – künstlichen – Selbst verbürgt im Zeitalter medialer Reproduktion Authentizität und eine Beziehung zum Selbst, die im – panoptischen – Blick des Mediums beglaubigt wird, auch wenn sich in ihm Scham, Abneigung, Neid und Anerkennung verschränken.

Der optisch und sprachlich in Szene gesetzte Auftritt und der damit verbundene Eintritt in mediale Sichtbarkeitsfelder stellt dann weniger eine gesteigerte, ja, schier unbegrenzte Lust an der Prostitution des Privaten dar, sondern er kann, folgt man Butlers Interpretation der panoptischen Szene als »Entstehungsszenario des Subjekts« (Butler 2003: 24) gelesen werden.[14] Dabei erhält die panoptische Einrahmung, über das Zwangsmoment hinaus, konstitutiven Charakter für den Selbstbezug: »Die Lust für das Opfer wie den Voyeur besteht im kontrollierenden *Monitoring,* d.h. in der spielerischen Übernahme des [...] Aufseher-Blicks, den das Panopticon eröffnete.« (Tholen 2000: 11). Aber im Rahmen »des im Präsenzmedium Fernsehen bebilderten Bekenntniszwangs« werden nicht nur neue Sichtbarkeitsfelder erschlossen, sondern hier gewinnt der bloß imaginierte Andere und auch das Subjekt in der ›Übertragung‹ seine »normative ›Gestalt‹« (ebd.: 3).

»Der Raum- und Zeitgrenzen überwindende Senderaum des Fernsehens, der schon seit den technischen Erfindungen, die dem Fernsehen vorangingen, den Schautrieb faszinierte, inszeniert in den Talkshows nun explizit seine verfügungsstolze Selbstreferenz: Die dem menschlichen Auge unmögliche Raum- und Zeitauflösung der Fernsehkameras und ihrer Übermittlungsgeschwindigkeit wird zur Übertragungsfolie des Begehrens, seine unmöglichen Objekte (zu denen codierte Selbstwertgefühle gewiss gehören) – jederzeit und ohne Aufschub – als unmittelbar anwesend imaginieren und beanspruchen zu können.« (Ebd.: 5)

Im Rahmen einer medialen Blickordnung nehmen moralische Codes Gestalt an.[15] Präsentiert wird zum Beispiel im TV-Daily-Talk eine Vielzahl von Handlungsoptionen mit Verinnerlichungseffekten, die aber größtenteils unverbindlich bleiben. Indem Selbstpraktiken unverbindlich vorgeführt und diskutiert werden, können dynamisierte Lebensregeln individuell zwar eingeübt, aber ebenso auch wieder verworfen werden. Die Gesellschaft erscheint im Spiegel des Mediums als agonales und darin

14 Auch Foucault geht es ja darum, »welche Subjektivierungstechnologien auf welche Weise mit welchen Kontrolldispositiven gekoppelt sind« und welche konkreten Praktiken Individuen zwingen, »sich als autonome Persönlichkeiten zu begreifen, die eine unverwechselbare Identität besitzen und dieser in ihren Lebensäußerungen einen authentischen Ausdruck zu verleihen suchen« (Bröckling 2003: 82). Foucault fragt also nicht danach, was der Mensch ist, sondern welche Technologien und Verfahren ihn entsprechend modellieren.

15 Die Frage ist, ob die Talkshow nicht ein mediales Format ist, das in gewisser Weise der Komödie des 18. Jahrhunderts insofern nachfolgt, als auch hier die »Irrungen und Wirrungen« privater, häuslicher ›Geschäfte‹ und ›richtige‹ und ›falsche‹ soziale Handlungslogiken verhandelt werden, die in moralische Essenzen überführt werden, dabei aber immer »durch Verlachen des fehlerhaften oder lasterhaften Lächerlichen zum richtigen Leben erziehen« (Blaschke 2008: 7); vgl. auch Blaschke 2004; Fulda 2005.

optionales Geflecht aus unterschiedlichen Positionen und deren Konfrontation.

Subjektivierungsmodi verweisen aber nicht nur auf neue Sichtbarkeitsfelder, sondern hier manifestiert sich ein Selbst, das sich im Akt der öffentlichen Manifestation erst bildet, indem es ›in Erscheinung‹ tritt. In Erscheinung tritt nicht ein ›inneres‹, dem Akt des Auftritts und der Darstellung vorgängiges Subjekt, die Selbstprüfung besteht hier auch nicht in der Verinnerlichung von Ordnungsnormen; »vielmehr ermöglicht sie, dass man sich einer öffentlichen Art des Erscheinens ausliefert. Aber nicht einmal hier wird ein bereits konstituiertes Selbst enthüllt, sondern *es wird die Praxis der Selbstkonstitution selbst vollzogen*« (Butler 2003: 120; Hervorhebung durch die Autorin). Die Beziehung zum Selbst ist von vornherein und das heißt, konstitutiv, »eine gesellschaftliche und öffentliche […], die sich unvermeidlich im Kontext von Normen bewegt, die reflexive Beziehungen regeln, die regeln, wie man zu erscheinen hat und erscheinen kann und welches Verhältnis man zu sich an den Tag legen sollte« (ebd.: 121).

Die Konsequenzen für die gegenwärtige Neufassung des Subjekts liegen auf der Hand:

> »Wenn ich frage, wer ich für mich sein könnte, muss ich auch fragen, welchen Platz es in dem diskursiven Regime, in dem ich lebe, für ein ›Ich‹ gibt. Und welche Arten, sich mit dem Selbst zu befassen, wurden als diejenigen zugelassen, die ich praktizieren könnte? Ich bin nicht an schon feststehende Formen der Subjektbildung oder an vorgegebene Konventionen des Selbstbezuges gebunden, wohl aber an die Gesellschaftlichkeit dieser möglichen Beziehungen gebunden.« (Butler 2003: 121)

Subjektivierung ist in der Mediengesellschaft an Sicht- und Hörbarkeit, an die visuelle und sprachliche Präsentation eines Selbst gebunden, das sich öffentlich darstellen und sich dabei an der symbolischen Logik des soziokulturellen Horizonts ausrichten muss. Das setzt voraus, dass das immer prekäre Selbst sich exponiert und die Ordnung der Dinge verrückt: »Zu diesem Selbst werde ich […] nur durch eine ekstatische Bewegung, die mich aus mir selbst hinaus und in eine Sphäre führt, in der ich mir zugleich nicht mehr gehöre und als Subjekt konstituiert werde« (Butler 2003: 121). Dazu gehört es, aus der Unsichtbarkeit und dem Schweigen herauszutreten, sich medial einem unbestimmten Millionenpublikum auszusetzen und sich immer wieder infrage zu stellen. Foucaults Ausführungen zur Manifestation des Subjekts/Selbst in der Beichte legen nahe, dass es sich dabei um den Akt eines ›Opfers‹ handelt: Das Subjekt legt seine Bildung und seine reale Existenz in die Hände eines anonymen Mediums – in den sprachlichen Akt der Beichte, des Bekenntnisses, wodurch es sich manifestiert.

Der »Unsichtbarkeitsfalle«, dem sozialen Abseits, entgeht man dadurch, dass man sich hörbar artikuliert und/oder im medialen Feld der Sichtbarkeit aufstellt. Allein der Objektstatus des sich selbst beobachtenden und ›erzählenden‹ Subjekts und damit verbunden, die Verschiebung eines nach innen gewendeten panoptischen Kontrollblicks, das Zu- und Eingeständnis, ständig einer (un)kalkulierbaren Beobachtung durch andere ausgesetzt zu sein, gibt imaginären Halt und sichert im Darstellungshandeln wenigstens temporär den eigenen Platz in der sozialen Hierarchie. Im Prinzip geht es darum, aus der Unauffälligkeit und damit verbundenen Unsichtbarkeit für andere herauszutreten, ins Licht der ›abweichenden Normalität‹ zu rücken und dadurch wenigstens für kurze Zeit einen ›prominenten‹ Stellenwert einzunehmen. Aber letzteres ist nicht das Wichtigste; es geht nicht primär darum, spektakuläre Auftritte zu inszenieren, das spielt zwar auch eine Rolle, ist aber nur der ›narzisstische‹ Ausdruck einer viel elementareren Geschichte: Es geht vor allem um die – voyeuristische – Blick(an)ordnung, innerhalb deren sich, besonders in der rituellen Wiederholbarkeit, ein Horizont des Sagbaren markieren lässt und sich die Lust an der Sichtbarkeit steigert.

Selbstthematisierung und Selbstpräsentation, die das Selbst zum Thema der anderen werden lässt, sind zudem angekoppelt an Aufmerksamkeitsmärkte, die Zukunftsperspektiven an den ›Lichteinfall‹ ins Feld des eigenen Sehens und an das ›Angeblicktwerden‹ binden. Dadurch erscheint das Subjekt jeweils in einem anderen Licht: »Das Licht in diesem Sinne ist der Schein, in dem es etwas zu sehen gibt, aber eben auch der Anschein, ein Wendepunkt, der auf den Betrachter selbst zurückschnellt« (Schwering 2000: 131) und auf das betrachtete Objekt, das im übrigen immer zugleich sehendes und gesehenes, betrachtendes und betrachtetes Subjekt ist, zurückfällt.

Damit aus dem Subjekt ein beobachtetes oder, wie Lacan annimmt, ein »schillerndes Objekt« (Lacan 1987: 97) wird, das sich erst in dieser Repräsentation als Subjekt konstituiert, muss es zum Licht- und Blickpunkt und damit zu einer voyeuristischen Attraktion im Rahmen einer medialen Aufmerksamkeitsökonomie werden. Das heißt: Es muss andere angehen, von ihnen im doppelten Sinne des Wortes *gemustert* werden. Gemustert werden bedeutet hier, keineswegs unvoreingenommen angeblickt werden, sondern im (An-)Blick zugleich taxiert, im Lichte vorgegebener Normalitäts- und Abweichungsstandards ein- und zugeordnet werden.

Dies geschieht nach Maßgabe einer (An-)Sicht, in der sich die Beziehung zwischen angeblicktem Objekt und dem Subjekt, von dem aus der Blick auf das Objekt fällt, als – ambivalentes – Spiegelverhältnis konstituiert. Ambivalent deshalb, weil der Blick, der auf das sich als ›schillerndes Objekt‹ exponierende Subjekt fällt, immer erhellend und verschleiernd, das Subjekt ›erkennend‹ und ›verkennend‹ zugleich ist – ein Blick, der wie ein ›Schirm‹ funktioniert, auf dem sich das Subjekt spiegelt, der aber auch abschirmt gegen völlige Transparenz (des Subjekts). Dazu Lacan:

»In dem, was sich mir so als Raum des Lichts darstellt, bedeutet Blick immer ein Spiel von Licht und Undurchdringlichkeit. Es geht stets um ein Spiegeln [...], stets ist etwas da, was mich zurückhält, an jedem Punkt, weil es Schirm ist, und so das Licht als ein Schillern erscheint, das über diesen Schirm läuft. Um alles zu sagen: diesem Blick-Punkt eignet stets etwas von der Ambiguität eines Juwels.« (Lacan 1987: 103)

Dabei bleibt der Beobachter ebenso wie der Ort, von dem der Blick auf das Objekt fällt, ebenso unsichtbar, wie sich der Blickwinkel und die Perspektive der panoptischen Blickanordnung dem betrachteten Objekt (Subjekt) nicht erschließen. Nur durch diese Asymmetrie funktioniert die subjektkonstitutive Installation des Blickregimes, das »in seinen Effekten, aber spürbar und daher buchstäblich *effektiv* (nicht: reibungslos) wirksam ist«, indem es sich selbst dem Feld der Sichtbarkeit entzieht: »Paradoxerweise kann sich der Blick also nur dann in seiner konstitutiven Funktion entfalten, wenn er aus dem Bereich des Gesehenen herausfällt.« (Schwering 2000: 133)

Aber das ist nur die eine Seite des Spiegel(n)s, die andere ist: Das angeblickte, und im Blick ›gespiegelte‹ Subjekt muss sich gewissermaßen in der Perspektive des Beobachters, des ›panoptischen Blicks‹ *verkörpern*. Objekt- und Subjektstatus sind in der perspektivischen Verkörperung verkoppelt. Auf diese Weise erfolgen öffentliche Re-Präsentation des Subjekts und seine Existenzbestätigung in einem Atemzug. Der mediale Blick vom Ort des anderen ist konstitutiv für das Subjekt. Er erlangt subjektive und soziale Bedeutung zugleich, insofern er über die Integration sozialer Regulative in das eigene Selbst Subjektkonstitution und gesellschaftliche Regulierung untrennbar miteinander verbindet. Als den Selbstentwürfen des Subjekts immer schon vorgängige An-Sicht verschränkt er sich mit Selbst-Einsicht(en) und bildet die Grundlage individuellen Handelns:

»Das Subjekt, das eine Vorstellung von sich selbst ausbildet und eine Erzählung über sich selbst in Gang setzt, setzt immer schon die Perspektive eines anderen auf sich selbst voraus, auf die es wiederum einzuwirken sucht. Daher geht der Akt der Selbstkonstitution nicht aus einer aktiv-heroischen Selbstschöpfung hervor, sondern das Subjekt entsteht innerhalb eines bereits vorgegebenen Möglichkeitsfeldes, welches das Handeln des Subjekts zugleich bedingt und offen hält.« (Reichert 2008: 69)

Ist die Offenheit möglicher Selbst(an)sichten zum einen in der sozialen Dynamik und flexiblen Normalisierungsprozessen begründet, so resultiert sie zum anderen aus der Spie(ge)lanordnung des Blickwechsels selbst: Der Blick(punkt/winkel) des Betrachters ist nie identisch mit dem des Erblickten und dessen Sicht (auf sich selbst).

Schaulust und Beobachtung durch den anderen brechen sich am Objekt. Der – alles durchdringende – panoptische Blick ist zwar für das Subjekt konstitutiv, er selbst darf aber nur unbeobachtet beobachten – und muss sich im ›toten‹ Winkel zum Objekt der Beobachtung befinden. Zum anderen darf auch der Blick des beobachtenden anderen (der Umwelt) nicht direkt auf den Betrachter fallen, denn »von überall erblickt und ohne Chance der Vermittlung müsste der Sehende vor der erdrückenden Präsenz des Sichtbaren zurückweichen. Er könnte sich ihm nicht öffnen, weil er vom Blick quasi erschlagen würde« (Schwering 2000: 132). Während der Voyeur beim Blick durch das Schlüsselloch ganz und gar in seiner Schaulust versinkt, liegt der Reiz dennoch, auch und gerade bei Abwesenheit des anderen, darin, den beschämenden, bedrohlichen Blick des anderen zu imaginieren. Darauf beruht die voyeuristische Selbstbeziehung, nämlich auf der – paradoxerweise befürchteten – Hoffnung, beim Beobachten gesehen zu werden. Die »Blickmacht« ist also immer präsent. Gleichzeitig kann der Beobachtete diese – bloß imaginierte – Beobachtung des Beobachters durchbrechen, indem er dem anderen entgegenblickt und ihn so seinerseits zum Objekt degradiert, dessen Opfer er dann nicht mehr sein kann. Schließlich schlägt es um in ein Begehren: Der Blick des Anderen erlangt dadurch Bedeutung, dass er vom angeblickten Subjekt begehrt wird, weil nur dadurch eine Existenzbestätigung, Repräsentation des Subjekts erfolgen kann.

Das Begehren, das auf ein Objekt gelenkt ist und vermittelt über die Einbildungskraft aus einem an sich bedeutungslosen Ding, einem unauffälligen Leben ein ›schillerndes Objekt‹ macht, schützt das Subjekt zugleich wie ein Schirm, schirmt es quasi vor dem Blick des anderen ab, öffnet das Subjekt gleichzeitig aber auch dem Blick (des anderen) und bringt ihn »in faszinierender Form zum Vor-Schein« (ebd.: 133). Der Schirm (des phantasmatischen Begehrens), zwischen Schaulust und Objekt errichtet, gibt dem sich so konstituierenden Subjekt eine »Fassung« und wird zum »Ort der Vermittlung« (Lacan 1987: 114; zitiert nach Schwering 2000: 134):

»Das Phantasma als Schirm und Ort der Vermittlung funktioniert demnach, insofern es dem Sehenden einen Blickwinkel zur Verfügung stellt. Im selben Zug aber erinnert es daran, dass dieses Sehen immer schon unter einem unmöglichen Blick steht, dass jede Optik durch ein Moment des Anderen betroffen ist, das mir entgeht, obwohl es mich real angeht.« (Schwering 2000: 134)

Das Dilemma besteht in der Koppelung des Auges (des Betrachters) an einen Blickwinkel, der durch den Wegfall einer Zentralperspektive und des ihr entsprechenden Blicks, in seiner »voyeuristischen, schaulustigen Perspektive« Dinge ein-, aber auch ausblendet. Das führt dazu, dass sich Subjekte im Netzwerk des Sichtbaren »in ihrem Sehen wiederholt verheddern und gegenseitig verfehlen« (ebd.). Diese für multiple Blickwinkel konstitutive Blindheit ist auch konstitutiv für das sich aus der jeweiligen Perspektive anblickende Subjekt.

Der mediale Blick, auch er gespiegelt auf einem Schirm, vermittelt zwischen betrachtendem Auge, Objekt und Blick des anderen; er ermöglicht, eine Distanz zwischen sich und anderen einzunehmen – und sich gleichzeitig aus dem Blickwinkel der anderen zu sehen, was aus den genannten Gründen nie ganz gelingt.

Wie Tholen am Beispiel von Talkshows ausführt, bilden diese als mediales Format von Selbstbekenntnissen und voyeuristisches Szenarium ein Dispositiv, in dem sich ein prekäres Selbst vor einem Publikum/einer Fernsehgemeinschaft exponiert: »Gebeichtet wird vor den Zuschauern [...] ein prekäres Selbst oder Wir, das sich [...] als solches seiner selbst erst vergewissern möchte.« (Tholen 2000: 2) In den Akten der Selbstthematisierung spiegelt sich ein kollektives Imaginäres. Zugleich wird es in – selbstevaluativen – Statements vorweggenommen. Dabei handelt es sich um die symmetrische Reziprozität zweier Sehfelder: Auf der einen Seite die voyeuristische Position des Blicks, auf der anderen Seite die Imagination des Blicks (der anderen), das Wissen, gesehen zu werden. Der Spannung des Erblicktwerdens entspricht die voyeuristische Blick- und Kontrollmacht, die unsichtbar bleibt. Die Reziprozität der Perspektiven bezieht sich aber auch darauf, dass das, was das Subjekt tut, auch mit ihm geschehen kann: Jederzeit kann der voyeuristische Blick des Subjekts durch den Blick der anderen getroffen werden, sich mit ihm kreuzen, auf es zurückfallen (vgl. Schwering 2000: 137). Schließlich führt dies dazu, dass der Voyeur den Blick des anderen imaginiert.

Die voyeuristische Lust an der Sichtbarkeit verstärkt die Präsenz des individualisierten Subjekts/Selbst. »Über das Auge triumphiert der Blick« (Schwering 2000: 129ff): die Schaulust beruht auf der – gespürten, imaginierten – Nähe des Anderen, die den Voyeur und das sich über den voyeuristischen Blick konstituierende Subjekt sich spüren lässt, ihm aber keinerlei Gewissheit vermittelt. Die Lust am Gesehenwerden mündet in den Blick des anderen, der unsichtbar bleibt – und, folgt man Lacan, einer Täuschung unterliegt. Im Anderen »ertappt« das Subjekt immer nur sich selbst. Es unterliegt seinen Ermächtigungsbestrebungen – und dem ›Schillern des Objekts‹ und seinen zweischneidigen Spieglungen; nie bekommt es den anderen zu sehen, wie auch er es da verfehlt, wo es ihn erblickt. Das Subjekt unterliegt einer doppelten Kontingenz (vgl. ebd.: 134).

Diese voyeuristische Anordnung ist, wie Tholen in Bezug auf Talkshows als Orte von Selbstbekenntnissen annimmt, ein »Amalgam aus therapeutischen, pädagogischen und religiösen Diskursfragmenten«, die sich zu einem »innengewendeten Panopticon der Kontrollgesellschaft« (Tholen 2000: 3) verdichten. Hier handelt es sich zweifellos um eine mediale Hervorbringung neuer Sichtbarkeitsfelder und eine darin angelegte medienspezifische Verschiebung des nach innen gewendeten Kontrollblicks, »exzessive(n) Voyeurismus, phantasmastische Konstruktion des therapeutischen Kontrollblicks, imaginäre(n) Halt der Selbstfindung im Darstellungshandeln« (ebd.: 3). Dabei wird der Blick des Anderen zum Garant der miss- oder gelingenden (Selbst-)Darstellung, zum »imaginären Substitut der ›dritten Instanz‹«, der symbolischen Ordnung. Diese Dezentrierung des Subjekts durch den Blick des anderen, der konstitutive Verweis des Subjekts auf andere(s) ist zugleich die Konstitutionsbedingung seiner sozialen Existenz. Einzig der Blick des anderen, der dem Subjekt die Gewissheit gibt, als – dezentriertes – Subjekt zu existieren, verweist das Subjekt auf sich (zurück). Für Lacan liegt, so Schwering, »die rätselhafte Kraft des Blicks« aber gerade nicht in der Intersubjektivität des direkten Blickwechsels. »Vielmehr ist es gerade der Blick, der ein Subjekt nicht direkt, sondern allein auf Umwegen betrifft« (Schwering 2000: 140), der konstitutiv ist für das Subjekt.

3. Ranking, Skalierung, Selbstoptimierung und normalisierende Praktiken in medialen Verzeichnissen

Hier ist der mediale Blick anzusiedeln, der unablässig zirkulierend, das Subjekt an *mediale Aufmerksamkeits-Ökonomien* anschließt, die »jenseits der monetären Sphäre« (Reichert 2008: 65) angesiedelt sind, diese aber ergänzen. Denn die spezifische Ökonomie medialer Kommunikation schließt Formen des Austauschs und der Zirkulation auf, die der »Akkumulation von Aufmerksamkeit als Ressource und als Tauschobjekt« (ebd.: 64) dienen. *Aufmerksamkeit wird zur – selbstreferentiellen –*

Münze, von der alle Nutzer/-innen gleichermaßen abhängig sind. Über PR-Taktiken und Popularisierungsstrategien, die das eigene Selbst immer wieder neu als anschlussfähig präsentieren, wird sie in »Praktiken der *Selbst-Bewerbung*« (ebd.: 75) umgesetzt, die eine das Selbst evaluierende Grundhaltung erzeugen. Sie sorgt dafür, dass das eigene Selbst über permanente Checks und Rankings optimiert wird. Verstärkt das Internet, aber auch diverse TV-Sendeformate erscheinen so als »kollektiver Aufmerksamkeitsapparat, der das selektiert, was ›bedeutend‹, ›neu‹, ›faszinierend‹ oder von der Normalität abweichend ist und damit dafür sorgt, dass Ereignisse oder Informationen, die zur ›Tauschwährung‹ der Aufmerksamkeit zählen, am Verdrängungswettbewerb von Aufmerksamkeiten teilnehmen und weitere Aufmerksamkeit akkumulieren« (ebd.: 64). Was sich hier durchsetzt, ist eine Art *»Reputationsökonomie«,* wobei Reputation auf »dem zugewiesenen Rang innerhalb einer *community*« (Adelmann 2008: 36) basiert. Das Begehren nach Aufmerksamkeit entspricht, ökonomisch formuliert, dem Verlangen nach einem – sozialen – Kredit, der von einem anonymen Massenpublikum gewährt wird und nur denen zukommt, die sich in unterschiedlichen Rankingsystemen und auf unterschiedlichen Rankinglisten auf den *topscores* befinden.

Reputation ist an Skalierungsverfahren und Rankinglisten geknüpft; Selbstthematisierung verortet sich so im Diskurs der Selbstvermarktung und Normalisierung.

In standardisierten TV-Sendeformaten wird vorgeführt, dass das ohne emotionale und oft auch physische Selbstausbeutung nicht zu machen ist. Im Internet entsprechen dem verschiedene Ordnungs- und Filtersysteme in Internetportalen, in denen sich verschiedene Rankingsysteme überschneiden. Sie verarbeiten nicht quantifizierbare Eigenschaften und qualitative Bewertungssysteme, die sich unter anderem aus Geschmacksurteilen oder anderen Selbststrukturierungen ergeben, zu quantifizierbaren Rankings, die zudem durch die Internetnutzung auch ökonomisiert werden: »Wenn ein Geschmacksurteil durch die Anzahl von gegebenen Sternchen oder die Verlinkung auf die eigene Homepage dokumentiert wird, verändert sich eindeutig der Grad seiner Ökonomisierbarkeit. Geschmack wird zu einer lesbaren Information.« (Adelmann 2008: 36)

Indem Marketingstrategien Eingang finden in kulturelle und soziale Kommunikationsprozesse, verändert sich aber auch deren ›Produktionslogik‹: Ökonomisiert und am unsichtbaren, ›körperlosen‹ anderen orientiert, transportiert Kommunikation nicht konkrete Austauschbeziehungen, sondern Chiffren, deren Botschaften nur von denen decodiert werden können, die ›dazugehören‹. An die Stelle der panoptischen Anordnung als disziplinärer Form der Überwachung und Machtausübung oder eines bloß voyeuristischen Begehrens treten nun das Begehren nach – wechselseitiger – Visibilität, Aufmerksamkeits-Ökonomie und (Selbst-)Kontrolle, die erst eine permanente Selbstformung ermöglichen. Sie bildet wiederum die Voraussetzung, um an den »Tauschbörsen von rivalisierenden Aufmerksamkeiten« (Reichert 2008: 64) mithalten zu können.

Sozialer Kredit und die Zukunft des einzelnen Individuums hängen von performativen Akten der Selbstkontrolle, -präsentation und -modifikation ab, letztlich aber davon, dass man bei einer anonymen ›Masse‹ ankommt. Zwar ist die Zukunft in gegenwärtigen Gesellschaften kontingent und optional; sie vollzieht sich aber bereits in der Gegenwärtigkeit sozialer Aufmerksamkeit und Anerkennung, die ohne – marktabhängig erzwungenen und marktförmig gestalteten – Selbstbezug und ohne Selbstsorge gar nicht erst beginnt. Selbstexploration und -expression sind die Gestaltungsformen einer »*morgen machbar(en) Gegenwart*« (ebd.: 54). Gewinner einer ›gegenwärtigen Zukunft‹ sind also diejenigen, die sich in ihren Beziehungen zu anderen flexibel verhalten und sowohl ihre Beziehung(en) als auch sich selbst ohne zu zögern den Bewertungen und Einschätzungen der anderen entsprechend modifizieren.

Dabei werden Emotionen freigesetzt, die zum Medium des eigenen wirkungsvollen Auftritts auf Aufmerksamkeitsmärkten werden, sich in singulären Positionen auf Rankinglisten ausdrücken und sich in Prozentsätzen von Bewertung auszahlen.

Papilloud spricht in diesem Zusammenhang von »scoring-Kontrolle«, bei der es – ausschließlich – darum geht, »Kontrolle durch den Prozentsatz, durch die Punkte oder die Evaluierung«, die erwartet, ja, begehrt wird, auszuüben, »auch auf die Gefahr hin, auf die elementaren Reflexe des Überlebens reduziert zu werden« (Papilloud 2000: 241).

Darum geht es zweifellos, wenn die – internet-basierte – Aufmerksamkeit »für viele Individuen zu einem eigenständigen ökonomischen Wert in Ergänzung zu monetären Werten« (Reichert 2008: 65) wird. Individuen lassen sich demnach von einem anonymen Publikum, aber auch von Fernsehprogrammen kontrollieren, um für zukünftige Formen der Interaktivität ›gerüstet‹ zu sein, um zu lernen, mit diversen Interaktionsoptionen zu spielen und nicht zuletzt, um »relationelle Kompetenz« (Papilloud 2000: 238) zu demonstrieren, indem Beziehungen »Profile von leicht veränderbaren Relationen hervorbringen, denen Chiffren, Geld und Informationen entsprechen« (ebd.: 239). Nur auf dieser Basis und auf diese Weise werden »rentable‹ soziale Beziehungsformen produziert, innerhalb derer wir allein das Recht beanspruchen können, ›drinnen‹, d.h. in der Gesellschaft, zu bleiben« (ebd.: 242).

Es wird ein selbstlaufender Regulationsprozess installiert, der die Individuen positioniert und differenziert, sie – marktförmig organisiert – aneinander bindet, sie ein- oder ausschließt und sie darin sozialisiert, Interesse an der eigenen Beobachtung zu zeigen. Die Wirkmächtigkeit normalisierender Praxen im Netz dient aber, entgegen des durch die Kontrollgesellschaft installierten Regimes einer generalisierten Kontrolle nicht nur der stärkeren Verflechtung von Sozial- und Selbstkontrolle, sondern auch der Selbststeuerung, die immer auch Raum für widerstreitende Praxen lässt. Dennoch sind diese Verfahren der Selbstinszenierung Voraussetzung für Formen der Selbstkontrolle, die an die Integration sozialer Regulative in das individuelle Selbst gebunden und in Normalisierungspraxen integriert sind. Dabei verliert das Subjekt den Nimbus eines autarken Bollwerks gegen die Gesellschaft, wenn es denn je als solches existiert hat. An seine Stelle tritt die »allgemein etablierte Selbst-Normalisierung« (Link 1997: 159) eines Subjekts, das Normen als eigene ›Bedürfnisse‹ verinnerlicht hat und dessen *freie* Verfügbarkeit sich mit der Ununterscheidbarkeit von Fremd- und Selbstführung, von individuellem Persönlichkeitsprofil und Normalisierung der Lebensstile verbindet.

Neoliberale Ökonomie weist Formen des ökonomisch motivierten Selbstmanagements aus, die den Grund und die Art des eigenen Handelns, einer Dynamik der Individualisierung und Normalisierung unterworfen, selbst immer wieder modifiziert. Produziert wird hierdurch eine *statistische Norm.* Wesentliches Merkmal dieses handlungsleitenden Mediums einer dynamischen, statistisch begründeten Matrix ist eine Entkoppelung von individueller Motivation und Ereignis, die sich ›über die Köpfe der einzelnen hinweg‹ heraus kristallisiert. Diese statistische, einer Dynamik der ständigen Modifikation unterliegende Norm entsteht aufgrund der Häufigkeit von Ereignissen als flächendeckende, die Fläche der empirisch-statistisch vorkommenden Ereignisse abdeckende Kumulation oder Verdichtung im Sinne einer Normalverteilung. Normen sind dann nicht dem Handeln vorgängige, als ein für allemal gültige Richtschnur des Handelns vorgegeben und begründen dieses. Vielmehr entsteht die dynamische Norm aufgrund von statistischen Häufigkeitsverteilungen. Sie ist als abstraktes Medium wahrscheinlich, aber kontingent, insofern sie – empirisch – so ist, wie sie ist, aber auch anders sein könnte. Dabei bedeutet ›kontingent‹ nicht zufällig oder beliebig; nicht alles ist gleich wahrscheinlich und gleichermaßen möglich. Die Positivität einer Ordnung ist zwar nicht notwendig, aber auch nicht beliebig. Die dynamische Norm, die sich aus einer stochastischen Ereignismasse herausbildet, ist nicht Ergebnis einer reinen und beliebigen Zufälligkeit der Ereignisse oder eines Gleich-Möglichen; »wäre das eine wie das andere gleichermaßen möglich und somit indifferent, wäre nichts entstanden oder passiert« (Vogl 2008^2: 62). Vielmehr wirkt hier eine »Logik der Bevorzugung [...], die aus allen verschiedenen Möglichkeiten eine besondere favorisiert« (ebd.), was bedeutet, dass nicht alles, was möglich ist, gleichermaßen existent und wirklich werden kann. Was sich realisiert, kann nicht auf ein Kausalitätsprinzip zurückgeführt werden, sondern verdankt sich statistischen Wahrscheinlichkeiten. Individuelles Handeln vollzieht sich aus dieser Perspektive im Register eines künstlichen abstrakten Mediums, mit dem sich ein klassifikatorisches Raster etabliert, das über evaluative Verfahren die produktive, ständig optimierende Integration des Immer-anders-Möglichen ins Soziale ermöglicht. Dabei verschränkt sich Selbstregulierung in rekursiven Bewegungen mit der Regulierung der Gesamtbevölkerung/-gesellschaft in einem komplexen sozialen Management (vgl. Makropoulos 1997: 64). Immer im Blick des Einzelnen sind dabei jene Ereignisse, Begebenheiten und Handlungen, die so oder auch anders geschehen können, insofern also nicht vorhersehbar sind (vgl. dazu auch Bublitz 2003c).

Diese Freisetzung eines Systemhandelns in der Moderne, »die über die Köpfe der einzelnen hinweg Handlungen mit Handlungsfolgen verknüpft, Optionen selektiert, Ereignisketten ausrichtet und somit überhaupt eine Gesellschaftsmaschine, einen ebenso entfesselten wie funktionierenden Aktions- und Produktionszusammenhang installiert« (Vogl 2008^2 57), produziert zwar einerseits Automatismen sozialer Funktionssysteme und entsprechende Selbstregulierungsformen. Auf der anderen Seite produziert sie Zäsuren, Unbestimmtheiten, die sich keineswegs nur sozialtechnisch, als energetisches Problem bloßer Erschöpfungs- und Verschleißphänomene, aus einem »Stocken der Maschine« in physisch-materieller und psychisch-geistiger Hinsicht erklären. Vielmehr tritt ein Problem der Übersetzung und Umsetzung auf der Ebene des individuellen Handelns auf: »Je mehr sich das Systemhandeln von individuellen Gründen und Absichten löst, desto mehr, so scheint es, werden Motiv, Ursache, Grund und Handlungsgrund zum individuellen Fall oder Problem.« (Ebd.: 60)

Es kommt zu ›Automatismen‹, die sich von dem Regelkreis sozialen Handelns lösen, spezifische Hemmungen und Blockaden, Bruch- und Sollstellen, an denen der Aktionszusammenhang abbricht und eine Unterbrechung verursachen, die in der ganzen Optionsvielfalt auf, »schwarze Löcher und Leerstellen« schließen lassen, »an denen dieser Aktionszusammenhang in flagranter Weise abbricht, stockt oder schlicht kollabiert« (ebd.: 60).[16]

16 Vogls Ausführungen beziehen sich hier auf das ›Zaudern‹ als Gegenphänomen des modernen Systemhandelns. Als Gegenpart zum Automatismus

Aber öffentlich-medial sichtbar und objektivierbar gemacht werden die unterschiedlichen Subjektpositionen personalisierter Individuen, die permanent in konkurrierende Relationen zueinander gebracht und in Ranking- und Ranglisten verwaltet werden. Die »individuelle Mobilmachung« erfolgt im Zeichen einer »umfassenden Ökonomisierung aller Beziehungen« (Bröckling 2003: 89).

Die Gewinner, welcher Castingshow und welchen Internetportal-Auftritts auch immer, bedanken sich bei einer anonymen Öffentlichkeit, als ob sie jeden persönlich kennen und dennoch gezwungen sind, abstrakt zu bleiben: »Danke, Deutschland!«[17] Sie wissen, wie abhängig sie von der Rückmeldung derer sind, die ihr restauriertes Image und ihren medial inszenierten Auftritt als sozial attraktives Subjekt für die Authentizität ihres Selbst halten. Ihr Image ist eine Anleihe, ein Kredit, den sie vor einem ebenso ahnungslosen wie gnadenlosen Publikum einlösen müssen und der ihnen, anders als bei Finanzgeschäften, jederzeit, ohne vertragliche Absicherung, entzogen werden kann. Mediale Präsentation bedeutet unter diesen Umständen alles. An sich zu glauben ist dabei eine ebenso wichtige Kompetenz wie emotional echt zu wirken, in der völligen Erschöpfung wie im letztlich erfolgreich durchgesetzten Streben nach Selbstverwirklichung und harter, aber fairer Durchsetzung des eigenen (Lebens-)Traums ›gut auszusehen‹, was heißt, Anstrengung und Durchhaltevermögen medial so in Szene zu setzen, dass sie als emotionales Moment ›echt rüberkommen‹: »Weil man stets und von allen ge-

selbstregulierten Handelns, dem sich die dynamische Stabilität und Effizienz moderner Handlungsgefüge verdankt, produziert es, wie Vogl annimmt, einen ›pathologischen Menschentypus‹ und mit ihm »Willensschwächen, Willensanomalien, Willensparadoxien« (2008^2: 58). Vogl geht davon aus, dass das Zaudern gewissermaßen in eine abendländische Kultur der Tat und der Aktion ›einbricht‹ und deren Handlungs- und Ereignisketten durchbricht. Im Zaudern als fortwährender Ausweichbewegung, die auf eine Lockerung des sensomotorischen Schemas von Wahrnehmung und Handeln verweist und als »fieberhafter Müßiggang« (ebd.: 108) gewissermaßen eine bestimmte Unruhe, zugleich aber einen Leerlauf des Geistes bezeichnet, sieht Vogl den Gegenspieler zum Imperativ des »Schlag-auf-Schlag«-Aktivismus, der Handlungszwänge komplexer, moderner Funktionssysteme entwirft, die »auf nichts als Antworten« (ebd.: 110) abzielen.

17 So die Gewinner der Castingshow »Mein Restaurant« (Vox 2008), die mit je unterschiedlichen eigenen Konzepten und Profilen für ein eigenes Restaurant wochenlang darum konkurrierten, sich aufgrund der Einschätzungen einer Jury, am Ende aber vor allem aufgrund der Zuschauervoten – nach dem Motto »sie haben immer an sich geglaubt und die Zuschauer haben es belohnt« – als neue Besitzer eines eigenen Restaurants und damit als erfolgreich auswiesen; vgl. www.vox.de/mein-restaurant/mein-restaurant.php

sehen wird, muss man sich günstig und das heißt je nach Bedarf, angestrengt, erschöpft und/oder überaus glücklich präsentieren; was zählt sind: *impression management*, Ästhetisierung, Identitätsarbeit.« (Neuberger 2000, zitiert nach Bröckling 2003: 85) Damit rückt das Moment der *personalen Repräsentation* in den Vordergrund, das den Zwang zur Authentizität auf die Darstellung verschiebt und die ästhetische Anordnung von Zeichen und Symbolen mit ökonomischem Gewinn und sozialem Erfolg kombiniert. Es ist eine Repräsentationsbeziehung, die im Zentrum subjektkonstitutiver Praktiken steht, in der sich die Person als sich darstellende semiotisch präsentiert.

Wichtig ist bei alledem, »ein anpassungsfähiges Selbstbild zu entwickeln, das gleichzeitig Handlungs- und Wandlungsfähigkeit signalisiert«, das zeigt, dass sich das Selbst als »fragiles Projekt« versteht, das »sich kontinuierlich in ihrem Selbstfindungsprozess« engagiert und zeigt, dass es von der Dynamik sozialer Beziehungen abhängig ist (Reichert 2008: 77). Verwertungslogik und reflektierte Lebensführung greifen in der multimedialen Darstellung des multiplen, flexiblen, anpassungs- und wandlungsfähigen Selbst unvermittelt ineinander.

»Die reflexiven, kreativen und interaktiven Selbstinszenierungen und -stilisierungen in sozialen Netzen zielen weniger auf die Herstellung eines Subjekts authentischer und autonomer Substanz [was immer das auch sei (!)], sondern vielmehr auf ein flexibles, offenes Subjekt der Wahlmöglichkeiten, das im Rahmen der Produktions- und Rezeptionskontexte hervorgebracht wird. Digitale Selbstnarrative sind nicht mehr als dauerhaft und ursprünglich, sondern als multipel und wandelbar konzipiert.« (Ebd.: 85)

Ein zentrales Element dieses in der Vernetzung keineswegs als geschlossen oder linear *präsentierten Selbst* ist, *wie ein Hypertext immer auf Andere(s) zu verweisen* und *damit permanent polyvalent anschlussfähig* zu sein.

Das Ordnungsmodell des Netzes ist nicht nur, aber auch das des Marktprinzips, in das Waren ebenso wie Bedeutungen, Prestige und soziale Anerkennung einbezogen sind. Dem entspricht unter anderem auch das ›Friend-of-a-friend-Prinzip‹, das den ›Freundeskreis‹ im Netz zur Marke macht, mit dem man sich zeigt und abgleicht. Hier gilt das »Diktat des Komparativs« (Bröckling 2002), das rekursive Bezugnahmen auf das eigene Selbst immer im Durchlauf über den Geschmack und die Vorlieben anderer – sowie deren (zum Teil nur imaginiertes) Feedback – herstellt.

Zeichen für den eigenen Marktwert und Markterfolg ist die über die erfolgreiche Selbstmodifikation hergestellte Anschluss- und Optimierungsfähigkeit. Dabei wird die Ordnung des Sehens und Gesehenwerdens ergänzt durch die des Aufschreibens, Lesens, Einordnens und Verwaltens. In beiden Ordnungsregistern gilt die Umsetzung heterogener Klassifikationssysteme und Bewertungen anderer in subjektive Anpassungsleistungen, Modifikationen und Transformationen des Selbst. Nur so kann verhindert werden, dass ›Schwachstellen‹ des eigenen Selbst zu Ausschließungskriterien werden und selbst Stärken dann nicht mehr zählen. Selbstmanagement bedeutet in dieser Perspektive, alles zu tun, um zu vermeiden, ›nominiert‹ zu werden, was bedeutet, im Konkurrenz- und Ausscheidungskampf zu unterliegen, herauszufallen. Der einzige Weg, dies zu vermeiden ist, sich der Herausforderung zu stellen, selbstreflexiv die eigenen Grenzen zwar zu erkennen, sie aber nicht zu akzeptieren, sondern – notfalls bis zum physischen und psychischen Zusammenbruch – auszuweiten und durch Aktivierung aller physischen, sozialen und symbolisch-kulturellen Ressourcen zu überwinden. Nur die Modifikation, Transformation und Steigerung der persönlichen Fähigkeiten mit dem Ziel der Optimierung teilnehmender Subjekte garantiert, im Rennen zu bleiben, und das heißt aktiv, dabei, in Bewegung zu sein. Nur solange das der Fall ist, ist alles möglich.

Gegenüber medialen Formaten, die die alltägliche Realität scheinbar medial verdoppeln, indem sie im ›Sich-öffentlich-sprechen‹ und verbalen Schlagabtausch sich medial extrem exponierender Subjekte Vergleich und (Selbst-)Adaptation und -justierung der Zuschauer/-innen ermöglichen (Talkshows), gibt es zunehmend mediale Formate, die die umfassende Transformation, vor allem aber auch die Optimierung teilnehmender Subjekte vorführen (vgl. Reality- und Castingshows).

4. Normalisierung des Ausnahmezustands[18]

Es ist das Versprechen des »Möglichkeitsmenschen«, das hier eingelöst werden soll. Im Vorbehalt gegen das, was ist, wie es ist, verpflichtet sich jede(r), an der Verwirklichung des Möglichen mitzuwirken; ein wahr-

18 Die Normalisierung des Ausnahmezustands, von der im Folgenden die Rede ist, verweist auf die exponentielle Dynamik und die dynamische »›Regulierung‹/›Stabilisierung‹ des konstitutiven ›produktiven Chaos‹ der Moderne« (Link 1997: 313). Das Resultat dieser historisch spezifischen Antwort auf Anforderungen des modernen »Wachstums« und »Fortschritts« ist »die unlösliche Koppelung der Normalität an die moderne Progreßdynamik« (ebd.). Ihr Ausdruck sind »Kurvenlandschaften«, in denen auf der Basis empirisch statistischer Verteilungen (um den Durchschnitt herum) homogenisierte Normalisierungsfelder gebildet werden, die sowohl individuelle als auch institutionelle Anschließbarkeit erst ermöglichen.

haft teuflisches Unterfangen, denn das Mögliche ist gerade der Horizont des zukünftig Gegenwärtigen, dasjenige, das als gegenwärtige Wirklichkeit nie eintreten und damit verschwinden darf. Es darf nie im faktischen, wirklichen Leben aufgehen – sonst würde es als mögliches zukünftiges Leben exkommuniziert und dem faktischen gegenwärtigen Leben der Sinn und Daseinsgrund entzogen.

Das faktische Leben erscheint aus dieser Perspektive in gewisser Weise als bloß hypothetische Existenz, da es immer auch anders sein könnte und als verbesserungs-, ja, optimierungsfähig erscheint. Wie das Leben auch anders sein könnte, wird medial vorgeführt.

Dadurch wird eine zweite Spiegelung erzeugt, die sich von der ersten, der des Selbst im anonymen Anderen unterscheidet, sich aber mit ihr verknüpft. Gemeint ist die Spiegelung des faktischen Lebens im möglichen und umgekehrt. Auf dem Hintergrund medialer Applikationsfolien erscheint das faktische Leben, wie es ist, gebrochen durch ein Leben, wie es sein könnte. Dabei bildet das Leben, wie es sein könnte, das Maß für die weitere ›Vermessung der Welt‹. Medial sichtbar gemacht und vorgeführt, erscheint das mögliche Leben zum Greifen nah, ist aber in Wirklichkeit mit hoher Wahrscheinlichkeit unerreichbar. Als eine Art Schwellenzone stellt sich das Mögliche und Optimale als fiktiver Raum dar, der, strukturiert und destrukturiert, ebenso offen wie jedem subjektiven Zugang verschlossen, erreichbar und unerreichbar zugleich erscheint. Der fiktive Raum des Möglichen ist kein umgrenzter Raum, kein bestimmter Ort, aber auch kein Nicht-Ort, sondern ist gekennzeichnet durch »eine räumliche Lage, die jeden bestimmten Platz ins Wanken und Gleiten bringt. Der Raum hat keinen festen Boden oder Grund und kennt die dauerhaften Einschreibungen eines Ordnungs- und Ortungsraums nicht« (Vogl 2008^2 84).[19]

So bricht sich das faktische Leben unausgesetzt am möglichen, das nicht existiert, sondern dessen Existenz sich der Erschließung entschlossener Subjekte verdankt, die den Raum eines möglichen Lebens erfinden und erschließen. Der Möglichkeitsraum existiert lediglich als symbolischer Raum, der fiktional und phantasmatisch, imaginär und unwirklich bleibt und in dem man, auch nach einer endlosen Serie von überwundenen Barrieren, medial inszenierten Bewährungsproben und der Bewältigung unvorhersehbarer Ereignisse, nicht ankommt. Der fiktiv bleibende

19 Vogl bezieht sich in seiner Antrittsvorlesung »Über das Zaudern« (2008^2) zum einen auf den »Möglichkeitsmenschen«, wie er in Robert Musils »Der Mann ohne Eigenschaften« (1978) vorgestellt wird und zum anderen auf den symbolischen, labyrinthischen Raum, wie er ihm in Franz Kafkas Roman »Das Schloss« und »Der Prozess« vorzuliegen scheint.

Möglichkeitsraum ist unbestimmt und nicht kodiert. Er entsteht, während er erschlossen wird – oder auch nicht.

In alledem zeigt sich, dass das faktische, reale Leben permanent durch die Dimension eines *In-jedem-Augenblick-Möglichen* gebrochen wird, das sich als imaginärer Zwischen- und Schwellenraum eines bestimmten Zustands des Nicht-Mehr und Noch-Nicht ins faktische Leben einschreibt. Sein Charakter liegt im Unbestimmten und Fließenden. Anhaltspunkte dieses gänzlich unbestimmten Ortes liegen allenfalls in seinem labyrinthischen Charakter, bei dem jeder mögliche Weg in jeden anderen möglichen münden kann. Zugleich ist es ein Ort, bei dem der Übergang von Normalität und Chaos, von Gegenwart und Zukunft, faktischem und möglichem Leben fließend ist. Die Frage ist, wie das faktische und das mögliche Leben sich aneinander brechen und welche Struktur in dieser Brechung entsteht.

Der »Möglichkeitsmensch« bewegt sich immer auf der Schwelle eines »maßlosen Raums«, der alle Bestimmungen einklammert, nicht überschaubar strukturiert ist und jeden Weg unterbricht. Dieser inhomogene, maßlose Raum hat den Charakter eines rhizomartigen Netzwerks oder Labyrinths, das weder Zentrum noch Peripherie, Ein- oder Ausgänge hat, sondern dezentral angelegt ist und keinen Ort, keine Perspektive kennt, von dem aus sich eine Auf- oder Übersicht bietet.

»Es ist vielmehr ein Gangsystem, das in alle Dimensionen zugleich wuchert [...]. Zudem ist dieses Labyrinth endlos, ein endlos wuchernder Binnenraum, der kein Außen kennt oder die Unterscheidung von Innen und Außen sinnlos und obsolet macht. Sein Weg führt alle Ausgänge in sich zurück, öffnet sich nur auf sich selbst.« (Vogl 2008[2] 85f.)

Es ist ein Geflecht, das durch immer neue Dimensionen der Fiktionalität führt. Nichts scheint die singulären Daten, die einzelnen Individuen zu verbinden – und dennoch vereint sie ein enges Netz von Beziehungen.

Dieses Ensemble von Singularitäten und virtuellen Beziehungen könnte man – mit Agamben – als Ausnahmezustand bezeichnen. Giorgio Agamben bezeichnet die Zone der Ununterschiedenheit von Chaos und Normalität, die sich zugleich auf die Ununterscheidbarkeit zwischen Innen und Außen bezieht, als »Ausnahmezustand« (2002: 29), der vor allem dadurch charakterisiert ist, dass »die Gültigkeit der Ordnung aufgehoben wird, [...] indem zugelassen wird, dass sich die Ordnung von der Ausnahme zurückzieht« und »die Regel, indem sie sich aufhebt, der Ausnahme stattgibt« (ebd.: 28). Die Ausnahme ist nun also, als das von der Regel Ausgeschlossene, in die Regel eingeschlossen, ja, mehr noch, sie ist die Regel.[20]

Agambens These ist, dass der Ausnahmezustand als fundamentale – politische – Struktur gegenwärtig »immer mehr in den Vordergrund rückt und letztlich zur Regel zu werden droht« (ebd.: 30). Auch spricht er von einer paradoxen »Schwelle« zwischen normaler Situation und Chaos, einer Zone irreduzibler Ununterschiedenheit, auf der sich der moderne Mensch der Gegenwart mit seinem »nackten Leben« befindet, immer in der Gefahr, als ›lebensunwertes Leben‹ aussortiert zu werden.[21]

Indem aber die Regel die Ausnahme bildet und sich eine Zone der Ununterscheidbarkeit von Chaos und Ordnung als Normalität einrichtet, wird die Unterscheidung von Regel und Abweichung, Normalität und Chaos obsolet. Und nicht nur das: Durch endlose Rekursionen konstituiert sich ein – paradoxes – Selbstverhältnis, das weder nur auf andere noch nur auf sich selbst zurückführbar und damit weder hetero- noch autonom ist. Es befindet sich dazwischen.

Selbstadjustierung und Ausrichtung an anderen verläuft damit zunehmend weniger über Habitualisierungsprozesse, was ein Minimum an Berechenbarkeit voraussetzt und unterstellt, es gäbe ein vorgegebenes

20 Auch Ulrich Beck weist auf die Überschneidung von Normal- und Ausnahmezustand hin, meint damit allerdings etwas anderes, nämlich die »Individualisierung des Krieges« und das »weltpolitische Konflikt- und Umsturzpotential globaler Risiken« (Beck 2007: 145ff.).

21 In einem Gespräch mit Gayri Chakravorty Spivak kritisiert Judith Butler die von Agamben verwendete Formel des »nackten Lebens«. Sie verweist hier darauf, dass das menschliche Leben sich niemals außerhalb staatlicher biopolitischer Maßnahmen befinde, sondern immer schon »ins politische Feld eingegangen« sei – und kritisiert jeden Versuch, das menschliche Leben aus dem Feld des Politischen herauszunehmen, als »Entpolitisierung des Lebens«: »Die Frage, wann und wo das Leben beginnt und endet, die Mittel und legitimen Anwendungen von Reproduktionstechnologien, die Streitigkeiten darüber, ob das Leben als Zelle oder als Gewebe zu verstehen sei, all diese Fragen sind ganz klar Fragen des Lebens und Fragen der Macht – Erweiterungen der Biomacht, die nahelegen, dass sich zwischen Leben und Politik keine simple Ausschließungslogik herstellen lässt. Oder besser gesagt, jeder Versuch, eine solche Ausschließungslogik zu errichten, setzt die Entpolitisierung des Lebens voraus und schreibt die Fragen von Gender, Sklavenarbeit und Fortpflanzung aus dem Feld des Politischen heraus.« (Butler/Spivak 2007 28f.); vgl. dazu auch Butler 2009b. Mit diesem Hinweis auf eine Ausschließungslogik verfehlt Butler meiner Ansicht nach aber Agambens Argumentation, der im Anschluss an Foucault auf die biopolitische Konstruktion ›lebenswerten‹ Lebens und die biopolitische Ausschließung ›lebensunwerten‹ Lebens hinweist.

Strukturmuster zur Bewältigung sozialer Situationen.[22] Vielmehr bricht sich der fiktive, imaginäre Raum eines möglichen Lebens unausgesetzt am faktischen Leben, das immer unberechenbarer wird.

In der Subjektivität einer fiktionalisierten Selbstentfaltung ist das unternehmerische Subjekt versucht, sich diesen imaginären Raum durch fortdauernde Risikobereitschaft und Selbstmodifikation ökonomisch und technisch-medial zu erschließen. Technologien des Selbst sind so in der ökonomischen, technisch-medial kommunizierten Vergegenwärtigung des Zukünftigen angesiedelt. Über Selbstmodifikation und Optimierungsmaßnahmen verschafft sich das Subjekt Zugang zur Maßlosigkeit des Möglichen, bricht sich gleichzeitig aber immer an seiner Kontingenz, des Zufalls der Ereignisse, der die Grenzen des Kalkulierbaren aufsprengt. Aber gerade diese Unwägbarkeiten verstärken letztlich nur die »fieberhafte Betriebsamkeit« (Durkheim 1973: 292), die sich auf das gesamte gesellschaftliche Terrain erstreckt und als ständiger Anreiz das einzelne Subjekt erfasst. In der Außerkraftsetzung jener Normierung, die sich einschränkend auf die optimale Selbstentfaltung des Individuums auswirken könnte, zeigt sich im Gegenzug die Ausdehnung ökonomischer Steuerungsformen auf Modi der Vergesellschaftung und Subjektivierung: Sie setzen sich im Rückgriff auf abstrakte statistische Automatismen der Steuerung quasi hinter dem Rücken der Subjekte durch und werden in technisch-medial gesteuerter Dauerkommunikation transportiert. Subjektivität ist so dauerhaft an Selbstoptimierung gekoppelt und an eine gesellschaftliche Organisation gebunden, »für die die kontingenzförmige Struktur ihres Selbst- und Weltverhältnisses konstitutiv ist« (Makropoulos 2008: 132).[23]

Während die ›Programmierung‹ optionaler Wählbarkeiten und die Steuerung von Selektionen, Ordnungsmustern und Optimierungsprozessen wie von ›unsichtbarer Hand‹ gelenkt und herbeigeführt zu sein

22 Dabei findet ja ein ständiger Abgleich singulärer Parameter mit semantischen Landkarten statt; das Individuelle, Singuläre verweist auf andere(s), auf ein filigranes Geflecht von Bedeutungen und Bedeutungshierarchien (vgl. dazu Hall 1991; vgl. auch Winkler 2004: 195). Gleichzeitig konstituiert sich durch Normalisierung der Ausnahme(n) und Abweichungen eine flexible, immer wechselnde Zone der Normalität, die performative Dynamiken der Subjektivierung freisetzt.

23 Nicht zu wissen, wohin etwas führt, ist aber etwas anderes als die permanente Überschreitung des Möglichkeitsraums, wie sie Durkheims Begriff der Anomie kenntlich macht: Durkheim geht von der Schrankenlosigkeit des Begehrens und der schrankenlosen Verfügbarkeit dessen aus, was (Selbst-)Optimierung ermöglicht und verbindet den Wegfall normierender Begrenzungen mit der technisch-ökonomischen Entfesselung von Begierden; vgl. Durkheim 1973.

scheint, sind singuläre Vorkommnisse und Ereignisse wie auch Einzelentscheidungen zwar kontingent, aber dennoch wahrscheinlich, wobei keinem singulären Datum eine bestimmte Richtung zugeordnet werden kann. Zwischen den verschiedenen Optionen und singulären Wahlentscheidungen konstituiert sich vielmehr ein ganzes Labyrinth von Möglichkeiten. Gleichzeitig findet eine Kumulation, eine Art Verdichtung statt, »die die Fläche der Vorkommnisse in kompakter Form repräsentiert und damit die Statistik generell als Technik, die Verstreutes auf beschreibbare Weise wieder versammelt« (Winkler 2004: 193) ausweist und damit erlaubt, Strukturen zu extrahieren.[24] Interessant ist neben ihrem ›selbstlosen‹, gewissermaßen unbewussten Funktionieren der in der Funktionsweise des Statistischen angelegte Umschlag von statistisch-kumulativer Quantität in Qualität, der zunächst auf die Zufälligkeit quantitativer, distinkter Vorkommnisse verweist, in der Kumulation aber beweist, »dass es bei diesem Zufall keineswegs bleibt« (ebd.: 193).[25]

Auf die geräuschlose Kulisse des »Normalismus« (Link 1997) zurückführbar, stellen sich gesellschaftliche Integration und soziale Ordnung ebenso wie Subjektivität auf der Bühne der Normalität her, die in der Gesellschaft fraglos und selbstverständlich zirkuliert wie eine (Geld-)Währung.[26] »Normalismus« erscheint so nicht nur als verdichtetes Konglomerat semantischer Parameter, das mit Kollektivsymboliken in Verbindung zu bringen wäre, sondern mehr noch, er erscheint regelrecht als »eine Maschine der semantischen Strukturgewinnung« (Winkler 2004: 196), die quasi im Selbstlauf, im Automatismus Ordnung schafft – und gleichzeitig als Netz aufzufassen wäre, in dem jede Einzelüberzeugung ihren Platz findet (vgl. ebd.: 195). Individualisierung

---

24 Diese strukturbildende Funktion und damit, Kontingenz zu bewältigen, darin besteht, neben dem Verkaufsanreiz, nicht zuletzt eine der Funktionen von Hinweisen wie: »Wer dies gekauft hat, hat auch das gekauft«, wie sie sich beim Internetportal amazon finden.

25 So rekonstruiert Durkheim aus der statistischen Häufigkeit von Selbstmorden ein strukturelles Merkmal moderner Gesellschaften; vgl. Durkheim 1973 [1897]; vgl. auch Bublitz 2005: 29.

26 Winkler sieht darin die besondere Leistung der Normalismus-Analyse von Link, dass sie den Blick vom Auffälligen, Einzelnen ab- und ihn zurückwendet auf das Normale/die Normalität, den *Mainstream*, der sich in seiner »auftrumpfend-blauäugige(n) Selbstverständlichkeit« (Winkler 2004: 196) durchsetzt und stabilisiert. Was dadurch theoretisch gewonnen wird, ist, so Winkler, die »Entnormalisierung des Normalen«, das sich durch zyklische Mechanismen zu reproduzieren scheint und daher übermächtig wirkt – und eigentlich nur durch das Moment der Zirkulation, die Verschiebungen, langfristig Umbauten und strukturelle Umbrüche bewirkt, aufgebrochen werden kann; vgl. ebd.: 196f.

und Normalisierung greifen in netzwerkförmig angelegten Geflechten ineinander.

Dabei erfolgt soziale Steuerung über die statistische ›Verwaltung‹ der Kontingenz in einem komplexen sozialen Management, in das Automatismen des Selbstmanagements und selbstregulierten Handelns eingebunden sind. Deren Voraussetzung bildet die »Freisetzung der sozialen Steuerung aus ihrer Bindung an Realien« (Makropoulos 1997: 70). Es handelt sich um eine sozialtechnische Konstruktion, die Ordnung strukturell immer wieder aus statistischen Abstraktionen‹ von singulären, konkreten Ereignissen und individuellen Interessen generiert. Sie bindet soziale Subjekte, die Sozialität als sich selbst tragende allererst konstituieren, in ein ebenso riskantes wie optimierungsfähiges Selbst- und Sozialverhältnis ein. Gesellschaftliche Integration erfolgt so über statistische Verteilungen, mathematisch-statistische, technisch-medial kommunizierte Verfahren, die die Subjekte qua Skalierungs- und Rankingverfahren innerhalb einer Gaußkurve um eine empirisch ermittelte Norm herum anordnen.

Selbstoptimierung erfolgt also zunächst durch Anordnung der Subjekte innerhalb eines Feldes der Streuung, das, wie im Disziplinarraum, als Vergleichsfeld und Differenzierungsraum dient, die Individuen also untereinander und im Hinblick auf eine Regel, die sich aus statistischen Datenmassen ergibt und immer wieder modifiziert wird, differenziert. Gegenseitige Konkurrenz der Individuen untereinander und sukzessive Selektion verkleinert die Stichprobe und verändert die Auswahlkriterien. Dabei werden die Extreme wie auch die ›unauffälligen Auffälligkeiten‹ markiert, einer Apparatur von Korrekturmaßnahmen, aber auch der Selektion unterworfen. Durch fortlaufende Testsituationen und wertende Messungen werden die einzelnen Individuen in eine Rangfolge gebracht, mittels Ranking individuell positioniert. Schließlich werden die Individuen mithilfe von Verfahren der Selbstmodifikation und Selbstoptimierung in einem völlig neuen Feld arrangiert, das sowohl die individuellen Unterschiede als auch die Gemeinsamkeiten in einem optimalen Verhältnis zueinander anordnet (vgl. Foucault 2003; Bublitz 2003c).

Nach und nach erfolgt die Ermittlung der Mittel- und Optimalwerte und zugleich auch die Homogenisierung und Normalisierung des Feldes. Die Anordnung der Subjekte um die Norm herum und ihre Ausrichtung an der Norm meint dann nichts anderes als deren statistische Verteilung um den Durchschnittswert, die »Mitte der Normalität«, an deren Rändern die Übergänge zu den Standardabweichungen und Grenzwerten fließend sind. Dieser Vorgang der Festlegung einer Kernzone des Normalen ebenso wie der Toleranzgrenzen des abweichenden Verhaltens, vor allem im Übergang zu den fast ›unauffälligen Auffälligkeiten‹, bestimmt durch die Abweichungen, die sich in unmittelbarer Nähe zur Regel befinden, entspricht der Funktionsweise des Normalismus: Die Grenzen des Normalen zum Nicht-mehr-Normalen können jedoch nicht allein nach mathematischen Kriterien bestimmt werden. Vielmehr erfolgt die Festlegung der Grenzen durch die Verschränkung statistischer mit semantischen und symbolischen Kriterien:

»Eine Gaußsche Normalverteilung endet in maximaler Ferne von ihrer Mitte an den ›ausgedünnten‹ Enden bei einer Konstante, die im Grenzfall null ist. Wenn der durchschnittliche IQ bei 100 liegt, verdünnt sich bei 50 und bei 150 die Population bereits stark. Unter 0 kann kein IQ fallen. Die Normalitätsgrenze kann aber nicht bei 0 oder unendlich angesetzt werden. Da die abfallende Kurve aber stetig ist, gibt es kein mathematisches Kriterium für die Schwelle zum Nicht-mehr-Normalen. *Diese Schwelle kann demnach einzig und allein durch Kopplung zwischen der Kurve und einer semantisch-qualitativen Schwelle bestimmt werden – und sei es die durch das Dezimalsystem suggerierte symbolische Schwelle* von 50 % oder den von ein oder zwei Standardabweichungen suggerierten 67 % oder 95 % o.ä. der Erstreckung zwischen Minimum und Maximum.« (Link 1997: 138)

Aufgrund der Verbindung mathematisch-statistischer mit semantischen Kriterien zieht der Normalismus schließlich durch Einfügen einer willkürlichen Zäsur in ein Kontinuum eine äußere Grenze gegenüber dem Anormalen.[27]

Damit geht die Normalisierung über die heteronom-disziplinarische Durchsetzung der Macht der Norm hinaus: Das Abweichende wird hier nicht durch Anpassung an eine fixe Norm korrigiert. Individuelle Besonderheiten werden vielmehr ebenso wie graduelle Unterschiede nutzbringend aufeinander abgestimmt und auf eine empirisch-dynamische Gesamtregel, die statistisch und symbolisch festgelegte Normalität bezogen. Die Produktion der Normalität schließt die Produktion des Abweichenden mit ein; diese sind geradezu konstitutiv für die Normalität(en). »Die Normalisierungspraktiken können so als Erzeugungsprinzip von Abweichung und Devianz betrachtet werden, denn nur über die Orte des ›Anormalen‹ erschließt sich der Bereich des Normalen.« (Reuter 2002: 206)

An die Stelle des Disziplinarraums tritt nun ein System von Normalitätsgraden, das Individuen und singuläre Ereignisse im Raum einer Streuung anordnet, ihre Merkmale versammelt, verdichtet, und auf diese

27 Deutlich wird dies auch am historischen Material; vgl. dazu den Beitrag von Christine Hanke zur Konstitution von ›Rasse‹ im physisch-anthropologischen Diskurs der Rassenanthropologie um 1900. In: Bublitz/Hanke/Seier 2000: 179ff. und dies. 2007.

Weise eine statistische Verteilung sichtbar macht, die sich nicht auf Einzelsubjekte zurückführen lässt, gleichzeitig aber das Besondere des Individuellen in die Verteilung einschreibt.

Aufgrund von Rückkoppelungsprozessen und Technologien der Selbstprüfung kommt es zu dauernden Verhaltensmodifikationen im Sinne der Selbstoptimierung, andererseits zu Selektionsprozessen derer, die nicht ›mithalten‹ können. Dabei erfolgt die Auswahl aufgrund von verstärkter gegenseitiger Konkurrenz, bei gleichzeitiger scheinbar egalitärer Kommunikation untereinander und mit den Experten/der Jury sowie sich ständig anpassender Selbsteinschätzung und -evaluation. Die Nicht-Planbarkeit und Kontingenz des Erreichbaren erfordert, dass jeder alle Möglichkeiten ausloten muss, um den Anschluss nicht zu verlieren – und dies bei völlig unsicherem Ausgang. Entsprechende Subjektivierungspraktiken sind sicheres Auftreten in unsicheren Situationen/Zeiten, dynamisches Selbstmanagement und individuelle Risikobereitschaft. Dynamisches Qualitätsmanagement befördert unablässig Individualisierungsprozeduren und Selbstprüfungsverfahren sowie die Transformation von Selbstzwang und Selbstorganisation in Selbstbestimmung. Auf die Frage ›Was willst du erreichen?‹ folgt die Anweisung ›Hol alles aus dir 'raus!‹; nach der Devise: ›Verwirkliche deinen Traum!‹ Und ›alles‹ heißt hier wirklich *alles*.

Da die – eigene – Position im Qualitäts-Ranking immer nur relational zu anderen bestimmt wird, hört Leistungssteigerung nie auf:

»Jeder rückt gleichzeitig und gleichermaßen in die Rolle des Preisrichters und Wettbewerbers, des Gewinners und Verlierers, des Selbst-Unternehmers und Leibeigenen.« (Pongratz 2004: 257; vgl. Liesner 2004.)

Unablässig geht es weiter auf der Stufenleiter des Erfolgs; die nächsten Tests und Rankings sind bereits angekündigt, entsprechend zu bewältigende Aufgaben warten darauf, dass sie innovativ und kreativ bewältigt und dass aus dieser Bewältigung Selbstmodifikationspotentiale gezogen werden. Freiwilliger Verzicht auf die nächste *Challenge* und gelegentlich auch anderen den Vortritt zu lassen oder sich gar auf dem Erfolg ›auszuruhen‹ und das einmal Erreichte zu bewahren, kommt nicht gut an, ja, es erscheint angesichts des unablässigen Strebens nach ›Mehr‹ geradezu fahrlässig.

Dieser »Selbstständigkeitskult« (Liesner 2004: 285) macht aus jedem Subjekt ein unternehmerisches Selbst und aus Ideen Unternehmen (vgl. Faltin/Rüpsas/Zimmer 1998).

Auch medial inszenierte Castingshows übermitteln die Botschaft: Aus Ideen werden Unternehmen, aus Subjekten Unternehmer, aus Menschen Markenträger. Unternehmerisches Handeln erscheint so primär als Ausdruck der Persönlichkeit und eines Persönlichkeitstrainings, das versteckte Emotionen, die blockierend wirken, als unnötigen Ballast abwirft und produktiv freisetzt, nicht als Ausdruck der Qualifikationen und Fähigkeiten: »Normalos mit tollen Stimmen haben keine Chance, was wir brauchen, sind Persönlichkeiten!« (Dieter Bohlen in der Castingshow »Deutschland sucht den Superstar«.) Was verlangt wird, ist also nicht nur Gesang, schauspielerisches Geschick und/oder gutes Aussehen, sondern es sind Bestleistungen im Bereich der Persönlichkeitspräsentation, was soviel heißt wie Modellierung der Persönlichkeit im Sinne dessen, was verkauft werden soll. Was hier zählt und Geld einbringt, sind ›authentisches‹ Auftreten, kombiniert mit kreativem Ausdruck und sympathischer Ausstrahlung – vor allem aber eine positive Haltung zum Produkt, für das man wirbt und dessen Vermarktung, auch und besonders bezogen auf das eigene Selbst. Denn: Es herrscht Wettbewerb, da zählt jeder Auftritt, jede Bewegung, jeder Gesichtsausdruck. Jeder Blick, jede Geste, jede Haltung entscheidet über Erfolg oder Misserfolg, nur, wer sich traut, in unsicheren Zeiten auf schwankendem Boden sicher aufzutreten, kommt ohne Verzögerung weiter.[28]

Formen der Selbstpräsentation, des Selbstmanagements und der Selbstmodifikation sind also, das haben die vorangegangenen Ausführungen gezeigt, nicht zurückführbar auf das Subjekt oder individuelle Einzelinteressen. Sie gehen vielmehr aus einem Geflecht von Anforderungsstrukturen und kontingenten Prozessen hervor, die sich weder auf eine ›unsichtbare Hand‹ des Marktes, der, folgt man der Metapher, gerade dadurch, dass jeder seinen egoistischen Interessen nachgeht, zum Wohle aller wirkt und soziale Integration stiftet, noch auf den Willen von Einzelsubjekten zurückführen lässt. Im Zentrum des sozialen Geschehens befindet sich vielmehr ein Gewebe von machtförmigen und als solches unvorhersehbaren Vorgängen, die sich des Subjekts, für dieses unsichtbar, als Antrieb von Strukturbildung und sozialer Integration bedienen. An die Stelle der Subjektposition eines willentlich handelnden, autonomen Subjekts rücken emergente Prozesse, die immer wieder neue Strukturen, darunter auch das Subjekt mit seinen Selbsttechnologien, hervorbringen.

Im Unterschied dazu tritt Macht, medial inszeniert, in Castingshows, wie übrigens auch in realen Bewerbungssituationen, wenigstens zum Teil sichtbar in Erscheinung: Hier sind es einpeitschende, auf- oder abwertende Anweisungen, personalisierte, von einer Machtposition ausgesprochene Drohungen mit Ausschluss und Entzug sowie Exkommunika-

28 Mit Augen und Ohren insbesondere abzulesen an den zahlreichen medialen Castingshows.

tion, die zu Höchstleistungen unter der Devise »Gib alles!« anspornen: »Jeder Tag zählt, jede Minute ist wichtig«, gefüllt mit gesteigerter Aufmerksamkeit und höchster Anstrengung.

Kontrollprozeduren, die als Klassifikations-, Anordnungs- und Verteilungsprinzipien wirken, mit dem Prinzip der Verknappung verkoppelt, wie beschleunigende Brandsätze, die den individuellen Einsatz erhöhen (sollen). Aussagen wie: »Irgendwie habt ihr's noch nicht begriffen, ihr wollt den Job und zögert und sagt: ›Ich geh nicht, lass sie vor‹, und deshalb habe ich mich entschlossen, dass ihr alle nicht zum Casting geht«, gekoppelt mit der Ankündigung, die zugleich als Androhung wirkt: »[...] dass vier von euch Sieben uns verlassen werden, und zwar bald!« (Heidi Klum in ihrer Castingshow »Germany's next Topmodel«) verdeutlichen, dass es um Wettbewerb, nicht um Kooperation (der Bewerber/-innen) geht. Wer die meisten Aufträge und die höchste Punktzahl ›an Land zieht‹, wer Bestleistung, kombiniert mit Zufallsvoten, vorweisen kann, zieht ein in die Siegeshalle von Ruhm und Ehre, wo die Top-Position das Selbstopfer als lohnende Investition ausweist, die sich auszahlt. Erfolg wird hier zunächst in Quantitäten ausbuchstabiert, die in Qualität umschlagen, nämlich in den Sieg und eine angesehene soziale Position.[29]

29 Sinnfällig wird dies auch an einer Sendung des TV-Senders Pro7 mit dem doppeldeutigen Titel »The biggest Loser«, moderiert von der ehemaligen Eiskunstläuferin Katharina Witt, deren Inhalt der – von Experten – kontrollierte, im Team organisierte Gewichtsverlust ist, der mit dem Team auch jedem einzelnen Teammitglied zugute kommt. Ziel ist die – numerisch ermittelte und statistisch ausgewiesene – Gewichtsabnahme jedes Teilnehmers und jeder Teilnehmerin, die einen Gewinn von 100.000 Euro in Aussicht stellt. Wer innerhalb einer Woche nicht genug abnimmt oder gar zunimmt, aber auch wer zu stark abnimmt, wird erst vom Team selbst, später von den einzelnen Teilnehmer/-innen heraus gewählt – und gehört nun wieder zu den ›großen Verlierern‹, zum einen, indem er den Gewinn von 100.000 Euro nicht mehr bekommen kann und zum anderen, indem er/sie in den großen *Pool* der gesellschaftlichen Verlierer zurückkehrt.

Schlussbetrachtung: Personale Präsentation im öffentlichen Raum einer medialen Bühne

Letztlich erscheinen die Teilnehmer von TV-Castingshows wie diejenigen, die interaktiv an Internetforen mitwirken und sich dort präsentieren, als »*Chiffrenexistenzen*« (Krämer 2000: 111). Letztlich geht es auch hier um eine »depersonalisierte Modalität der Interaktion« (ebd.), denn was auch hier zählt, ist das Subjekt als Zeichenausdruck und Datenträger, der sich immer in Relation zu anderen inszeniert.

Subjekteffekt medial inszenierter Interaktion und Kommunikation ist die Transformation des Subjekts in »symbolische Konstrukte, in bloße Datenkonfigurationen« (ebd.: 107). Gefordert ist in Domänen, in denen Interaktivität medial realisiert wird, die ständige Präsenz des Subjekts und seines Körpers innerhalb eines Datenraumes, was nur symbolisch möglich ist. Das Subjekt ist aufgefordert, seine Präsenz überwiegend als symbolische, semiotische Repräsentation zu organisieren.

Sibylle Krämer kommentiert den Zusammenhang von Subjektivität und Medien durch Rekurs auf zwei medientheoretische Positionen, die sie mit der Idee der theatralen, medialen Inszenierung und der Performanz verbindet. Dabei geht es zum einen um subjektkritische Positionen, die mit der These von der Infragestellung des Subjekts zugleich die Entmächtigung des Subjekts durch die Medien – und, als Bedingung des Selbstverhältnisses, die Auffassung der Konstitution des Subjekts durch die Medien verbinden. Ihr stellt Krämer eine medientheoretische Position gegenüber, die die autarke Selbstbeziehung auf die technisch-medial eröffnete, kommunikative Interaktion hin erweitert. Diese an der Intersubjektivität orientierte Perspektive verknüpft mit den digitalisierten Medien die Hoffnung auf neue Handlungsspielräume des Subjekts. Krämer bringt beide Positionen in einer dritten Position zusammen, die Subjektivierung im Kontext der Netzkommunikation mit seiner – theatralen – Repräsentation verbindet, wonach ein Individuum repräsentiert ist, wenn es als Person existiert und verschiedene Personen repräsentieren kann.

Damit löst sich sowohl die Annahme einer autarken Selbstbeziehung als auch die Vorstellung eines substantiellen Kerns, der repräsentiert wird, auf. »Die für die neuzeitliche Kultur so prägende Verschwisterung von Personalität mit Individualität und Subjektivität wird – jedenfalls in diesen Domänen telematischer Kommunikation – gelockert, der Zwang zur Authentizität löst sich auf« (ebd.: 111); er weicht einer theatralen Inszenierung. Das Individuum gilt nicht als Wesen mit einer unverwechselbaren Eigenart, es spricht auch nicht aus einer je individuellen Innenperspektive, sondern ist ein Beispiel für das, »*was jeder dachte*« (ebd.).

Die Performanz, der Vollzug der – telematischen – Kommunikation, ist konstitutionell gebunden an die »Verwandlung von Personen in elektronische Zeichen«, was impliziert, dass die kommunikative Interaktion sich als eine »Form der Interaktivität zwischen symbolischen Artefakten realisiert« (ebd.).

Dabei erfährt die Idee der Theatralität und der personalen Repräsentation eine neue Dimension: Sie impliziert ein Umgehen mit Dingen und Symbolen oder auch ein Umgehen mit dem Subjekt als Symbol(struktur), das diesen Dingen und seiner Symbolisierung nicht vorgängig ist und es lediglich medial repräsentiert, abbildet, sondern das sich im Vollzug der Kommunikation performativ erst herstellt und konstituiert. Die Innenwelt des Subjekts transformiert sich dabei zum »Öffentlich-sich-Zeigenden«; die theatrale Darstellung und das Überschreiten der Eigenperspektive durch Übernahme eines fremden Blickwinkels treten an die Stelle einer subjektivierenden Innenwelt.

»In Phänomenen der Netzkommunikation, die mit der Metamorphose von Personen in *personae* zu tun haben, kristallisiert sich etwas aus, das für Personen immer schon gilt: *Wir sind das, was wir darstellen*; wir sind, wozu wir durch unsere Einbindung in diskursive und nicht-diskursive Praktiken gemacht werden.« (Ebd.: 113f.; Hervorhebung durch die Autorin.)

Das Subjekt ist in seiner Repräsentation also nicht das Abbild eines inneren Kerns und seines authentischen Ausdrucks, sondern in seiner ›theatralen Inszenierung‹ abhängig von der Anordnung der technischen Medien und von der Zirkulation der Zeichen. Diese ist der Zirkulation der Waren in der Sphäre der Ökonomie zwar ähnlich, dennoch unterscheidet sie sich von der Warenzirkulation durch einen Überschuss an »Sinn, einen Mehrwert an Bedeutung, der von den Zeichenbenutzern nicht intendiert und ihrer Kontrolle auch gar nicht unterworfen ist« (Winkler 2004: 226, Anm. 25).

Das Subjekt unterliegt also der Dynamik eines – medial – chiffrierten Systems (von Zeichen), das es selbst nicht intentional hervorgebracht, möglicherweise so auch nicht gewollt oder gewählt hat. Es konstituiert sich im Zuge der Eigendynamik medialer Materialitäten und technischer Apparate und wäre ohne sie nicht oder nicht so vorhanden. Diese Performativität medialer Materialitäten regelt auch die Beziehung des Subjekts auf sich selbst; sie kehrt in seinen Subjekt- und Selbsttechnologien wieder.

Zum anderen ist das Subjekt abhängig vom Austausch und der Kommunikation mit anderen. Eingebunden in den Kreislauf und die Zirkulation der Zeichen wird es performativ immer wieder neu und anders erzeugt. Die zugrunde liegende Annahme ist: Das Subjekt wird in der Zirkulation der Zeichen und Symbole hervorgebracht, sie ist letztlich konstitutiv für seine Subjektivierung und sein Selbstverhältnis. Die Zirkulation des Subjekts in den Datenströmen ist demnach, analog der Zirkulation der Ware, der Vorgang seiner Produktion; es bildet sich im – theatralen – Spie(ge)l mit sich und anderen heraus.

Subjektivierung ereignet sich so im medialen Spiel, das Subjekt wird ›dramatisiert‹, zur Aufführung gebracht. Es profiliert sich durch personale, symbolische Repräsentation. Dabei sind »alle Identitäten [...] nur simuliert und wie ein optischer ›Effekt‹ durch ein tieferliegendes Spiel erzeugt, durch das Spiel von Differenz und Wiederholung« (Deleuze 2007[3]: 11). Es ist eine Welt der Trugbilder – die keine sind, da alle Originale verschwunden sind – die alle Abbilder niederreißt, wie Deleuze deutlich macht, und denen kein natürlicher Referent entspricht. »Nicht Personen, sondern arbiträr gewählte *characteres* (Im Sinne von Zeichen) agieren im Netz. Aus Personen sind personae geworden« (Krämer 2000: 109).

Mit dem Scheitern der – eine Identität abbildenden – Repräsentation ist auch der Verlust der Identität(en) verbunden. Gemeint ist hier also nicht die Repräsentation als Attribut einer Innerlichkeit und einer unverwechselbaren Individualität. An die Stelle einer selbstbewussten und selbstreflexiven Individualität, dessen Unverwechselbarkeit den Kern der Subjektkonzeption ausmacht, rückt ein Subjekt, dessen Selbstbild auf einer illusorischen Platzierung des Gespiegelten beruht. Es existiert als solches nur in einem medialen Datenraum, als semiotische, symbolische Repräsentation. Das Subjekt transformiert sich in einen Zeichenausdruck – und produziert unaufhörlich Differenzen, Varianten und Modifikationen, während es gleichzeitig durch fortwährende Wiederholungen Verschiebungen und Differenzen produziert. Dabei sind »die Differenz und die Wiederholung [...] an die Stelle des Identischen [...] getreten« (Deleuze 2007³: 11). Im theatralen Spiel der Differenzen wird Subjektivität nicht der Repräsentation des Identischen untergeordnet.

Das Theater der Wiederholung tritt dem Theater der Repräsentation gegenüber, wie die Bewegung dem Begriff (des mit sich identischen Subjekts) und der Repräsentation gegenübertritt, durch die sie auf den Begriff, die Substanz etc. bezogen wird (vgl. Deleuze 2007³: 26, 345). Die Beziehung zum Selbst findet als permanente Selbstdarstellung und Selbstprüfung in der öffentlichen, theatralen Selbstinszenierung, in der Artikulation und Manifestation des Selbst statt. Die sprachliche und visuelle Repräsentation des Subjekts steuert sein Selbstverhältnis.

Gegen Sennett, der vom Ende der Theatralität spricht, lässt sich einwenden, dass es die neuen Medien sind, auf deren ›Bühne‹ die theatrale Inszenierung des Selbst immer wieder anders ermöglicht und das experimentelle, multiple Selbst, indem es öffentlich erscheint, ständig neu hervorgebracht wird.

Privatheit und Innerlichkeit des Subjekts sind, öffentlich zugänglich, subjektive Effekte dieser medialen und symbolischen Performativität des Subjekts; (vgl. Bublitz 2003: 96). Selbsttechnologien gestalten sich als öffentlich-medial vermittelte Beziehung auf sich selbst, die sich im Kontext von Normen bewegt und in der geregelt wird, wie man erscheinen kann (vgl. Butler 2003: 121; vgl. dazu auch Seel).

Aber: In der Verkörperung und Materialisierung des Inszenierten in körper- und subjektreflexiven Praktiken des Selbst *zeigt sich*: Das durch symbolische Zeichenpraktiken konstituierte Subjekt, das angefüllt ist mit Chiffren und Daten, geht in diesen nicht auf – Subjekte verwandeln sich nicht in wandelnde Zeichen oder Positionen im Diskurs, sondern bleiben Materialität(en) von Bedeutung.

LITERATUR

Adelmann, Ralf (2008): »Die ›weise Masse‹. Zur medienökonomischen Ordnung des Politischen«. In: *Ästhetik und Kommunikation*, Heft 139 (Jg. 38), S. 33-38.

Agamben, Giorgio (2002): *Homo sacer. Die souveräne Macht und das nackte Leben*. Frankfurt a.M.: Suhrkamp.

Anderson, Chris (2007): *The Long Tail – Der lange Schwanz. Nischenprodukte statt Massenmarkt – Das Geschäft der Zukunft*. München: Hanser.

Angerer, Marie-Luise (2000²): *body options. Körper.spuren.medien.bilder*. Wien: Turia & Kant.

Balke, Friedrich/Schwering, Gregor/Stäheli, Urs (Hg.) (2000): *Big Brother. Beobachtungen*. Bielefeld: transcript.

Baudrillard, Jean (1978): *Agonie des Realen*. Berlin: Merve.

Baudrillard, Jean (1991): *Das System der Dinge. Über unser Verhältnis zu den alltäglichen Gegenständen*. Frankfurt a.M.: Campus.

Beck, Ulrich (1986): *Risikogesellschaft. Auf dem Weg in eine andere Moderne*. Frankfurt a.M.: Suhrkamp.

Beck, Ulrich/Beck-Gernsheim, Elisabeth (Hg.) (1994): *Riskante Freiheiten*. Frankfurt a.M.: Suhrkamp.

Beck, Ulrich (1998): »Gesamtkunstwerk Ich«. In: Richard Van Dülmen (Hg.): *Die Erfindung des Menschen. Schöpfungsträume um Körperbilder 1500-2000*. Wien: Böhlau Verlag, S. 637-654.

Benjamin, Walter (2000): »Der Flaneur«. In: Herbert Wiesner (Hg.): *Der Flaneur und die Memoiren der Augenblicke. Die Horen. Zeitschrift für Literatur und Literaturkritik* (Jg. 45), Bd. 4, Ausgabe 200: S. 57-79.

Blaschke, Bernd (2004): *Der Homo oeconomicus und sein Kredit bei Musil, Joyce, Svevo, Unamuno und Céline*. München: Fink Verlag.

Blaschke, Bernd: Rezension zu: Daniel Fulda *Schauspiele des Geldes. Die Komödie und die Entstehung der Marktgesellschaft von Shakespeare bis Lessing*. In: www.theaterforschung.de/rezension.php4?ID =179.

Böhme, Hartmut/Böhme, Gernot (1985): *Das Andere der Vernunft. Zur Entwicklung von Rationalitätsstrukturen am Beispiel Kants*. Frankfurt a.M.: Suhrkamp.

Boltanski, Luc/Chiapello, Eve (2003): *Der neue Geist des Kapitalismus*. Konstanz: Universitätsverlag.

Bolz, Norbert (1990): *Theorie der neuen Medien*. München: Rabe Verlag.

Bourdieu, Pierre (1984): *Die feinen Unterschiede. Kritik der gesellschaftlichen Urteilskraft*. Frankfurt a.M.: Suhrkamp.

Bröckling, Ulrich (2000): »Totale Mobilmachung. Menschenführung im Qualitäts- und Selbstmanagement«. In: Ulrich Bröckling/Susanne Krasmann/Thomas Lemke (Hg.): *Studien zur Ökonomisierung des Sozialen*. Frankfurt a.M.: Suhrkamp, S. 131-167.

Bröckling, Ulrich/Krasmann, Susanne/Lemke, Thomas (Hg.) (2000): *Studien zur Ökonomisierung des Sozialen*. Frankfurt a.M.: Suhrkamp.

Bröckling, Ulrich (2002): »Diktat des Komparativs. Zur Anthropologie des unternehmerischen Selbst«. In: Ulrich Bröckling/Eva Horn (Hg.): *Anthropologie der Arbeit*. Tübingen: Narr, S. 157-173.

Bröckling, Ulrich (2003): »Das demokratisierte Panoptikon«. In: Axel Honneth/Martin Saar (Hg.): *Michel Foucault. Zwischenbilanz einer Rezeption*. Frankfurt Foucault-Konferenz 2001. Frankfurt a.M.: Suhrkamp, S. 77-93.

Bröckling, Ulrich (2007): *Das unternehmerische Selbst. Soziologie einer Subjektivierungsform*. Frankfurt a.M.: Suhrkamp.

Bronfen, Elisabeth (2008): *Tiefer als der Tag gedacht. Eine Kulturgeschichte der Nacht*. München: Hanser.

Bublitz, Hannelore (1982²): *Ich gehörte irgendwie so nirgends hin. Arbeitertöchter an der Hochschule*. Gießen: Focus.

Bublitz, Hannelore (1992): *ErkenntnisSozialstrukturen der Moderne. Theoriebildung als Lernprozeß kollektiver Erfahrungen*. Opladen: Westdeutscher Verlag.

Bublitz, Hannelore/Hanke, Christine/Seier, Andrea (2000): *Der Gesellschaftskörper. Zur Neuordnung von Kultur und Geschlecht um 1900*. Frankfurt a.M.: Campus Verlag.

Bublitz, Hannelore (2001): »Der ›Schatten der Wahrheit‹: Gesellschaft als dasjenige, von dem man später sagen wird, dass es existiert hat«. In: Alex Demirovic (Hg.): *Komplexität und Emanzipation. Kritische Gesellschaftstheorie und die Herausforderung der Systemtheorie Niklas Luhmanns.* Münster: Westfälisches Dampfboot, S. 73-100.

Bublitz, Hannelore (2002): *Judith Butler zur Einführung*. Hamburg: Junius.

Bublitz, Hannelore (2003a): *Diskurs*. Bielefeld: transcript.

Bublitz, Hannelore (2003b): »Foucaults ›Ökonomie der Machtverhältnisse‹ und Luhmanns ›Politik der Gesellschaft‹. Zum Begriff von Politik und Macht in den Theorien von Michel Foucault und Niklas Luhmann«. In: Kai Uwe Hellmann/Karsten Fischer/Harald Bluhm (Hg.): *Das System der Politik. Niklas Luhmanns politische Theorie.* Opladen: Westdeutscher Verlag, S. 314-325.

Bublitz, Hannelore (2003c): »Diskurs und Habitus. Zentrale Kategorien der Herstellung gesellschaftlicher Normalität«. In: Jürgen Link/Thomas Loer/Harmut Neuendorff (Hg.): *»Normalität« im Diskursnetz soziologischer Begriffe.* Heidelberg: Synchron Verlag, S. 151-162.

Bublitz, Hannelore (2005): *In der Zerstreuung organisiert. Paradoxien und Phantasmen der Massenkultur.* Bielefeld: Transcript.

Bublitz, Hannelore (2006a): »›Magic Mirrors‹. Zur extensiven Ausleuchtung des Subjekts«. In: Günter Burkart (Hg.): *Die Ausweitung der Bekenntniskultur – neue Formen der Selbstthematisierung*? Wiesbaden: VS Verlag, S. 105-125.

Bublitz, Hannelore (2006b): »Sehen und Gesehenwerden – auf dem Laufsteg der Gesellschaft. Sozial- und Selbsttechnologien des Körpers«. In: Robert Gugutzer (Hg.): *body turn. Perspektiven der Soziologie des Körpers und des Sports.* Bielefeld: transcript, S. 341-361.

Bublitz, Hannelore (2008a): »Macht«. In: Clemens Kammler/Ralf Parr/Ulrich Johannes Schneider (Hg.): *Foucault Handbuch. Leben – Werk – Wirkung.* Stuttgart: Metzler Verlag, S. 273-277.

Bublitz, Hannelore (2008b): »Subjekt«. In: Clemens Kammler/Ralf Parr/Ulrich Johannes Schneider (Hg.): *Foucault Handbuch. Leben – Werk – Wirkung.* Stuttgart: Metzler Verlag, S. 293-296.

Burkart, Günter (Hg.) (2006): *Die Ausweitung der Bekenntniskultur – neue Formen der Selbstthematisierung?* Wiesbaden: VS Verlag für Sozialwissenschaften.

Burkart, Günter/Fröhlich, Melanie et al. (2006): »Gibt es Virtuosen der Selbstthematisierung?« In: Günter Burkart (Hg.): *Die Ausweitung der Bekenntniskultur – neue Formen der Selbstthematisierung?* Wiesbaden: VS Verlag, S. 313-337.

Butler, Judith (2001): *Psyche der Macht. Das Subjekt der Unterwerfung.* Frankfurt a.M.: Suhrkamp.

Butler, Judith (2003): *Kritik der ethischen Gewalt.* Frankfurt a.M.: Suhrkamp.

Butler, Judith (2009a): *Die Macht der Geschlechternormen und die Grenzen des Menschlichen.* Frankfurt a.M.: Suhrkamp.

Butler, Judith (2009b): *Frames of War. When is Life Grievable?* London/New York: Verso.

Butler, Judith/Spivak, Gayri Chakravorty (2007): *Sprache, Politik, Zugehörigkeit.* Zürich/Berlin: diaphanes.

Campbell, Colin (1995): *The Romantic Ethic and the Spirit of Modern Consumerism.* Oxford/Cambridge: Blackwell.

Castells, Manuel (2003): *Der Aufstieg der Netzwerkgesellschaft.* Opladen: UTB.

Deleuze, Gilles/Guattari, Félix (1977): *Rhizom.* Berlin: Merve Verlag.

Deleuze, Gilles (1993): »Postskriptum über die Kontrollgesellschaften«. In: Gilles Deleuze: *Foucault. Unterhandlungen 1972-1990.* Frankfurt a.M.: Suhrkamp, S. 254-262.

Deleuze, Gilles (1996): *Lust und Begehren.* Berlin: Merve Verlag.

Deleuze, Gilles (1997): »Ein neuer Kartograph«. In: Ders.: *Foucault.* Frankfurt a.M.: Suhrkamp, S. 39-66.

Deuleuze, Gilles (2007^3): *Wiederholung und Differenz.* München: Fink.

Du Gay, Paul/Hall, Stuart (Hg.) (1997): *Doing cultural studies. The Story of the Sony Walkman.* London: Sage.

Durkheim, Émile (1973): *Der Selbstmord.* Frankfurt a.M.: Suhrkamp.

Durkheim, Émile (1984): *Erziehung, Moral und Gesellschaft.* Frankfurt a.M.: Suhrkamp.

Eco, Umberto (2007): »Der Verlust der Privatsphäre«. In: Ders.: *Im Krebsgang voran. Heiße Kriege und medialer Populismus.* München: Hanser, S. 73-86.

Eder, Klaus (1989): »Jenseits der nivellierten Mittelstandsgesellschaft. Das Kleinbürgertum als Schlüssel einer Klassenanalyse in fortgeschrittenen Industriegesellschaften«. In: Ders. (Hg.): *Klassenlage, Lebensstil und kulturelle Praxis.* Frankfurt a.M.: Suhrkamp, S. 341-392.

Ehrenberg, Alain (2004): *Das erschöpfte Selbst. Depression und Gesellschaft in der Gegenwart.* Frankfurt a.M.: Campus.

Erdmann, Eva/Forst, Rainer/Honneth, Axel (1990): *Ethos der Moderne. Foucaults Kritik der Aufklärung.* Frankfurt a.M.: Campus.

Faltin, Günter/Ripsas, Sven/Zimmer, Jürgen (1998): *Entrepreneurship. Wie aus Ideen Unternehmer werden.* München: Beck Verlag.

Fiske, John (1994): *Media Matters. Everyday Culture and Political Change.* London: Routledge.

Foucault, Michel (1973): *Archäologie des Wissens.* Frankfurt a.M.: Suhrkamp.

Foucault, Michael (1976): *Überwachen und Strafen.* Frankfurt a.M.: Suhrkamp.

Foucault, Michel (1977): *Der Wille zum Wissen. Sexualität und Wahrheit.* Bd. 1, Frankfurt a.M.: Suhrkamp.

Foucault, Michel (1978): *Dispositive der Macht.* Berlin: Merve.

Foucault, Michel (1987): »Warum ich die Macht untersuche: Die Frage des Subjekts«. In: Hubert L. Dreyfus/Paul Rabinow (Hg.): *Jenseits von Strukturalismus und Hermeneutik.* Weinheim: Athenäum, S. 243-250.

Foucault, Michel (1988): »Für eine Kritik der Politischen Vernunft«. In: *Lettre International*, Heft 1, S. 58-66.

Foucault, Michel (1989): *Die Sorge um sich. Sexualität und Wahrheit.* Bd. 3. Frankfurt a.M.: Suhrkamp.

Foucault, Michel (1993a): »Technologien des Selbst«. In: Michel Foucault/Rux Martin et al. (Hg.): *Technologien des Selbst.* Frankfurt a.M.: Suhrkamp, S. 24-62.

Foucault, Michel (1993b): »Leben machen und sterben lassen«. In: *Lettre International,* Heft 20, S. 62-65.

Foucault, Michel (1996): *Der Mensch ist ein Erfahrungstier. Gespräch mit Ducio Trombadori.* Frankfurt a.M.: Suhrkamp.

Foucault, Michel (1999): *In Verteidigung der Gesellschaft. Vorlesungen am Collège de France (1975-76).* Frankfurt a.M.: Suhrkamp.

Foucault, Michel (2000): »Die Gouvernementalität«. In: Ulrich Bröckling et al. (Hg.): *Gouvernementalität der Gegenwart. Studien zur Ökonomisierung des Sozialen.* Frankfurt a.M.: Suhrkamp, S. 41-67.

Foucault, Michel (2003a): *Die Anormalen. Vorlesungen am Collège de France (1974-1975).* Frankfurt a.M.: Suhrkamp.

Foucault, Michel (2003b): *Dits et Ecrits. Band III. 1976-1979.* Frankfurt a.M.: Suhrkamp.

Foucault, Michel (2004): *Geschichte der Gouvernementaltiät I. Sicherheit, Territorium, Bevölkerung. Vorlesung am Collège de France 1977-78.* Frankfurt a.M.: Suhrkamp.

Foucault, Michel (2005a): *Analytik der Macht.* Frankfurt a.M.: Suhrkamp.

Foucault, Michel (2005b): *Dits et Ecrits. Schriften.* Band IV. Frankfurt a.M.: Suhrkamp.

Franck, Georg (2004²): *Ökonomie der Aufmerksamkeit.* München: Hanser.

Franck, Georg (2005): *Mentaler Kapitalismus. Eine politische Ökonomie des Geistes.* München/Wien: Hanser.

Friedrich, Peter (1991): »Der Ernst des Spiels. Zur Semantik des Negativen in Quiz- und Gameshows«. In: Wolfgang Tietze/Manfred Schneider/Institut für Medienanalyse Essen (Hg.): *Fernsehshows. Theorie einer neuen Spielwut.* München: Raben Verlag, S. 50-79.

Friedrich, Peter (2001): »Von Spielleitern als Testleitern, Unfällen und Geschichten in Fernsehshows – Verhaltensmikroskopie als Unterhaltungskunst«. In: Ralf Parr/Matthias Thiele (Hg.): *Gottschalk, Kerner und Co. Funktionen der Telefigur ›Spielleiter‹ zwischen Exzeptionalität und Normalität.* Frankfurt a.M.: Suhrkamp, S. 102-131.

Früchtl, Josef/Zimmermann, Jörg (2001): »Ästhetik der Inszenierung. Dimensionen eines gesellschaftlichen, individuellen und kulturellen Phänomens«. In: Dies. (Hg.): *Ästhetik der Inszenierung.* Frankfurt a.M.: Suhrkamp, S. 9-47.

Fulda, Daniel (2005). *Schauspiele des Geldes. Die Komödie und die Entstehung der Marktgesellschaft von Shakespeare bis Lessing.* Tübingen: Niemeyer.

Giddens, Anthony (1995): *Konsequenzen der Moderne.* Frankfurt a.M.: Suhrkamp.

Groebel, Jo (2002): »Zwischenruf: Präsenzelite oder die Demokratisierung der Prominenz«. In: Ralph Weiß/Jo Groebel (Hg.): *Privatheit im öffentlichen Raum. Medienhandeln zwischen Individualisierung und Entgrenzung.* Opladen: Leske & Budrich, S. 507-522.

Greiner, Ulrich (2000): »Versuch über die Intimität. Von Ballermann bis zu ›Big Brother‹, vom Internet bis zur Talkshow«. In: DIE ZEIT 18, 18.4.2000.

Grossberg, Lawrence (1992): *We gotta get out of this place.* New York: Routledge.

Habermas, Jürgen (1968^3): *Strukturwandel der Öffentlichkeit.* Neuwied: Luchterhand.

Habermas, Jürgen (1981): *Theorie des kommunikativen Handelns. Bd. 1: Handlungsrationalität und gesellschaftliche Rationalisierung. Bd. 2: Zur Kritik der funktionalistischen Vernunft.* Frankfurt a.M.: Suhrkamp.

Hahn, Alois (1982): »Zur Soziologie der Beichte und anderer Formen institutionalisierter Bekenntnisse: Selbstthematisierung und Zivilisationsprozeß«. In: *Kölner Zeitschrift für Soziologie und Sozialpsychologie* (Jg. 34), S. 407-434.

Hahn, Alois (1987): »Identität und Selbstthematisierung«. In: Ders./V. Knapp (Hg.): *Selbstthematisierung und Selbstzeugnis. Bekenntnis und Geständnis.* Frankfurt a.M.: Suhrkamp, S. 9-24.

Hahn, Alois (2000): *Konstruktionen des Selbst, der Welt und der Geschichte.* Frankfurt a.M.: Suhrkamp.

Hall, Stuart (1991): »Signification, Representation, Ideology: Althusser and the Poststructuralist Debates«. In: Robert K. Avery/David Eason (Hg.): *Critical Studies in Mass Communication.* New York: Guilford Press, S. 88-113.

Hanke, Christine (2000): »Zwischen Evidenz und Leere. Zur Konstitution von ›Rasse‹ im physisch-anthropologischen Diskurs um 1900«. In: Hannelore Bublitz/Christine Hanke/Andrea Seier: *Der Gesellschaftskörper. Zur Neuordnung von Kultur und Geschlecht um 1900.* Frankfurt a.M.: Campus Verlag, S. 179-235.

Hanke, Christine (2007): *Zwischen Auflösung und Fixierung. Zur Konstitution von ›Rasse‹ und ›Geschlecht‹ in der physischen Anthropologie um 1900.* Bielefeld: transcript.

Hardt, Michael/Negri, Antonio (2002): *Empire. Die neue Weltordnung.* Frankfurt a.M.: Campus.

Hardt, Michael/Negri, Antonio (2004): *Multitude. Krieg und Demokratie im Empire.* Frankfurt a.M.: Campus.

Heßler, Martina/Mersch, Dieter (Hg.) (2009): *Logik des Bildlichen. Zur Kritik der ikonischen Vernunft.* Bielefeld: transcript.

Hölscher, Lucian ([1971] 1989): *Historisches Wörterbuch der Philosophie. Völlig neu bearbeitete Ausgabe des »Wörterbuchs der philosophischen Begriffe«.* Bd. 7. Darmstadt: Wissenschaftliche Buchgesellschaft, S. 1134-1140.

Hohmann, Angela (2000): »Der Flaneur. Gedächtnis und Spiegel der Moderne«. In: Herbert Wiesner (Hg.): *Der Flaneur und die Memoiren der Augenblicke. Die Horen. Zeitschrift für Literatur und Literaturkritik* (Jg. 45), Bd. 4, Ausgabe 200: S. 123-145.

Honneth, Axel/Saar, Martin (Hg.) (2005): *Michel Foucault. Zwischenbilanz einer Rezeption. Frankfurt Foucault-Konferenz 2001.* Frankfurt a.M.: Suhrkamp.

Imhof, Kurt/Schulz, Peter (Hg.) (1998): *Die Veröffentlichung des Privaten – die Privatisierung des Öffentlichen.* Opladen: Westdeutscher Verlag.

Jung, Thomas/Müller-Dohm, Stefan (1998): »Das Tabu, das Geheimnis und das Private – Vom Verlust der Diskretion«. In: Kurt Imhof und Peter Schulz (Hg.): *Die Veröffentlichung des Privaten – Die Privatisierung des Öffentlichen.* Opladen: Westdeutscher Verlag. S. 136-147.

Junge Matthias (2002): *Individualisierung.* Frankfurt a.M.: Campus.

Kafka, Franz (1983): *Das Schloß.* Frankfurt a.M.: Fischer.

Kafka, Franz (1983): *Der Prozeß.* Frankfurt a.M.: Fischer.

Kantorowicz, Ernst H. (1992): *Die zwei Körper des Königs. Eine Studie zur politischen Theologie des Mittelalters.* Stuttgart: Klett-Cotta.

Kammler, Clemens/Parr, Ralf/Schneider, Ulrich Johannes (Hg.): *Foucault Handbuch. Leben – Werk – Wirkung.* Stuttgart: Metzler Verlag.

Kellner, Douglas (1996): *Media culture.* London: Routledge.

Kittler, Friedrich (1993): *Draculas Vermächtnis: Technische Schriften.* Leipzig: Reclam.

Klein, Gabriele/Friedrich, Malte (2003): *Is this real? Die Kultur des HipHop.* Frankfurt a.M.: Suhrkamp.

Krämer, Sibylle (1998): *Medien, Computer, Realität: Wirklichkeitsvorstellungen und neue Medien.* Frankfurt a.M.: Suhrkamp.

Krämer, Sibylle (2000): »Subjektivät und neue Medien«. In: Mike Sandbothe/Winfried Marotzki (Hg.): *Subjektivität und Öffentlichkeit. Kulturwissenschaftliche Grundlagenprobleme virtueller Welten.* Köln: Herbert van Halem Verlag, S. 102-116.

Krämer, Sybille/Stahlhut, Marco (2001): »Das ›Performative‹ als Thema der Sprach- und Kulturphilosophie«. In: Erika Fischer-Lichte/ Christoph Wulf (Hg.): *Theorien des Performativen, Paragrana,* Internationale Zeitschrift für Historische Anthropologie, Bd. 10, Heft 1, S. 35-64.

Krasmann, Susanne/Volkmer, Michael (Hg.) (2007): *Michel Foucaults Geschichte der »Gouvernementalität« in den Sozialwissenchaften. Internationale Beiträge.* Bielefeld: transcript.

Lacan, Jaques (1987): *Das Seminar XI. Die vier Grundbegriffe der Psychoanalyse.* Weinheim/Berlin: Quadriga.

Lacan, Jaques (1996): »Das Spiegelstadium als Bildner der Ichfunktion«. In: Ders.: *Schriften, Bd. I,* 4. durchgesehene Auflage. Hg. von Norbert Haas. Berlin: Quadriga, S. 61-70.

Lehnert, Gertrud (1999): *Mit dem Handy in der Peepshow. Die Inszenierung des Privaten im öffentlichen Raum.* Berlin: Aufbau Verlag.

Lemke, Thomas (1997): *Eine Kritik der politischen Vernunft. Foucaults Analyse der Gouvernementalität.* Berlin: Argument Verlag.

Lemke, Thomas (2008): »Gouvernementalität«. In: Clemens Kammler/Ralf Parr/Ulrich Johannes Schneider (Hg.): *Foucault Handbuch. Leben – Werk – Wirkung.* Stuttgart: Metzler Verlag, S. 260-263.

Lemke, Thomas (2008): »Governmentality Studies«. In: Clemens Kammler/Ralf Parr/Ulrich Johannes Schneider (Hg.): *Foucault Handbuch. Leben – Werk – Wirkung.* Stuttgart: Metzler Verlag, S. 380-384.

Link, Jürgen (1997): *Versuch über den Normalismus. Wie Normalität produziert wird.* Opladen: Westdeutscher Verlag.

Link, Jürgen/Loer, Thomas/Neuendorff, Hartmut (2003): *›Normalität‹ im Diskursnetz soziologischer Begriffe.* Heidelberg: Synchron Verlag.

Link, Jürgen (2009a): »Dispositiv«. In: Clemens Kammler/Ralf Parr/Ulrich Johannes Schneider (Hg.): *Foucault Handbuch. Leben – Werk – Wirkung.* Stuttgart: Metzler Verlag, S. 237-242.

Link, Jürgen (2009b): »Disziplinartechnologien/Normalität/Normalisierung«. In: Clemens Kammler/Ralf Parr/Ulrich Johannes Schneider (Hg.): *Foucault Handbuch. Leben – Werk – Wirkung.* Stuttgart: Metzler Verlag, S. 242-246.

Lösch, Andreas/Schrage, Dominik/Spreen, Dierk/Stauff, Markus (Hg.) (2001): *Technologien als Diskurse. Konstruktionen von Wissen, Medien und Körpern.* Heidelberg: Synchron Verlag.

Luhmann, Niklas (1994): *Liebe als Passion. Zur Codierung von Intimität.* Frankfurt a.M.: Suhrkamp.

Maasen, Sabine (1998): *Genealogie der Unmoral. Zur Therapeutisierung sexueller Selbste.* Frankfurt a.M.: Suhrkamp.

Makropoulos, Michael (1997): *Modernität und Kontingenz.* München: Fink.

Makropoulos, Michael (2004): »Aspekte massenkultureller Vergesellschaftung«. In: *Mittelweg*, Heft 36, S. 65-87.

Makropoulos, Michael (2008): *Theorie der Massenkultur.* München: Fink.

Manfé, Michael (2005): *Otakismus. Mediale Subkultur und neue Lebensformen – eine Spurensuche.* Bielefeld: transcript.

Marßolek, Inge/van Saldern, Adelheid (Hg.) (1998): *Zuhören und Gehörtwerden. Bd. I: Radio im Nationalsozialismus. Zwischen Lenken und Ablenkung. Bd. II: Radio in der DDR der fünfziger Jahre. Zwischen Lenkung und Ablenkung.* Unter Mitarbeit von Daniel Münkel/Monika Pater/Uta C. Schmidt. Tübingen: Edition Diskord.

Martschukat, Jürgen (2008): »Geschichtswissenschaften«. In: Clemens Kammler/Ralf Parr/Ulrich Johannes Schneider (Hg.): *Foucault Handbuch. Leben – Werk – Wirkung.* Stuttgart: Metzler Verlag, S. 320-330.

Mersch, Dieter (2002a): *Was sich zeigt. Materialität, Präsenz, Ereignis.* München: Fink.

Mersch, Dieter (2002b): *Ereignis und Aura. Untersuchungen zu einer Ästehtik des Performativen.* Frankfurt a.M.: Suhrkamp.

Mikos, Lothar (2002): »Öffentlichkeit versus Privatheit. Daily Talks als Ende der Intimität?« In: Jens Tenscher/Christian Schicha (Hg.): *Talk auf allen Kanälen.* Wiesbaden: Westdeutscher Verlag.

Negt, Oskar/Kluge, Alexander (1972): *Öffentlichkeit und Erfahrung.* Frankfurt a.M.: Suhrkamp.

Neumeyer, Harald (1999): *Der Flaneur: Konzeptionen der Moderne.* Würzburg: Verlag Königshausen und Neumann.

Pagel, Gerda (1999): *Jaques Lacan zur Einführung. 3. verbesserte Auflage.* Hamburg: Junius.

Papilloud, Christian (2000): »Das Begehren der Kontrolle – Big Brother im Internet«. In: Friedrich Balke/Gregor Schwering/Urs Stäheli (Hg.): *Big Brother. Beobachtungen.* Bielefeld: transcript, S. 231-244.

Parr, Ralf/Thiele, Matthias (2001) (Hg.): *Gottschalk, Kerner und Co. Funktionen der Telefigur ›Spielleiter‹ zwischen Exzeptionalität und Normalität.* Frankfurt a.M.: Suhrkamp.

Parr, Ralf/Thiele, Matthias (2009): »Medienwissenschaften«. In: Clemens Kammler/Ralf Parr/Ulrich Johannes Schneider (Hg.): *Foucault Handbuch. Leben – Werk – Wirkung.* Stuttgart: Metzler Verlag, S. 346-358.

Pongratz, Ludwig (2004): »Freiwillige Selbstkontrolle. Schule zwischen Disziplinar- und Kontrollgesellschaft«. Norbert Ricken/Marcus Rieger-Ladich (Hg.): *Michel Foucault: Pädagogische Lektüren.* Wiesbaden: VS Verlag, S. 243-260.

Reck, Siegfried (1977): *Arbeiter nach der Arbeit. Sozialhistorische Studie zu den Wandlungen des Arbeiteralltags.* Gießen: Focus.

Reckwitz, Andreas (2004): »Die Gleichförmigkeit und die Bewegtheit des Subjekts. Moderne Subjektivität im Konflikt von bürgerlicher und avantgardistischer Codierung«. In: Gabriele Klein (Hg.): *Bewegung. Sozial- und kulturwissenschaftliche Konzepte.* Bielefeld: transcript, S. 155-184.

Reckwitz, Andreas (2006): *Das hybride Subjekt. Eine Theorie der Subjektkulturen von der bürgerlichen Moderne zur Postmoderne.* Weilerswist: Velbrück.

Reckwitz, Andreas (2008a): *Subjekt.* Bielefeld: transcript.

Reckwitz, Andreas (2008b): *Unscharfe Grenzen. Perspektiven der Kultursoziologie.* Bielefeld: transcript.

Reichert, Ramón (2008): *Amateure im Netz. Selbstmanagement und Wissenstechnik im Web 2.0.* Bielefeld: transcript.

Reichertz, Jo (2000): *Die Frohe Botschaft des Fernsehens: Kulturwissenschaftliche Untersuchung medialer Diesseitsreligion.* Konstanz: Universitätsverlag.

Renn, Joachim (2002): »Selbstbehauptung – Varianten der Identität von Personen im Zeichen funktionaler Differenzierung«. In: Jürgen Straub/Joachim Renn (Hg.): *Transitorische Identität: Der Prozesscharakter des modernen Selbst.* Frankfurt a.M.: Campus, S. 238-266.

Reuter, Julia (2002): *Ordnungen des Anderen. Zum Problem des Eigenen in der Soziologie.* Bielefeld: transcript.

Ricken, Norbert (2002): »Identitätsspiele und die Intransparenz der Macht. Anmerkungen zur Struktur menschlicher Selbstverhältnisse«. In: Jürgen Straub/Joachim Renn (Hg.): *Transitorische Identität. Der Prozesscharakter des modernen Selbst.* Frankfurt a.M.: Campus, S. 318-359.

Riesman, David/Deney, Reuel/Glazer, Nathan (1958): *Die einsame Masse. Eine Untersuchung der Wandlungen des amerikanischen Charakters.* München: Rowohlt.

Rifkin, Jeremy (2000²): *Access. Das Verschwinden des Eigentums.* Frankfurt a.M.: Campus.

Ritter, Joachim/Gründer, Karlfried/Gabriel, Gottfried (Hg.) (1998): *Historisches Wörterbuch der Philosophie. Völlig neu bearbeitete Ausgabe des »Wörterbuchs der philosophischen Begriffe«.* Bd. 10. Basel: Schwabe, S. 373-400.

Rüb, Matthias (1990): »Das Subjekt und sein Anderes«. In: Eva Erdmann et al. (Hg.): *Ethos der Moderne.* Frankfurt a.M.: Campus, S. 187-201.

Saar, Martin (2007): »Macht, Staat, Subjektivität«. In: Susanne Krasmann/Michael Volkmer (Hg.): *Michel Foucaults Geschichte der »Gouvernementalität« in den Sozialwissenschaften.* Bielefeld: transcript, S. 23-46.

Sarasin, Philipp (1999): »›Mapping the body‹? Körpergeschichte zwischen Konstruktivismus und ›Erfahrung‹«. In: *Historische Anthropologie 7,* Heft 3, S. 437-451.

Sasse, Carl (2006): »Eine romantische Arbeitsethik? Die neuen Ideale in der Arbeitswelt«. In: Günter Burkart (Hg.): *Die Ausweitung der Bekenntniskultur – neue Formen der Selbstthematisierung?* Wiesbaden: VS Verlag, S. 285-312.

Schrage, Dominik (2001): *Psychotechnik und Radiophonie. Subjektkonstruktionen in artifiziellen Wirklichkeiten 1918-1932.* München: Fink.

Schrage, Dominik (2003): »Integration durch Attraktion. Konsumismus als massenkulturelles Weltverhältnis«. In: *Mittelweg 36*, Heft 6, S. 57-86.

Schrage, Dominik (2007): *Modernität und Konsum. Eine historisch-soziologische Untersuchung.* Habilitationsschrift, TU Dresden.

Schrage, Dominik (2009): *Die Verfügbarkeit der Dinge: Eine historische Soziologie des Konsums.* Frankfurt am Main.

Schroer, Markus (2006): »Selbstthematisierung. Von der (Er-)Findung des Selbst und der Suche nach Aufmerksamkeit«. In: Günter Burkart

(Hg.): *Die Ausweitung der Bekenntniskultur – neue Formen der Selbstthematisierung?* Wiesbaden: VS Verlag, S. 41-72.

Schulte, Regina (Hg.) (2002): *Der Körper der Königin. Geschlecht und Herrschaft in der höfischen Welt seit 1500.* Frankfurt a.M.: Campus.

Schulze, Gerhard (1999): *Kulissen des Glücks. Streifzüge durch die Eventkultur.* Frankfurt a.M.: Campus.

Schwering, Gregor (2000): »Über das Auge triumphiert der Blick. Perspektiven des Voyeurismus«. In: Friedrich Balke/Gregor Schwering/Urs Stäheli (Hg.): *Big Brother. Beobachtungen.* Bielefeld: transcript, S. 129-150.

Seel, Martin (2001): »Inszenieren als Erscheinenlassen«. In: Josef Früchtl/Jörg Zimmermann (Hg.): *Ästhetik der Inszenierung.* Frankfurt a.M.: Suhrkamp, S. 48-62.

Sennett, Richard (1986): *Verfall und Ende des öffentlichen Lebens. Die Tyrannei der Intimität.* Frankfurt a.M.: Fischer Verlag.

Sennett, Richard (1998; 2006²): *Der flexible Mensch. Die Kultur des neuen Kapitalismus.* Berlin: Berlin Verlag.

Sennett, Richard (2007): *Die Kultur des neuen Kapitalismus.* Berlin: Berlin Verlag.

Sloterdijk, Peter (2000): *Die Verachtung der Massen. Versuch über Kulturkämpfe in der modernen Gesellschaft.* Frankfurt a.M.: Suhrkamp.

Soboczynski, Adam: »Das Ende der Geheimnisse«. In: DIE ZEIT 11, 8.3.2007.

Sohn, Werner/Mehrtens, Herbert (Hg.) (1999): *Normalität und Abweichung. Studien zur Theorie und Geschichte der Normalisierungsgesellschaft.* Opladen: Westdeutscher Verlag.

Sofsky, Wolfgang (2007): *Die Verteidigung des Privaten.* München: Beck.

Spetsmann-Kunkel, Martin (2004): *Die Moral der Daytime Talkshow. Eine soziologische Analyse eines umstrittenen Fernsehformates.* Münster: Litverlag.

Spreen, Dierk (1998): *Tausch, Technik, Krieg. Die Geburt der Gesellschaft im technisch-medialen Apriori.* Hamburg: Argument Verlag.

Spreen, Dierk (2007a): »Connected Bodies«. In: *Neue Gesellschaft/Frankfurter Hefte, Open Spaces – Internet ohne Grenzen,* Heft 7/8, S. 71-74.

Spreen, Dierk (2007b): »Das Private ist politisch. Rezension zu: Wolfgang Sofsky: ›Verteidigung des Privaten‹«. In: *Ästhetik und Kommunikation,* Heft 139 (Jg. 38), S. 120-122.

Stäheli, Urs (2000): *Poststrukturalistische Theorien.* Bielefeld: transcrict.

Stahel, Urs (Hg.) (2008): *Darkside I. Fotografische Begierde und fotografierte Sexualität.* Göttingen: Steidl Verlag.

Stahel, Urs (2008): »Sehen und Gesehen werden – Voyeurismus und Fotografie«. In: Urs Stahel (Hg.): *Darkside I. Fotografische Begierde und fotografierte Sexualität.* Göttingen: Steidl Verlag , S. 314-317.

Surowiecki, James (2005): *Die Weisheit der Vielen. Warum Gruppen klüger sind als Einzelne und wie wir das kollektive Wissen für unser wirtschaftliches, soziales und politisches Handeln nutzen können.* München: Bertelsmann.

Theweleit, Klaus (1977): *Männerphantasien.* Frankfurt a.M.: Verlag Roter Stern.

Theweleit, Klaus (2004): *Tor zur Welt: Fußball als Realitätsmodell.* Köln: Kiepenheuer & Witsch.

Tholen, Christoph (2000): »Talkshow als Selbstbekenntnis. Zur Diskursanalyse der ›Affekt-Talks‹ im Fernsehen«. In: Sabine Flach/Michael Grisko (Hg.): *Fernsehperspektiven. Aspekte zeitgenössischer Medienkultur.* München: KoPäd Verlag, S. 144-161.

Treiber, Hubert/Steinert, Heinz (1980): *Die Fabrikation des zuverlässigen Menschen. Über die ›Wahlverwandtschaft‹ von Kloster und Fabrikdisziplin.* München: Moos.

Virilio, Paul (1989): *Der negative Horizont. Bewegung – Geschwindigkeit – Beschleunigung.* München/Wien: Hanser.

Vogl, Joseph (2008^{2}): *Kalkül und Leidenschaft. Poetik des ökonomischen Menschen.* Zürich/Berlin: diaphanes.

Weber, Max (1964^{3}): »Die protestantische Ethik«. In: Johannes Winckelmann (Hg.): *Soziologie. Weltgeschichtliche Analysen. Politik.* Stuttgart: Kröner, S. 340-440.

Weber, Max (1972^{6}): *Gesammelte Aufsätze zur Religionssoziologie*, Bd. I. Tübingen: Mohr.

Weber, Max (2004): *Die protestantische Ethik und der Geist des Kapitalismus.* München: Beck.

Weiß, Ralph/Groebel, Jo (2002): *Privatheit im öffentlichen Raum. Medienhandeln zwischen Individualisierung und Entgrenzung.* Schriftenreihe Medienforschung der LfR, Bd. 43. Opladen: Leske & Budrich.

Weiß, Ralph (2002a): »Privatheit im ›öffentlichen Raum‹ – Klärungsbedarf«. In: Ralph Weiß/Jo Groebel (Hg.): *Privatheit im öffentlichen Raum. Medienhandeln zwischen Individualisierung und Entgrenzung.* Opladen: Leske & Budrich, S. 17-88.

Weiß, Ralph (2002b): »Entgrenzte Schaustellung – öffentlich verfügbares Selbst?« In: Weiß, Ralph/Groebel, Jo (Hg.) (2002), *Privatheit im öffentlichen Raum. Medienhandeln zwischen Individualisierung und Entgrenzung.* Opladen: Leske & Budrich, S. 523-548.

Welsch, Wolfgang (1992): »Transkulturalität. Lebensformen nach der Auflösung der Kulturen«. In: *Information Philosophie* Heft 2 (Jg. 20), S. 5-20.

Willems, Herbert/Hahn, Alois (1999): *Identität und Moderne*. Frankfurt a.M.: Suhrkamp.

Willems, Herbert/Jurga, Martin (Hg.) (1998): *Inszenierungsgesellschaft. Ein einführendes Handbuch.* Opladen/Wiesbaden: Westdeutscher Verlag.

Willems, Herbert (1998): »Inszenierungsgesellschaft? Zum Theater als Modell, zur Theatralität von Praxis«. In: Herbert Willems/Martin Jurga (Hg.): *Inszenierungsgesellschaft. Ein einführendes Handbuch.* Opladen/Wiesbaden: Westdeutscher Verlag, S. 23-79.

Willems, Herbert/Pranz, Sebastian (2006): »Vom Beichtstuhl zum Chatroom. Strukturwandlungen institutioneller Selbstthematisierung«. In: Günter Burkart (Hg.): *Die Ausweitung der Bekenntniskultur – neue Formen der Selbstthematisierung?* Wiesbaden: VS Verlag für Sozialwissenschaften, S. 73-103.

Willems, Herbert (Hg.) (2008): *Weltweite Welten. Internet-Figurationen aus wissenssoziologischer Perspektive.* Wiesbaden: VS Verlag für Sozialwissenschaften.

Winkler, Hartmut (2004): *Diskursökonomie. Versuch über die innere Ökonomie der Medien.* Frankfurt a.M.: Suhrkamp.

Winkler, Hartmut (2008): *Basiswissen Medien.* Frankfurt a.M.: Fischer Taschenbuch Verlag.

Winkler, Hartmut/Tischleder, Bärbel (2001): »Portable Media. Beobachtungen zu Handys und Körpern im öffentlichen Raum«. In: *Ästhetik und Kommunikation,* Heft 112 (Jg. 32), S. 97-104.

Wunderlich, Stefan (1999): »Vom digitalen Panopticon zur elektrischen Heterotopie. Foucaultsche Heterotopien der Macht«. In: Rudolf Maresch/Niels Weber (Hg.): Kommunikation – Medien – Macht. Frankfurt a.M.: Suhrkamp, S. 342-367.

Zimmermann, Jörg (2001): »Mutmaßungen über die Regie des Lebens. Stationen einer Metaphysik der Inszenierung«. In: Josef Früchtl/Jörg Zimmermann (Hg.): *Ästhetik der Inszenierung*. Frankfurt a.M.: Suhrkamp, S. 103-125.

Zizek, Slavoj (1999): *Die Pest der Phantasmen. Die Effizienz des Phantasmatischen in den Medien.* Wien: Passagen Verlag.

Zizek, Slavoj (2000): *Mehr-Genießen. Lacan in der Popkultur*. Wien: Turia & Kant.

Sozialtheorie

Ulrich Bröckling,
Robert Feustel (Hg.)
Das Politische denken
Zeitgenössische Positionen

Januar 2010, 340 Seiten, kart., 25,80 €,
ISBN 978-3-8376-1160-1

Markus Gamper,
Linda Reschke (Hg.)
Knoten und Kanten
Soziale Netzwerkanalyse in Wirtschafts- und Migrationsforschung

Juni 2010, ca. 280 Seiten, kart., ca. 29,80 €,
ISBN 978-3-8376-1311-7

Georg Glasze,
Annika Mattissek (Hg.)
Handbuch Diskurs und Raum
Theorien und Methoden für die Humangeographie sowie die sozial- und kulturwissenschaftliche Raumforschung

2009, 338 Seiten, kart., zahlr. Abb., 19,80 €,
ISBN 978-3-8376-1155-7

Leseproben, weitere Informationen und Bestellmöglichkeiten finden Sie unter www.transcript-verlag.de

Sozialtheorie

MAX MILLER
Sozialtheorie
Eine Kritik aktueller
Theorieparadigmen.
Gesammelte Aufsätze

Juni 2010, ca. 300 Seiten, kart., ca. 27,80 €,
ISBN 978-3-89942-703-5

ELISABETH MIXA
Body & Soul
Wellness: von heilsamer Lustbarkeit
und Postsexualität

August 2010, ca. 250 Seiten, kart.,
zahlr. Abb., ca. 24,80 €,
ISBN 978-3-8376-1154-0

GABRIELE WINKER, NINA DEGELE
Intersektionalität
Zur Analyse sozialer Ungleichheiten

2009, 166 Seiten, kart., 13,80 €,
ISBN 978-3-8376-1149-6

Leseproben, weitere Informationen und Bestellmöglichkeiten finden Sie unter www.transcript-verlag.de

Sozialtheorie

Roswitha Breckner
Sozialtheorie des Bildes
Zur interpretativen Analyse von Bildern und Fotografien
April 2010, ca. 386 Seiten, kart., zahlr. z.T. farb. Abb., ca. 33,80 €,
ISBN 978-3-8376-1282-0

Michael Busch, Jan Jeskow, Rüdiger Stutz (Hg.)
Zwischen Prekarisierung und Protest
Die Lebenslagen und Generationsbilder von Jugendlichen in Ost und West
Januar 2010, 496 Seiten, kart., 29,80 €,
ISBN 978-3-8376-1203-5

Robert Feustel, Maximilian Schochow (Hg.)
Zwischen Sprachspiel und Methode
Perspektiven der Diskursanalyse
April 2010, ca. 200 Seiten, kart., ca. 25,80 €,
ISBN 978-3-8376-1429-9

Joachim Fischer, Heike Delitz (Hg.)
Die Architektur der Gesellschaft
Theorien für die Architektursoziologie
2009, 424 Seiten, kart., 29,80 €,
ISBN 978-3-8376-1137-3

Lutz Hieber, Stephan Moebius (Hg.)
Avantgarden und Politik
Künstlerischer Aktivismus von Dada bis zur Postmoderne
2009, 254 Seiten, kart., zahlr. Abb., 25,80 €,
ISBN 978-3-8376-1167-0

Karin Kaudelka, Gerhard Kilger (Hg.)
Die Arbeitswelt von morgen
Wie wollen wir leben und arbeiten?
Mai 2010, ca. 234 Seiten, kart., zahlr. Abb., 19,80 €,
ISBN 978-3-8376-1423-7

Thomas Lenz
Konsum und Modernisierung
Die Debatte um das Warenhaus als Diskurs um die Moderne
Mai 2010, ca. 218 Seiten, kart., ca. 23,80 €,
ISBN 978-3-8376-1382-7

Stephan S. W. Müller
Theorien sozialer Evolution
Zur Plausibilität darwinistischer Erklärungen sozialen Wandels
Februar 2010, 292 Seiten, kart., 31,80 €,
ISBN 978-3-8376-1342-1

Herfried Münkler, Matthias Bohlender, Sabine Meurer (Hg.)
Handeln unter Risiko
Gestaltungsansätze zwischen Wagnis und Vorsorge
April 2010, ca. 320 Seiten, kart., ca. 29,80 €,
ISBN 978-3-8376-1228-8

Herfried Münkler, Matthias Bohlender, Sabine Meurer (Hg.)
Sicherheit und Risiko
Über den Umgang mit Gefahr im 21. Jahrhundert
März 2010, 264 Seiten, kart., zahlr. Abb., ca. 27,80 €,
ISBN 978-3-8376-1229-5

Leseproben, weitere Informationen und Bestellmöglichkeiten finden Sie unter www.transcript-verlag.de